Mosaik bei
GOLDMANN

Buch

Bringen Sie die Lebensenergie in Ihren vier Wänden zum Fließen: Thomas Fröhling und Katrin Martin übertragen die östliche Harmonielehre des Feng Shui kompetent und leicht verständlich in die westliche Kultur und unsere Zeit. Sie helfen bei der praktischen Umsetzung von einzelnen Deko-Ideen bis hin zur kompletten Gestaltung von Wohnung, Praxis oder Büro. Wohnbeispiele erleichtern die individuelle Umsetzung. Daneben berücksichtigen sie auch so wichtige Faktoren wie Wasseradern, Elektrosmog und starke Energiequellen, die die Balance empfindlich stören, und zeigen, wie man schon mit einfachen Mitteln deren Einfluss massiv reduzieren kann.

»Der Anspruch von Katrin Martin und Thomas Fröhling: Die fernöstliche Harmonielehre und ihre Gesetzmäßigkeiten in die abendländische Kultur zu übertragen und zu praktischer Anwendung zu bringen. Ohne esoterisch verpackten Hokuspokus und ohne den in der Szene oft verbreiteten Dogmatismus.«

swr

Autoren

Katrin Martin ist Gründerin und Ausbildungsleiterin des Deutschen Feng Shui Institutes (DFSI). Sie erarbeitet die Ausbildungskonzepte des DFSI und widmet sich mit besonderer Hingabe der Forschung. Neben ihrer Beratertätigkeit für Firmen (unter anderem für die Lufthansa) entwirft sie Einrichtungsaccessoires, so auch Lampen und Teppiche. Bekannt wurde sie bereits vor Jahren als die Erfinderin der Katma-Edelsteinessenzen.

Thomas Fröhling ist Journalist, Leiter eines Literaturbüros und Autor von mehr als 40 Büchern. Bei seinen kulturhistorischen Forschungen stieß er vor vielen Jahren auf die Harmonielehre Feng Shui. Gemeinsam mit Katrin Martin gründete er 1999 das DFSI, arbeitet als Management-Berater und hat sich hier vor allem auf die Erarbeitung erfolgreicher Firmen-Logos spezialisiert. Derzeit arbeitet er an dem Zeitreise-Roman »Chinesische Erinnerungen«.

Außerdem von Katrin Martin und Thomas Fröhling bei Goldmann

Feng Shui heute (16567)
Wohnen mit Feng Shui (16319)

Thomas Fröhling, Katrin Martin

Der Feng Shui Berater

Leben und Wohnen
im neuen Jahrtausend

Mosaik bei
GOLDMANN

Wir widmen dieses Buch unserem Sohn Julian Sebastian und unseren Müttern.

Bildnachweis:
Corbis: Busselle S. 13; **DFSI**: S. 99, 107, 108/109;
JFA Bilderteam: Tschauz S. 116; **Mosaik**: Newedel S. 29;
PhotoDisc: S. 126, 135; **Töpferei Bösel** (Zimmerbrunnen): S. 221;
Illustrationen: Ushie Farkas-Dorner, Plonray; Thomas Gardai, Freising;
Cordula Henning, Hamburg; Carmen Jürgensen, Kaiserslautern

Umwelthinweis:
Alle bedruckten Materialien dieses Taschenbuches
sind chlorfrei und umweltschonend.

2. Auflage
Originalausgabe April 2005
Wilhelm Goldmann Verlag, München,
ein Unternehmen der Verlagsgruppe Random House GmbH

Umschlaggestaltung: Design Team München
Umschlagillustration: Corbis
Satz: Filmsatz Schröter, München
Druck: GGP Media GmbH, Pößneck
Verlagsnummer: 16693
WR • Herstellung: Stefan Hansen
Printed in Germany
ISBN 3-442-16693-4
www.goldmann-verlag.de

Inhaltsverzeichnis

Vorwort

Prinz Charles' Gedanken zum modernen Städtebau oder Wo die Seele wohnen will

Wir schreiben den Winter 2004. Das Manuskript unseres neuen Buchs liegt frisch ausgedruckt vor uns, bereit für die letzten Korrekturen. Und während draußen dicke Flocken vom Himmel fallen und alles sacht mit weißem Puder bestäuben, überlegen wir noch, wie wir beginnen wollen.

In den vergangenen Monaten haben wir uns damit beschäftigt, unsere Feng Shui-Erfahrungen aus den Studien in Amerika, der Praxis in Asien und den deutschsprachigen Ländern, den internationalen Businessberatungen, den Schulungen vor Architektenkammern und unseren Beraterausbildungen vor Ort zusammenzufassen und zu gliedern. Wir sind noch einmal die Hierarchie unserer Methoden durchgegangen, die sich in den vergangenen eineinhalb Jahrzehnten herauskristallisiert haben – und wir haben begründet, warum ein tief verstandenes Feng Shui unserer Tage ohne das Studium der Geo- und Elektro- und Baubiologie ein unvollständiges, nein, ein vergebliches Unterfangen ist.

All unsere Gedanken über Feng Shui und natürlich auch das, was uns einst angetrieben hat, ein Feng Shui für den Westen im Einklang mit unseren Traditionen zu entwickeln, könnten in einem Vorwort Platz finden. Aber dann griff Thomas Fröhling zu seiner Sonntagszeitung und fand einen Artikel, der ihn berührte. Er reichte ihn weiter an Katrin Martin, die noch in das Manuskript vertieft war, und sie entschied spontan: »Ja, lass uns doch damit beginnen!« So soll es sein. Nun also:

Prinz Charles' Gedanken zum modernen Städtebau oder »Wo die Seele wohnen will«.

Großbritannien, die Heimat von His Royal Highness, zählt schon seit fast eineinhalb Jahrhunderten zu den Feng Shui-Hochburgen. Die Harmonielehre scheint einfach dem Charakter und auch der spirituellen Toleranz des traditionsbewussten Inselvolkes zu entsprechen.

Die Briten sind bekannt dafür, ihr Haus in ein Heim zu verwandeln und ihre Gärten in kleine Paradiese. Oft mit dem Wissen um das uralte Feng Shui. Und das nebenbei schon seit vielen Jahrhunderten: So waren unter anderem Dichter und Politiker wie Dickens, Kipling und Churchill Kenner der Harmonielehre. In diese Reihe gehört auch Prinz Charles, dessen Artikel wir am 4. Januar 2004 in der »Welt am Sonntag« fanden und aus dem wir einige Stellen zitieren dürfen. Da schreibt Charles, der sich bereits seit vielen Jahren gegen den Abriss ganzer gewachsener Viertel ausspricht und den das Aus alter Häuser stets in der Seele schmerzt, dieses auf:

Der verlorene Lebensraum in den Städten

»Seit etwa 20 Jahren versuche ich, mehr Verständnis dafür zu wecken, wie wir physisch, emotional und geistig mit unserer Umwelt in Verbindung stehen, und ich setze mich dafür ein, dass wir wieder nach dem Gleichgewicht und der Harmonie streben, die meines Erachtens im 20. Jahrhundert in so vielen Bereichen abhanden gekommen sind. Mir geht es darum, den verloren gegangenen Lebensraum in unseren Städten, auf dem Land und auch in unserer Seele wiederherzustellen. Zerbrochenes und Auseinandergerissenes wieder zusammenzufügen und ausdrücklich vor den Gefahren eines sterilen Kosten-Nutzen-Denkens zu warnen, das unserem Leben und unserer Umgebung auch den letzten Rest intuitiven kulturellen Sinns zu entziehen droht ...«

Was meint der Prinz neben dem Offensichtlichen wohl auch? Ganz einfach das, was uns, schon lange bevor wir Feng Shui entdeckten und seine Quellen studierten und praktizierten, längst aufgefallen war. Es war, lange bevor wir die Harmonielehre kennen lernten, eine Erkenntnis für uns: Es wohnt und lebt sich besser in Häusern aus dem 19. Jahrhundert oder solchen, die zu Beginn des 20. Jahrhunderts gebaut worden sind, als in den modernen Wohnhäusern. Denn in diesen neuen »Zweck-Bauten« regiert ja häufig das – wie wir finden – eher kalte und menschenferne Wort eines der maßgeblichen abendländischen Architekten des vergangenen Jahrhunderts, Le Corbusier, der einmal geschrieben hat: »Das Haus ist eine Maschine zum Wohnen.« Heute haben wir längst erkannt, dass sich der Mensch in einer »Maschine« nicht heimisch fühlt. Bleiben wir bei Prinz Charles, der in seiner Denkschrift weiter vermerkt:

Birmingham: Ein monströses Betonlabyrinth

»... Wie kommt es denn, dass so viele Architekten und Städteplaner lieber in den historischen Vierteln unserer Städte wohnen – häufig in Häusern aus dem 18. Jahrhundert? Ich glaube, es liegt daran, dass die menschliche Seele letztlich das Gefühl der Harmonie braucht, das durch die Beachtung zeitloser Prinzipien wie Proportionen, Maßstab und Verwendung geeigneter Baustoffe entsteht.

In meinem Buch »A Vision of Britain« habe ich das abschreckende Beispiel der städtebaulichen Entwicklung Birminghams nach dem Krieg beschrieben, wo das Stadtzentrum in ein monströses Betonlabyrinth verwandelt wurde, in dem nur noch Autos zu Hause sind, Menschen mussten sich dort verloren vorkommen ...«

Da hat der Prinz zweifellos Recht. Wir erinnern uns noch sehr genau, dass wir vor Jahren vor der Architektenkammer in Nordrhein-Westfalen ein Seminar abhielten. Katrin Martin sprach auch über die Unwirtlichkeit unserer Städte und das entfremdete Wohnen der Menschen im Stahl und Beton der Hochhäuser. Und sie bemerkte zudem noch, dass eine solche Bauweise in der landwirtschaftlichen Architektur zumindest für so genanntes »hochwertiges Nutzvieh« schlichtweg verboten sei, weil nach den Erfahrungen der Bauern das Vieh in diesen »Faraday'schen Käfigen« schneller krank werde oder gar eingehe. Über die Auswirkungen solchen Wohnens auf die Menschen mache sich aber anscheinend kein Schutzbund Gedanken …

Da nun sprang ein Zuhörer, Architekt und Immobilienmakler, auf und sagte: »Was haben Sie denn bloß gegen Hochhäuser. Das ist doch Polemik. Ich habe auch schon einige entwickelt, und manche müssen doch dort wohnen und einige durchaus gerne.«

Daraufhin stellte Katrin Martin nur eine Frage: »Wer von Ihnen hier im Saal wohnt denn in einem Hochhaus?« Es waren rund 120 Zuhörer im Saal. Keine einzige Hand hob sich. Danach schloss sich die zweite Frage an: »Und wer von Ihnen lebt in einem Altbau?« Woraufhin sich drei Viertel aller Hände hoben …

Ein Haus, das atmet

Warum wir uns in alten Häusern so wohl fühlen, hat verschiedene Gründe.

Unsere Ahnen konnten sich den richtigen Platz zum Wohnen sehr sorgfältig aussuchen. Das Bauland war nicht so knapp. Sie wussten auch sehr genau, wie und mit welchen Materialien gut bauen und dass ein Austausch zwischen Innen und Außen notwendig ist, damit das Haus und somit auch seine Bewohner atmen können. Der moderne Mensch plant und baut spätestens seit dem Öl-Schock der 70er Jahre anders. Wir finden hier, um Energie zu sparen, Häuser, die hermetisch gegen die Außenwelt abgeriegelt wurden, »der Umwelt zuliebe«. Oft sind Stoffe verbaut, die unser Immunsystem über Gebühr belasten.

Doch sind Menschen, die sich in diesen Bauten viel zu oft unwohl fühlen und krank werden, nicht auch ein Teil des Ökosystems und daher ebenfalls schutzwürdig? Es ist an der Zeit, den Begriff Ökologie neu zu definieren, und zwar so, dass nicht nur quantitative Aspekte, die sich allein auf den Energieverbrauch beziehen, beachtet werden, sondern auch die qualitativen. Die, die das Befinden und die Gesundheit der Menschen mit einbeziehen.

Viele alte Schlösser, wie dieses in England, erfüllen die harmonischen Grundbedürfnisse automatisch.

Unsere Urahnen wussten auch noch ganz genau, wo man sein Haus errichten sollte – und wo nicht! Sie erkannten die Zeichen der Natur und schauten genau hin. Wo sich, unter vielen anderen Beispielen, etwa ein Storch niederließ, da ist gut leben, lieben und Kinder bekommen. Der Hintergrund: Der Storch ist ein Strahlenflüchter wie der Mensch. Wo er also sein Nest errichtet, kann auch der Mensch das seine bauen. Fand man auf dem Grundstück aber viele Ameisen, Misteln auf den Bäumen und wild wuchernde Heilpflanzen am Boden, so sah man hier von einem Hausbau ab. Die Menschen dieser versunkenen Zeiten waren sich dann darüber im Klaren, dass hier Reizzonen lagen, die unter anderem den Schlaf negativ beeinflussen und sie krank machen könnten.

Unsere Erfahrungen haben uns gelehrt: Wer in unserer modernen Zeit nicht auf die Zeichen der Natur achtet, die technischen Neuerungen nicht in seine Betrachtung mit einbezieht, kann zwar Hunderttausende in die Ausstattung seines Heims stecken – aber dennoch unglücklich und krank werden.

Auch dies wiederum ist wohl durchaus im Sinne des britischen Prinzen, der zum Abschluss seines Artikels »Wo die Seele wohnen will« schreibt:

»... *Vor allem aber müssen wir uns ins Gedächtnis rufen, dass wir wirkliche Nachhaltigkeit nur erreichen, wenn wir akzeptieren, dass den menschlichen Ambitionen gewisse Grenzen gesetzt sind und dass wir mehr darauf achten sollten, im Einklang mit den Vorgängen in der Natur zu handeln.*«

Was will dieses Buch?

Warum haben wir für dieses Buch den Titel »Der Feng Shui-Berater« gewählt? Und: Was unterscheidet es von den Dutzenden anderer Bücher zum Thema, die allein in den deutschsprachigen Ländern fast jeden Monat auf den Markt geworfen werden? Ist in den rund 300 Feng Shui-Werken nicht endlich alles gesagt? Nein! In der Masse der Literatur haben wir gerade mal eine Hand voll Bücher entdeckt, die sich nicht nur um Patentrezepte, Zahlenspiele und mehr oder weniger klassische Methoden kümmern – sondern auch um den Menschen, der doch im Mittelpunkt jeder Analyse stehen sollte. Die seine Fragen aufgreifen, wie und woran er einen guten Berater erkennt, was das Kriterium für eine wirklich gute Analyse ist. Denn leider haben nur wenige Feng Shui-Autoren verstanden, dass ausschließlich ein umfassend informierter Leser ein Klient ist, der die Leistungen eines Beraters vor Ort wirklich einschätzen und – hoffentlich – hoch schätzen wird. Für uns, die Gründer des Deutschen Feng Shui-Institutes, aber ist dieser kritische Verbraucher das Ideal. Denn nur so wird in der noch immer recht ungeordneten und unübersichtlichen Feng Shui-Welt auf der Ebene der Berater und Schulen die Spreu vom Weizen getrennt.

Fragen über Fragen

Viele glauben: So genau wollen es die Klienten gar nicht wissen und lassen lieber den »Fachmann« alles alleine regeln. Das Gegenteil ist richtig: Wir haben in den vergangenen Jahren in unserem Institut tagtäglich viele Anfragen nach dem »richtigen« Feng Shui erhalten; und natürlich auch diese: Was ist Feng Shui im Kern, wie können wir es bei uns in Europa sinnvoll einsetzen, auf welche Bereiche lässt es sich übertragen? Und auch diese Fragen wurden häufig gestellt: Welche Beratungen machen denn in meiner räumlichen und persönlichen Situation Sinn und wie kann ich die verschiedenen Beratungsmodule am besten miteinander kombinieren? Ebenfalls erkundigten sich die Leser unserer Bücher immer wieder bei uns: Woran kann ich als Feng Shui-Laie einen kompetenten Berater erkennen, welche Schulen sind anerkannte Ausbildungsinstitute, welche nicht? All diese Fragen wurden bisher nicht gesammelt und in einem Buch zusammengefasst. Bis eben zu diesem! Einige davon hatten wir zwar in unserem Buch *Feng Shui heute* bereits aufgegriffen, doch ging es in diesem Buch im Wesentlichen darum zu klären: Wie übertragen wir eine uralte asiatische Harmonielehre in unsere europäische Neuzeit, welche Methoden kennen wir im Feng Shui – und wann nutzen wir sie sinnvollerweise.

Die alten Chinesen und der Strom

Dieses neue Buch versteht sich zuerst einmal als »beratendes Buch«. Es wird Ihnen ein Leitfaden sein, der es ermöglicht, sich in der ja teilweise sehr verwirrenden Feng Shui-Welt zurechtzufinden.

Deshalb ist dieses Buch ganz bewusst so aufgebaut, dass Feng Shui auch mit Themen verknüpft wird, die mit dem allseits bekannten Feng Shui nur selten in Zusammenhang gebracht werden, die aber zwingend dazugehören. So ist gleich zu Beginn ein Schwerpunkt das große Kapitel »Geo- und Elektrobiologie«. Während der eine Bereich, die »Geobiologie«, von vielen Lehrern und Beratern immerhin noch als ein wichtiger Teil des Feng Shui anerkannt wird, war der Bereich Elektrobiologie natürlich kein Zweig des klassischen Feng Shui. Vor rund 3000 Jahren, als sich Feng Shui zu einer allgemein praktizierten Harmonielehre entwickelte, gab es noch keinen Strom ... Was aber nicht bedeuten kann, wie es so viele »klassisch arbeitende« Feng Shui-Berater behaupten, dass daher dieser Bereich des modernen Lebens mit Feng Shui nichts zu tun habe!

In dem Kapitel »Die Hierarchie der Methoden« werden wir auch kurz darauf eingehen, welche Ansätze und Methoden wie zusammenhängen und wo sie sinnvoll sind.

Ein Feng Shui für unsere Zeit

Was also gehört zum Feng Shui unserer Zeit? Worauf müssen wir achten, wenn wir es praktizieren? Mit der Veränderung des Lebens in unserem Jahrtausend haben sich auch die Prioritäten bei der Umsetzung, der Beratung und natürlich auch Ausbildung radikal verändert. Es nützt nichts, stur Theorien aus alter Zeit zu übernehmen. Sie gehen ja von Situationen und Hintergründen aus, die wir heute nicht mehr vorfinden. Andererseits werden beim traditionellen Vorgehen die für die heutige Zeit wichtigen Aspekte ganz außer Acht gelassen. Warum aber lehren viele Schulen hierzulande ebendieses – wie sie es nennen – »Klassische Feng Shui«, warum folgen ihnen so viele Berater auf diesem Weg? Nun, diese Sichtweise ist vielen Menschen eigen, die eine große Sehnsucht nach der guten alten Zeit haben, wo »alles noch so schön einfach war«.

Diese Art der Nostalgie teilen wir nicht. Darum werden wir in diesem Buch deutlich machen, welche Aspekte für das Feng Shui bei uns wesentlich sind. In eben diesem Zusammenhang wird es auch um die Begriffsbestimmung Feng Shui gehen. Denn auch hier existieren jede Menge Unstimmigkeiten, weil einige Berater Feng Shui als reine Einrichtungslehre, andere wiederum nur als Hintergrund für astrologische Berechnungen und wieder andere es als eine rein spirituelle Lehre sehen. Und das sind nur drei von hunderten Schulen und Lehrern, die die Feng Shui-Weisheit als letzten Schluss gefunden haben. Oft zum Entsetzen der Klienten, die da partout nicht mitwollen, wenn ihnen zum Beispiel empfohlen wird, die schöne Flügeltür ihrer Villa mit ein paar Holzleisten zu vernageln, damit sie in die Harmoniemaße des Feng Shui passt.

Synergetische Verknüpfungen

Daher wird ein nächster Punkt die Frage aufgreifen, wie Sie die richtige Beratung für Ihren individuellen Bedarf herausfiltern können, welche unterschiedlichen Beratungsmodule wir kennen, wie sie aufeinander aufbauen und in der Praxis synergetisch verbunden werden.

Damit Sie dann auf ideale Weise die verschiedenen Ebenen für sich verknüpfen können, bringen wir ein umfangreiches Praxisbeispiel, in dem das theoretisch Erlesene mit Leben gefüllt wird. Hier werden Sie verstehen, wie wichtig die Anerkennung der Ganzheitlichkeit dieser Lehre ist. Zudem gilt es zu bedenken, dass die Fachleute, die im Garten oder im Haus Beratungen durchführen oder vielleicht baubiologisch tätig sind, Hand in Hand arbeiten müssen. Denn um den Erfolg sicherzustellen, müssen diese Teilbereiche nahtlos ineinander greifen.

In dem Kapitel »Von gebenden und nehmenden Räumen« finden Sie einige grundsätzliche Erklärungen, wie man Vitalräume – also lebendige Räume – erschaffen kann. Hier wird es darum gehen, wie Sie das Chi-Niveau eines Raumes effizient heben können, so dass er Sie nährt und fördert, also zu einem gebenden Raum wird.

Detailfragen der Harmonielehre

Endlich wird die Frage beantwortet, welche Feng Shui-Heil- und Hilfsmittel sinnvoll sind und auf welcher Ebene sich ihre Wirkungen manifestieren.

Bei alledem kann dieses Buch natürlich nicht auf sämtliche Details im Feng Shui eingehen. Zwar haben wir für Sie ein großes Grundlagen-Kapitel erarbeitet, das die wichtigen Begriffe und Analyseebenen aus der Feng Shui-Welt klärt, jedoch können wir innerhalb dieses Rahmens nicht auf alle Detailfragen der Harmonielehre eingehen. Viel mehr war uns der große Bogen wichtig. Für weitere Informationen zur Theorie und praktischen Umsetzung von Feng Shui empfehlen wir Ihnen unser Buch *Feng Shui heute*. Hier finden Sie Angaben zu den persönlichen Elementen sowie Näheres zum Unterschied zwischen dem Kompass- und dem Drei-Türen-Bagua (siehe auch S. 45 ff.). Für dieses Buch aber lautete unser Grundthema: Wie können Sie in der Praxis hier und heute Feng Shui einsetzen – und was stellt die Basis der Arbeit dar? Womit beginnen Sie – und welche Methoden sind empfehlenswert? Aber für die Beantwortung dieser Fragen brauchen wir schon ein neues Kapitel.

Die Hierarchie der Methoden

»Zur Ordnung finden heißt: seine Mitte finden«, schreib Yao Lin in dem Feng Shui-Klassiker »Zehntausend Wege kennen und einen gehen«. Dieser weise Mann hat bereits im 12. Jahrhundert erkannt, woran es bei der Übertragung der Harmonielehre in die Wirklichkeit hapert. Schon damals lehrten viele hundert Schulen viele tausend der unterschiedlichsten Methoden, die dazu noch von einer verwirrend großen Anzahl von Traditionen geprägt waren, die wiederum von Landschaft zu Landschaft variierten.

Die Essenz der Methoden

Nun hatten schon Menschen aus dem Reich der Mitte um 1180 n. Chr., die zum Beispiel in Peking lebten, außerordentlich große Mühe, das Feng Shui etwa der Mitbürger aus Kwangsi zu verstehen. Waren dann auch noch ein paar Jahrhunderte vergangen, hatte auch der nachfolgende Praktiker aus Kwangsi bereits erhebliche Schwierigkeiten, jede der Methoden zu begreifen, die sich aus Traditionen gegründet hatten, die damals vorherrschend waren. Also nutzte er sie einfach so, wie sie überliefert wurden, ohne den genauen Sinn oder gar Hintersinn zu verstehen. So oder sehr ähnlich ist das nun bis heute geblieben. Und kaum jemand macht sich – wie damals Yao Lin – die Mühe, die Essenz der Methoden zu betrachten, ihren Hintergrund zu verstehen und sie dann dort anzuwenden, wo sie auch tatsächlich funktionierten. Denn die Entstehung von bestimmten Theorien gibt immer Hinweise auf deren Anwendungsbereiche und damit auch auf die Wirksamkeit. Und so wächst die Kette der Überlieferung von Feng Shui-Traditionen bis heute und wird von den »Traditionellen« nicht hinterfragt. Das Ergebnis sind leider viel zu oft aufgepfropfte, nicht wirklich verstandene Inhalte. Ist das das echte, das wahre Feng Shui?

Genau das bezweifeln wir – und werden dabei tagtäglich in unseren Schulungen wie auch in der Praxis bestätigt. Um heute die uralten Erkenntnisse des Feng Shui den Menschen nahe zu bringen, müssen wir die Essenz erfahren, die Entstehungsquelle kennen, damit sich dieses Wissen dann auf die neuen Herausforderungen unserer Zeit übertragen lässt. Traditionen sind letztlich nur eine Form, in der eine Wirklichkeit als Erfahrungsinhalt Ausdruck findet. Traditionen wachsen in einem kulturellen Umfeld, sie sind also von Region zu Region unterschiedlich. Dies erklärt auch die vielen Ausprägungen des traditionellen Feng Shui von Schule zu Schule, von Methode zu Methode. Herausforderungen unserer neuen Zeit werden dagegen ignoriert und in Feng Shui-Begriffe gepresst, die mit der Wirklichkeit nichts mehr gemeinsam haben.

Natürlich kannten die Chinesen vor 2000 Jahren noch keine Probleme mit dem Elektrosmog. Also behandeln viele der heute aktiven »Meister« und »Großmeister« dieses Thema mit Gleichgültigkeit, davon hatte ihr Lehrer ihnen ja nichts erzählt, darum war es nicht existent. So freilich macht man zwar sich selbst das Leben und Lehren sehr einfach – den Menschen, den Klienten, aber hilft das in ihren Nöten nicht weiter.

In anderen Ländern – und zwar nicht nur Asiens – ist man inzwischen pragmatischer geworden: auf Taiwan etwa, in Teilen der Philippinen, den USA oder auch Großbritannien. Das DFSI sieht es ganz in der Tradition des Yao Lin: Es ist für uns und unsere Partner immer selbstverständlich, die Lehren des Feng Shui und deren Hintergründe, wie auch die vielen hundert Methoden und die Landschaften, in denen sie entstanden sind, zu kennen.

Zugleich aber mischen wir nicht Methoden und Traditionen, die sich widersprechen, setzen nicht auf jede Beratung noch ein bisschen die »*Flying Stars*« und die »*Acht-Orte-Theorie*«. Mehr hierzu lesen Sie auf den Seiten 41 f. Diese Vorgehensweise kann eine Analyse völlig ins Chaos stürzen, weil sie mit teilweise widersprüchlichen Theorien überfrachtet ist und deshalb nicht mehr klar sein kann.

Die Quellen des Feng Shui

Natürlich sind all diese Erkenntnisse auch für uns nicht vom Baum gefallen. Wir haben uns diese Klarheit, wie auch unsere Bestimmung der Hierarchie der Methoden, erst über Jahre erarbeiten müssen. Schauen wir uns eine der Stationen an.

An einem Frühlingstag 1996 beschlossen wir, unsere Erfahrungen in einem Buch zusammenzufassen. Der Grund dafür war die Faszination für eine auf dem europäischen Kontinent fast unbekannte Harmonielehre, dic uns einst ins ferne Asien geführt hatte auf der Suche nach den Quellen des Feng Shui. So hatten wir auch für unser Buch nur einige wenige Leser im Auge.

In Freiburg weltberühmt

Gewiss, im süddeutschen Raum galten wir seit Beginn der 90er Jahre als Experten für Grundstücksbegehungen und Hausanalysen. Und man wusste auch, dass wir auf der Grundlage irgendeiner asiatischen Lehre operieren – aber den Namen konnte sich damals keiner so recht merken. Mein Schwager Franz meinte damals gutmütig spottend bei einem Besuch bei uns: »Ich sehe – in Freiburg seid ihr weltberühmt.« Aber wer konnte sich schon diesen seltsamen Namen »Feng Shui« merken?

Es begann mit einem Bändchen

Dann erschien nun als erstes Buch von Deutschen für den deutschen Markt unser *Wohnen mit Feng Shui* – und auf Bitten des Verlages stellten wir zuerst einmal eine sehr einfache Methode, das 3-Türen-Bagua, vor. Da kaum jemand Feng Shui kannte, war es nur logisch, dass dieses erste Einsteigerbuch so einfach wie möglich gehalten sein sollte. Was damals keiner ahnte: Mit einigen gleichzeitig oder kurz danach erschienenen Büchern wie etwa die von Walter, Too und Sator wurde dieser schmale Band ein Best- und inzwischen auch ein Long-Seller. Über Nacht wurde Feng Shui bekannt, und aus unserem Zweipersonenstück wurde in kurzer Zeit erst eine Beratungsagentur, dann ein Ausbildungsinstitut – und schließlich das Deutsche Feng Shui-Institut (DFSI) mit vielen freien und festen Mitarbeitern.

Aber bleiben wir in jener Zeit, als erst wenige Feng Shui-Bücher auf dem Markt waren und plötzlich ein Feng Shui-Boom begann, den – wir wollen's hier mal sagen – abgesehen von unserer damaligen Lektorin Halina Heitz niemand vorausgesehen hatte. Nun war auf einmal die Situation da, dass Hunderttausende Leser die wenigen Bücher verschlangen – und sich nicht wenige davon auf die Suche nach kompetenten Beratern und Ausbildern machten. Und wie das immer so ist, wenn über Nacht ein Bedarf entsteht, fanden sich schnell Menschen, die sich »zur Verfügung stellten«. Es entstand parallel zum Büchermarkt, auf dem die Feng Shui-Werke einiger weniger Autoren zu Bestsellern wurden, ein weiterer, auf dem – wie ein britischer Kollege von uns mit beißendem Humor bemerkte – Feng Shui-Meister, Großmeister oder Waldmeister nur so vom Himmel purzelten.

Experten aus der Imbissbude

Hier gaben sich Leute als Experten mit lebenslanger Erfahrung aus, die eben noch in chinesischen Imbissrestaurants gearbeitet hatten und schnell mal Schulen gründeten. Sie – und dazu noch eine bunte Schar von Umsteigern aus allen nur möglichen Berufen – tauchten nach dem oberflächlichen Studium unserer und anderer Bücher als Berater in den Gelben Seiten auf oder annoncierten in den Zeitungen. Es entstanden Feng Shui-Bad- und Küchenberater, Feng Shui-Immobilienverkäufer und -Bauunternehmen. Das alles hat der Lehre nicht gut getan und hat dazu geführt, dass zwar viele über Feng Shui reden, aber inzwischen kaum noch einer weiß, was es wirklich ist: Feng Shui ist ein Weg, die uns umgebenden Energien zu erfahren, uns mit ihnen zu verbinden und sie entsprechend für unser Leben zu nutzen.

Feng Shui sehen wir als einen Erkenntnis- und Erfahrungsweg zum effektiven Umgang mit Energien oder modern gesagt: als Energiemanagement. Da diese Lebensenergie umfassend und überall vorhanden ist, kann man Feng Shui auf jeden Bereich des Lebens übertragen. Doch lassen Sie uns nun eine Reise in die Welt der alten Weisen, zu den Ursprüngen des Feng Shui unternehmen, um den wahren Kern dieser Lehre zu verstehen.

Der ideale Feng Shui-Standort

Auf alten Abbildungen sieht man das Glück bringende Feng Shui-Haus, eingebettet in eine halbrunde Hügelkette. Die Chinesen, die die Natur stets als etwas Lebendiges sahen, gaben diesen Landschaftsformen die Namen aus der Tierwelt, die den Eigenschaften entsprachen, die sie sich für ihr Leben wünschten. Deshalb wurde der ideale Feng Shui-Standort anhand von vier mystischen Tieren beschrieben.

So sorgt der Phönix mit seinen weit ausgebreiteten Schwingen dafür, dass sich Chi auf dem freien Platz vor dem Haus ansammeln kann. Damit es nicht abfließt, wird es an den Seiten gehalten: rechts vom Drachen, links vom Tiger (Blickrichtung von außen auf das Haus). Hinter dem Haus steht die Schildkröte für den nötigen Rückenschutz. Idealerweise führt ein mäandernder Wasserlauf zusätzlich vitales Chi heran.

Drache

Tiger

Schildkröte

Phönix

Der eigentliche Hintergrund dieser Symbolik: Die Tiere stehen für Landschaftsformen, die das einfließende Chi wie in einem Sammelbecken halten, damit optimales Feng Shui entstehen kann. Doch zu diesem Zweck wurden nicht nur die offensichtlichen Landschaftsformen analysiert, sondern auch ihre feinen Energieflüsse. Hatte man einen geeigneten Feng Shui-Ort gefunden, so wurde innerhalb dieses Areals der Standort für den Hausbau gesucht. Es war der, der über den meisten Chi-Zufluss verfügte, an dem also die Energien aus der Umgebung zusammenflossen.

Häufig wird dieser Landschaftspunkt auch als »Drachennest« bezeichnet. In der Praxis sah das dann so aus, dass der Feng Shui-Meister die umliegenden Berge intuitiv ablief. Er versenkte sich und wurde eins mit dem Atem der Natur, der ihn nun – so wie die Tiere – auf die energiereichsten Pfade und Wege leitete. Die dadurch entstehenden Laufwege wurden genau protokolliert. Und wenn alle umliegenden Berge erlaufen waren, wurden im Ergebnis Energieflüsse sichtbar, die sich dem Feng Shui-Experten bei seiner Begehung offenbart hatten. Diese Kunst der »Umgebungsanalyse« beruht auf einer einfachen Erkenntnis der Chinesen: Die Lebensenergie »Chi« lenkt unsere Aufmerksamkeit und unsere Aufmerksamkeit wiederum lenkt sie. Die Wege also, auf die die Feng Shui-Weisen geführt wurden, mussten deshalb besonders reich an »kosmischem Atem«, wie das Chi in der chinesischen Philosophie auch genannt wird, sein.

Die Formation der vier himmlischen Tiere

Dieses Prinzip wird in Europa auch Lehnstuhlprinzip genannt. Das Haus liegt eingebettet in die Natur, mit Rückenschutz, Armlehnen und Fußschemel. Sind keine natürlichen Landschaftsformen vorhanden, treten vom Menschen geschaffene an ihre Stelle. So können Hecken oder Zäune, Mauern oder Nachbarhäuser die klassischen Tiere ersetzen. Und was für ein Haus gilt, kann in einer ganzheitlichen Lehre wie Feng Shui auch auf den Menschen übertragen werden. Hier steht dieses Prinzip für die Urbedürfnisse des Menschen, die er auch in der Raumgestaltung betrachten sollte. Sie heißen: Schutz (Schildkröte), Übersicht (Phönix) und Geborgenheit (Drache und Tiger).

Formen- und Kompassschule

Die Suche nach der idealen Lage eines Hauses wurde also von den Formen in der Landschaft bestimmt. Und damit sind wir auch bei einem wesentlichen Ansatz des Feng Shui, bei der Formenschule, angelangt. Eine von den Dichtern im Land der Mitte oft besungene, reiche Landschaft des Südens war die der Provinz Kwangsi. Hier lebte im 9. Jahrhundert der Gelehrte Yang Yün-Sung (ca. 840–888 n. Chr.). Dieser Weise war es, der die Formenschule systematisierte. Er nannte sie »hsing shih«, was wir auch mit der »Lehre der Gestaltung und Anordnung« übersetzen können. Ein anderer, durchaus gebräuchlicher Name für die Formenschule aber war und ist auch »Kwangsi« – benannt nach der so oft bedichteten Landschaft, in der sie entstand. Yang Yün-Sung schrieb mehrere klassische Werke, gab darin der Form der Berge und den gewundenen Flüssen die Namen, die wir heute noch im Feng Shui verwenden.

Während sich also die Formenschule mit der sichtbaren Beschaffenheit einer Landschaft auseinander setzt, gingen die Gelehrten der Kompassschule einen anderen Weg. Rund 100 Jahre nach Yang Yün-Sung weist Wang Chih Feng Shui eine neue Richtung. Wang Chih war ein früher Anhänger der Kompass-Methode. Er stammte aus dem Norden, aus der Provinz Fukien. So hieß diese Lehre im Feng Shui auch »Fukien-Schule«. Ein anderer Name – mehr auf die Betrachtungsweise dieser Schule bezogen – lautet »fang wei« und bedeutet ungefähr »Schule der Richtungen und Positionen«.

Historische Ursprünge der Formen- und Kompassschule

Aus der Frühgeschichte Chinas wissen wir, dass sich die ersten Bewohner des Landes im Süden und im Norden ansiedelten. Die beiden Gruppen fanden gänzlich verschiedene Lebensbedingungen vor. Der Norden war – im Vergleich zum Süden – eine eher flache Ebene, karg und windig. Im Süden aber finden wir wundervolle Hügelformationen und gewundene Flüsse.

Natürlich passte die Kompass-Methode besser in die eher abwechslungsarme Landschaft des Nordens – während die Formenschule dem spannungsreichen Spiel der Natur im Süden entsprach. Über viele Jahrhunderte hin gingen die Meister der verschiedenen Schulen getrennte Wege. Erst vor rund 100 Jahren näherten sich die Praktiker der verschiedenen Lehren einander an. Heute nutzen gut ausgebildete Feng Shui-Berater ganz selbstverständlich beide Methoden bei ihren Analysen.

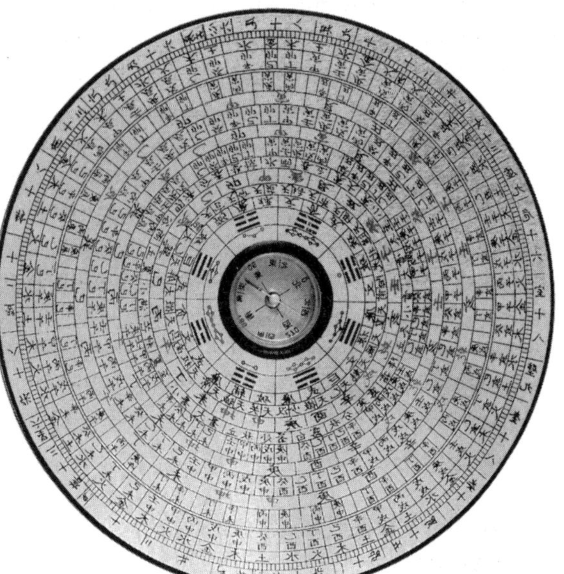

Modell eines klassischen, alten Kompasses, mit dem die alten Feng Shui-Meister jahrhundertelang arbeiteten.

Wie kombiniert man Formen- und Kompassschule?

Die Kombination verschiedener Ansätze, so auch der Kompass- und Formenschule, hat ihre Konsequenzen. Denn zahlreiche Feng Shui-Grundlagen wurden nun mit beiden Systemen verknüpft. Auf diese Weise entstand ein dichtes Netzwerk von Analogien, die der Feng Shui-Praktizierende in der jeweiligen Situation analysieren und interpretieren muss. Lassen Sie uns zur Verdeutlichung wieder das Beispiel der Landschaftsformation für die ideale Feng Shui-Lage eines Hauses erwähnen. Auch sie wurde – logischerweise – mit den Himmelsrichtungen verknüpft. Welche Tiersymbolik mit welcher Himmelsrichtung verbunden ist, können Sie der Abbildung »Das Lehnstuhlprinzip« auf der gegenüberliegenden Seite entnehmen.

Doch was heißt das nun in der Praxis? Ist ein Haus, das mit seiner Vorderfront – also dem Phönixaspekt – nicht nach Süden ausgerichtet ist, wie es so viele Feng Shui-Berater sagen, tatsächlich ein »verkehrtes Haus«? Und was, wenn die Haustür eines Klienten nach Osten schaut? Sollte man dann wirklich einen Berg als formales Symbol für den Drachen aufschütten? Ist es sinnvoll, die Haustür immer in den Süden zu planen, auch wenn sie dafür versteckt auf der Rückseite des Hauses liegt? Dies sind Fragen, die in der Feng Shui-Welt teilweise sehr kontrovers diskutiert werden. Und es ist keine Seltenheit, dass Kunden plötzlich erfahren, dass sie in einem »verkehrten Haus« leben müssen.

Die vier mystischen Tiere

Wo nun liegt die Lösung dieses Problems und was ist sinnvoll in der Praxis des Feng Shui? Um diese Frage zu beantworten, müssen wir wieder einmal zurück zum Ursprung und auf das eingehen, wofür die vier mystischen Tiere im Kern stehen. Sie alle sind Symbole für die ideale Formensprache der Natur. Es ist kein

Zufall, dass die Schildkröte dem Bereich hinter dem Haus zugeordnet wurde. Sie soll mit ihrem harten Panzer im wahrsten Sinn des Wortes den Rückenschutz gewährleisten. Und der Phönixvogel am freien Platz vor dem Haus soll reichlich Gelegenheit haben, mit seinen Flügeln zu schwingen, damit vitales Chi ins Haus gelangt. Es ist also in erster Linie zunächst einmal die Formation, die entscheidend für den Energiestatus eines Hauses ist und damit dafür, ob Energie zufließt, abfließt oder gar stagniert. Es ist für uns immer wieder faszinierend, wie sehr sich ein in seiner Formensprache optimal gestaltetes Lehnstuhlprinzip auf das Wohl der Menschen auswirkt. Deshalb achten wir in unserer Praxis immer darauf, dass stets der Zugang zum Eingang frei ist – vollkommen unabhängig davon, in welcher Himmelsrichtung er liegt.

Die Himmelsrichtungen im Lehnstuhlprinzip

Natürlich ist die Lage eines Gebäudes in Bezug auf die Himmelsrichtungen ein wichtiger Aspekt, der im Feng Shui nicht vergessen werden darf. Schon allein, weil die Richtungen einen mas-

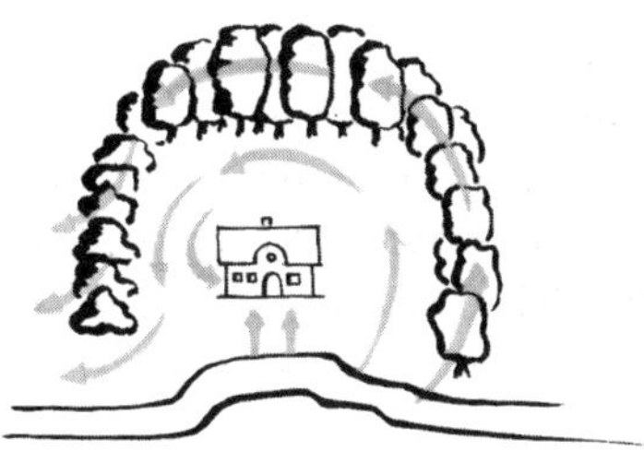

Das Lehnstuhlprinzip wurde hier durch eine gezielte Bepflanzung erreicht. Drache, Schildkröte und Tiger sammeln das Chi rund um das Haus.

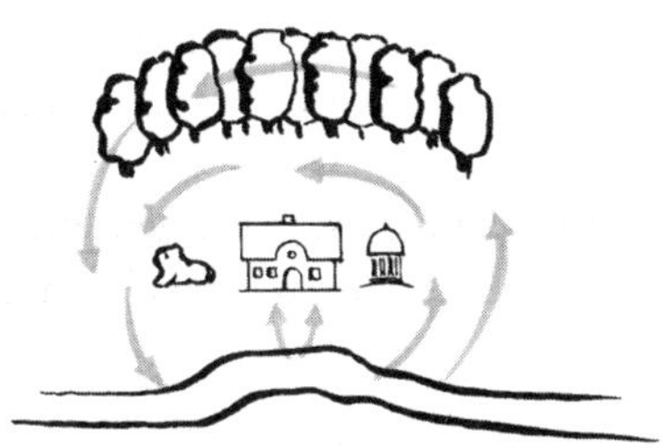

Hier finden wir eine Übertragung des Lehnstuhlsprinzips. Die Schildkröte wird von einer hohen Baumreihe gebildet, der Drachenaspekt drückt sich durch den Pavillon aus, der Tiger durch eine niedrigere Buschhecke.

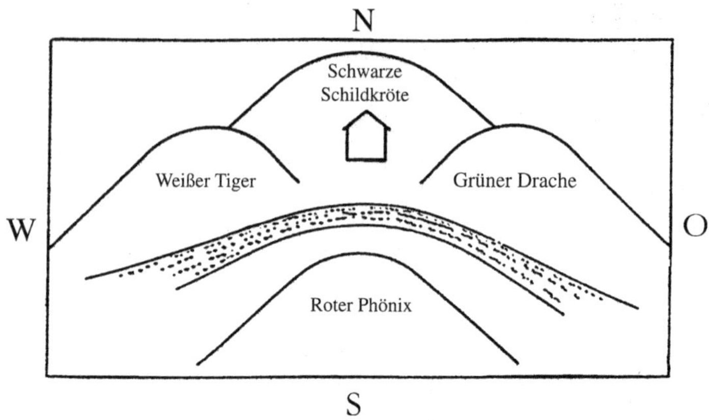

Die Himmelsrichtungen im Lehnstuhlprinzip

siven Einfluss auf die Lichtverhältnisse haben und die damit verbundenen Energiequalitäten, die jede Himmelsrichtung mitbringt, im *Bagua* von Bedeutung sind. Aber hier muss der Feng Shui-Experte zunächst einmal Prioritäten erkennen, um sich nicht im Kreis zu drehen und sinnvoll beraten zu können. Ein durch einen Schildkrötenberg blockierter Eingang – auch wenn er im Norden liegt – bringt nun mal keinen üppigen Energiezufluss und damit auch kein gutes Feng Shui. Aber natürlich müssen diese Kompass-Daten in die Gesamtanalyse mit einbezogen werden. Wir tun das auf einer anderen Ebene und berücksichtigen die Einflüsse der Himmelsrichtungen bei der Feinanalyse des Hauses. Und hier werden dann zum Beispiel durch die Haustür einfließende Richtungsenergien bewertet, energetisch angekoppelt und blockierte Richtungen durch geeignete Feng Shui-Mittel und Analogien geöffnet. Diese Basisdaten wiederum fließen ein in die Analyse, Interpretation und Harmonisierung der Räume, aber auch in die des Gartens.

Die Formenschule

Formenschule *Lehnstuhlprinzip* *umbauter Raum*

Die Kompassschule

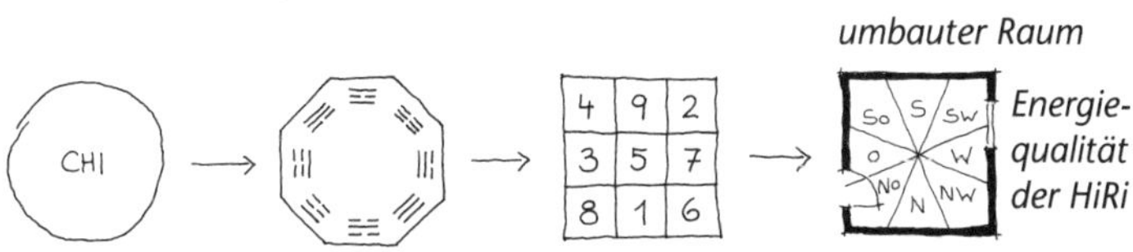

Kompass-schule *Trigrame (nach-himmlische Sequenz)* *Lo Shu* *Kompass-Bagua*

Die Formenschule orientiert sich am Fluss des Chi, der sich in den Formen der Landschaften offenbart. Auf der Raumebene sind es dann die Raumform sowie die Anordnung von Fenstern und Türen, die für den jeweiligen Chi-Fluss entscheidend sind.

Die Kompassschule ordnet nun den Einflüssen bestimmte Qualitäten zu, die sich aus den Himmelsrichtungen und den damit verbundenen Analogien ergeben. Auch finden wir über die Kompassschule Zugang zur Zeitqualität, die im Feng Shui ebenfalls von Bedeutung ist.

Geomantie in China und Europa

Übersetzt wird der Begriff »Feng Shui« häufig auch mit »Chinesische Geomantie«. Das Wort selbst setzt sich aus den beiden griechischen Wörtern »geo« (Erde) und »mantis« (Wahrsager) zusammen. Und diese Übersetzung ist durchaus sehr wörtlich zu verstehen, denn man kann mit Feng Shui tatsächlich Eigenschaften einer Umgebung lesen wie in einem offenen Buch. Die Lage von Bergen und Tälern, der Lauf und die Fließrichtung von Flüssen und Straßen sind Formen, die in der Umgebung wirksam sind und das Leben der Menschen in jedem Fall beeinflussen.

Geomantie, das ist auch die alte Kunst, Energiezentren auf der Erdoberfläche auszumachen und durch eine künstliche Veränderung der Landschaft, durch den Bau von Heiligtümern und Konstruktionen zu verstärken oder zu verändern. Mit Hilfe der Geomantie sollten die künstlich von Menschen geschaffenen Siedlungen in Einklang mit den Energieströmen der Erde und des Kosmos gebracht werden.

Die besten Orte

Heute zeigt sich gelebte Geomantie in unserer Beratungstätigkeit unter anderem darin, dass ein Grundstück nach Umgebungsmerkmalen analysiert wird, um die besten Orte zu finden für die Lage, den Zugang und die Haustür. Es geht im Kern darum, das vitale Chi anzuziehen, damit es uns nährt und fördert. Diese fließt dann zum Beispiel in die Art der Verlegetechnik von Hauszugängen oder Eingangspodesten ein. Und so kann ein erfahrener Geomant über die Formensprache Einfluss auf die Lenkung und das Wirken des Chi nehmen. So wirken Kreisornamente grundsätzlich zentrierend und können Orten mit wenig Stabilität ein energetisches Zentrum verschaffen, das wiederum mit dem Haus und damit mit seinen Bewohnern korrespondiert. Spiralen, das

Grundsymbol des Lebens, haben immer eine Fließrichtung, in die sie sich öffnen, und können, wenn sie richtig verlegt wurden, die Energie in eine bestimmte Richtung lenken. Polarisierte Steine auf Gehwegen laden denjenigen, der auf ihnen geht, jedes Mal mit Vitalenergie auf. Und eine energetisch »ableitende« Schwelle kann über frequenzangepasste Entstörung energetisch harmonisiert, ja gar aktiviert werden. Wurde vorher der über die Schwelle Gehende energetisch geleert, profitiert er nun von der nach oben abstrahlenden Energie, die ihn stärkt und nährt.

a)

b)

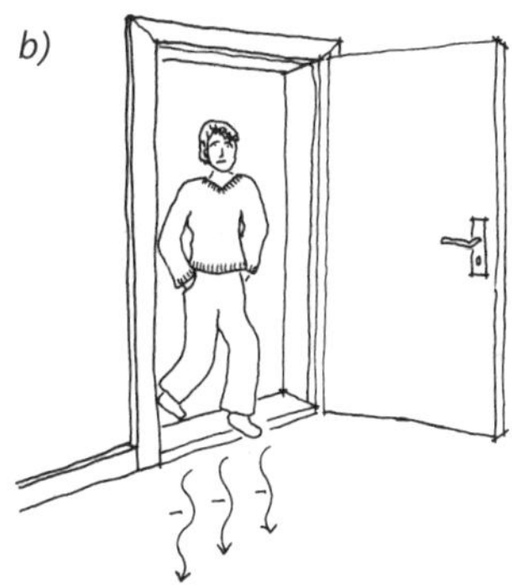

c)

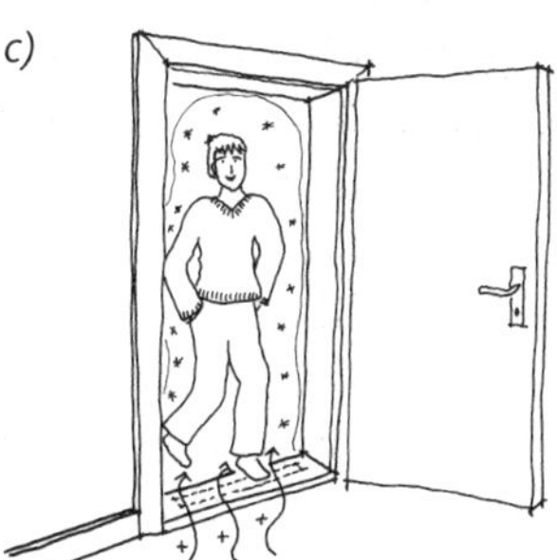

Wir sollten darauf achten, dass die Haustürschwellen Energie gebend (Bild a) sind. Gehen wir über ableitende Schwellen (Bild b), wird unsere Energie geschwächt. Über den »DFSI-Door-Balancer« gelingt es, ableitende Schwellen auszugleichen und sie in gebende zu verwandeln (Bild c).

Mikrokosmos, Makrokosmos

Diese Nutzung des Chi ist durchaus nicht einseitig, denn derjenige, der den Chi-Fluss durch Gestaltungselemente in seinem Garten oder Haus optimiert, harmonisiert ganzheitlich, und das wiederum hat auch Auswirkungen auf die weitere Umgebung. Indem wir unseren Mikrokosmos gestalten, nehmen wir gleichzeitig Einfluss auf den Makrokosmos. Vor diesem Hintergrund kann man nur wünschen, dass sich möglichst viele Menschen dem Thema Feng Shui widmen.

Feng Shui hat auch wesentlich mit der Achtung und dem Respekt vor der Natur zu tun. Und so sollte vor jedem Hausbau, der ja immer ein Eingriff in die Natur ist, ein Bauritual stehen. Es dient zum einen dazu, sich intensiv mit dem Ort und seinen individuellen Schwingungen auseinander zu setzen, zum anderen stellt solch ein Moment des Eins-Seins mit der Umgebung etwas ganz Besonderes dar. Er ist vergleichbar der Geburt eines Menschen, die einen neuen Anfang eines Lebenskreises symbolisiert. Auch ein bewusst erlebtes Bauritual stellt den Anfang einer langen Beziehung für das zukünftige Haus und seine Bewohner dar und symbolisiert einen neuen Lebensabschnitt. Immer aber hat diese Bewusstheit einen positiven Einfluss auf das Baugeschehen, den Ort und seine Ausstrahlung damit auf die Lebensqualität.

Ortsgeist und Zeitgeist

Wo immer wir uns auch befinden, immer wirkt ein vielschichtiges Geflecht von Einflüssen auf uns, das sich aus der Landschaft, dem Standort, deren Häusern und Bewohnern ergibt. Auch wenn unser Buch dieses Thema nicht umfassend bearbeiten kann, so möchten wir doch in einfacher Form die wesentlichsten Aspekte dieses Zusammenspiels beleuchten mit dem Ziel, die Prioritäten in der Feng Shui-Praxis herauszustellen.

Jeder Ort verfügt über eine eigene Ausstrahlung, die durch seine Lage in der Umgebung, die Geschehnisse der Vergangenheit und das Heute geprägt werden. Schlüssel zur Erfahrbarkeit des Ortsbewusstseins (Genius loci) sind Orts- und Straßennamen, Formen und Bezeichnungen in der Landschaft (Berge, Flüsse etc.) und natürlich die individuelle Fähigkeit, sich mit dem Ortsgeist zu verbinden. Es ist für uns immer wieder faszinierend, wie unterschiedlich sich die Landschaft rund um Freiburg anfühlt. In der südlichen Umgebung des Hexentals spüren wir immer Helligkeit und Vitalität, während uns zum Beispiel bei der Fahrt durch Ebnet in den Schwarzwald stets ein dumpfes Gefühl beschleicht.

Tore in der Landschaft

Voller Erstaunen berichteten die ersten Europäer, die nach China kamen, von den unglaublichen Palastanlagen des Kaisers, von der Großen Mauer – und auch von einem schier unerklärlichen Phänomen: Tore, die mitten in der Landschaft stehen. Zuerst vermutete man, dass diese Tore vielleicht Überreste alter Paläste oder Tempel oder die Triumphbögen längst versunkener Städte seien. Aber man fand unter den Toren keine Reste alter Mauern und Häuser. Und vor allem: Schon auf ganz frühen Tuschezeichnungen finden wir diese Tore, die da einsam in der Landschaft stehen.

Was diese offenen Tore bedeuten, werden wir erst erfassen, wenn wir gelernt haben, uns einzuschwingen in die chinesische Welt. Schon immer haben die Weisen in China die Natur als lebendiges, von Lebensenergie durchflossenes Wesen gesehen. Sie spürten die individuelle Ausstrahlung der Orte und konnten ihnen Eigenschaften zuordnen. Diese Wahrnehmung spiegelt sich auch in der Bezeichnung einzelner Landschaften wider. Und an einigen Stellen, bei denen Landschaften unterschiedlicher Eigenschaften aufeinander trafen, stellte man die Tore auf, die den Übergang von einer zur anderen symbolisierten.

Viel später erfuhren wir von den Einheimischen, dass hier früher die Hinrichtungen stattfanden. Ebenfalls finden wir es immer wieder spannend, die Ortsenergien aufzunehmen, die sich manchmal – von einem Augenblick zum nächsten – verändern. Fast so, als gäbe es unsichtbare »Energieschranken«.

Wie eben schon angedeutet, werden diese Ortsenergien auch von zeitlichen Ereignissen geprägt, die dort stattfanden. Sie vereinen sich dann in ihrer Ganzheit zur Individualität des Ortes, die sich in seiner eigenen Ausstrahlung zeigt. Durch das zyklische Zusammenspiel von Himmel und Erde erhält jeder Ort zudem einen konkreten zeitlichen Hintergrund, der sich im Wechsel der Jahres- und Tageszeiten manifestiert. Diese sehr mächtige, grundlegende Zeitqualität ist für die Menschen auf gleiche Weise bestimmend. Täglich gliedern wir uns ein in diesen vom Kosmos vorgegebenen Rhythmus, befinden uns in einem Beziehungsgeflecht, das wir uns für unser Wirken gewählt haben.

Die Zyklen der Zeit

Es ist nachvollziehbar, dass diese Zyklen einen starken Einfluss auf uns haben. Und so ist die Zeit auch eine Ebene im Feng Shui, mit der man sehr effektiv und erfolgreich arbeiten kann. Denn verbinden wir uns mit den Universalenergien, so können wir als Teil der Natur von ihnen genährt werden. Wir sind »im Fluss« mit dem Leben.

Vor dem Hintergrund ist es nur logisch, dass dieser Tatsache eine Bedeutung eingeräumt wird, die ihrem Einfluss auf unser Leben gerecht wird. Deshalb stellt in unserer Arbeit dieses »Sich-Einbinden« in die Zyklen der Natur die Grundebene dar. Auf die umfassende Analyse und Interpretation der einfließenden Richtungsenergien, deren Ankopplung, Verbindung und Öffnung, legen wir deshalb in den Ausbildungen des DFSI sehr viel Wert.

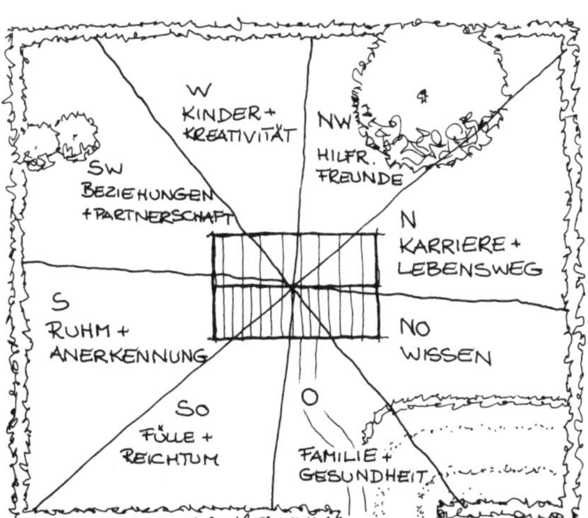

Mit dem Kompass-Bagua gelingt es, die Räume mit den zyklischen Energien der Natur zu verbinden.

Gleichzeitig erreichen wir damit auch die grundlegende Zeitebene, weil ja jede Richtung mit den Tages- und Jahreszyklen verbunden ist. Auf diese Weise gelingt es dann, die uns umgebenden Energien von Himmel und Erde über die Feng Shui-Analyse zu zentrieren und sie zu erden. Wir können jetzt gleichzeitig auf der horizontalen (Erde) und auf der vertikalen Ebene (Himmel) arbeiten. Ein weiterer Vorteil besteht darin, dass die Klarheit einer solchen Analyse bestechend ist, was vor allem vor dem Hintergrund an Bedeutung gewinnt, dass Klarheit und Fokussierung immer die besten Wege sind, um erfolgreich zu arbeiten.

Das Messen der Zeitqualität

Innerhalb dieser großen universellen Zeitzyklen gibt es natürlich noch viele weitere. So kennt man im Feng Shui, wie in jeder anderen Kultur auch, eigene Systeme zur Messung der Zeitqualität. Weil wir an dieser Stelle nicht auf alle eingehen können, soll ein Beispiel genügen.

Im Feng Shui kennt man das System der »Flying Stars«. Basis ist das Lo Shu, in dem sich die Zahlen von 1 bis 9 befinden. Das Besondere an dieser Anordnung: Gleich in welcher Reihenfolge man die Zahlen addiert, es kommt immer der Wert 15 heraus. Diese Zahlenkombination steht aufgrund der in ihr wohnenden Harmonie für das ideale Universum. Doch das Leben steht nicht still, sondern befindet sich in einem ständigen Spannungsfeld der Energien. Dieser Wandel wird durch die Veränderung der Zahlenposition innerhalb des Quadrates ausgedrückt. In bestimmten Zyklen (alle 180 Jahre = 180-Jahres-Zyklus, alle 7 Jahre = 7-Jahres-Zyklus, jedes Jahr = Jahreszyklus) bewegen sich nun die Zahlen, auch Sterne genannt, nach einem bestimmten Muster in diesem Quadrat. Im Zusammenspiel der Häuser (9 Quadrate im Lo Shu) und der sich verändernden Sterne (Zahlen) entstehen

Das magische Quadrat Lo Shu

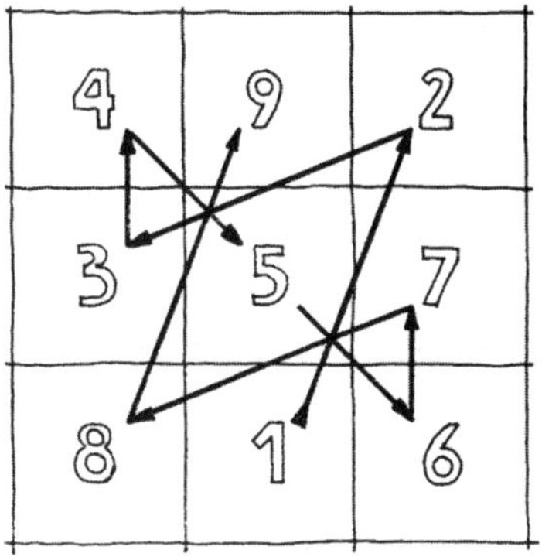

Die zyklische Veränderung der Zahlen im Lo Shu

nun – nach dieser Methode – verschiedene Mischenergien, die sich unter anderem auch auf das Bagua und damit auf den Wohnraum übertragen lassen. Wichtig ist noch zu wissen, dass die Zahlen für positive und negative Einflüsse stehen, deren Wirken man nun – je nach Lage der Zahlen im Quadrat – orten kann.

Wenn die Sterne ungünstig stehen

Das sind – soweit in der Kürze möglich – die Grundlagen, auf denen Methoden wie die »Flying Stars« (auch »Neun Star Ki« oder »Neun Paläste«) beruhen.

Die Folgerung, die nun einige »Feng Shui-Experten« empfehlen, ist, Orte, die zeitweise von ungünstigen Sternen beschienen werden, am besten zu meiden. Und dann kommt es zu so grotesken Aussagen wie: »Ihr Schlafzimmer steht in diesem Jahr unter einem schlechten Stern, Sie sollten solange in die Abstellkammer ziehen.« Oder: »Solange Ihr Arbeitszimmer unter dem Einfluss des Fünf Gelb steht, sollten Sie hier keine Besprechungen mehr durchführen. Am besten auch nicht mehr arbeiten, denn Bewegung reizt das Fünf Gelb. Der beste Platz für Besprechungen ist für diesen Zyklus in der Badewanne.«

Die bekannte Feng Shui-Autorin Lilian Too – die selbst natürlich nicht praktisch arbeitet – schreibt zum Beispiel: »Wenn Ihr Eingang unter einem ungünstigen Stern leidet, so empfehlen wir Ihnen, für diese Zeit auszuziehen oder aber einen längeren Urlaub zu machen.«

Oder wie eine Leserin uns am Telefon sagte: »Meine Feng Shui-Beraterin arbeitet nach dem Neun Star Ki. Sie hat mir dringend empfohlen, sogleich meine Tür zuzumauern und das Dach abzudecken, im anderen Fall wären bei mir und meiner Familie schwere Krankheiten und früher Tod die Folge. Die Frau hat uns in Panik getrieben. Kann denn so etwas richtig sein? In ihrem Buch – und nur deshalb habe ich ja eine Beraterin konsultiert – habe ich von so etwas nichts gelesen. Umso größer jetzt meine Zweifel, aber auch meine Angst …«

Luftige Analysen

Um das volle Ausmaß zu verstehen, muss man wissen, dass diese Analysen (leider) ohne die nötige Grundlage (Erdung durch das Kompass-Bagua) durchgeführt werden und ihnen im wahrsten Sinn des Wortes die Basis fehlt. Es wird an kurzfristige Veränderungen angeknüpft, ohne das große Ganze zu betrachten. Dass solche »luftigen« Analysen nicht besonders wirksam sind, liegt auf der Hand. Denn sie bauen allein auf schnell wechselnden Energien auf. Mächtige Naturzyklen werden außer Acht gelassen, und – was das Schlimmste ist – der Mensch wird zum Bedürftigen, Abhängigen, der sich regelmäßig beraten lassen muss. Gerade diese Methoden erfreuen sich derzeit aber immer größerer Beliebtheit bei vielen Beratern. Ein Grund mag die Einfachheit sein, mit der solche Analysen errechnet werden.

Vom Opfer zum Schöpfer

Für uns besteht der Sinn von Analysen auch darin, dass der Klient seine Wahrnehmung schult, vom Opfer zum Schöpfer seines Lebens wird. Er hat die Gelegenheit zu erfahren, dass Feng Shui ein Mittel ist, sich selbst zu entwickeln durch zunehmende Bewusstheit und Erkenntnis.

Doch wie kommt es zu derlei Unsinn? Nun muss man wissen, dass natürlich jede Zahl in den Flying Stars ihre Energie hat, die sich – ähnlich den Elementarenergien – beschreiben lässt. Die Chinesen verfügen über eine Bildersprache und haben die Eigenschaft der Sterne in poetische Begriffe gefasst. Wer diese Wortbilder 1:1 übersetzt, der verwechselt Inhalt und beschreibende Form und nutzt Feng Shui für seine eigenen Projektionen. Ja, auf diese Weise werden Begriffe zur Beschreibung von Tendenzen mit den Phänomenen selbst verwechselt, was die Lehre in der Konsequenz immer weiter vom Ursprung wegführt.

Überlieferung und Patentrezepte

Das ist auch der Nachteil des so genannten Traditionellen Feng Shui, das oft unreflektiert über Jahrtausende von Meister zu Schüler und nun auch noch von Kultur zu Kultur übertragen wird. Der Sinn der ursprünglichen Bedeutung geht immer mehr verloren, an seine Stelle treten Accessoires, Symbole und Regeln, die als »Überlieferung« in Form von Patentrezepten verkauft werden.

Was aber heißt das für das Feng Shui unserer Zeit? Das Neun Star Ki ist zuerst einmal eine Methode, die eine weitere, eine zeitliche Dimension in die Feng Shui-Analyse mit aufnimmt. Sie ist auch durchaus in einigen wenigen Fällen angebracht – sie sollte aber niemals nur für sich, sondern immer vor dem Hintergrund einer fachlich kompetenten Basisanalyse stehen. Auch sagen wir mit ihrer Hilfe nicht die Zukunft voraus, sondern, wenn überhaupt, können wir mit Hilfe des Neun Star Ki weitere Tendenzen erkennen, auf die wir nun die Chance haben, bewusst zu reagieren. Es geht nicht um Schicksal, das man nur gnädig stimmen kann, wenn man das Dach abdeckt und/oder die Haustür vermauert – sondern um Herausforderungen, die man auf geistige Weise bewältigen muss. Gerade diese Methode verlangt ein hohes Maß nicht nur an Erfahrung, Taktgefühl und einem Schuss Weisheit, sondern zudem die Erkenntnis, dass sie niemals für sich stehen kann. Sie kann nicht Ersatz für eine fundierte Analyse sein.

Wie in unserer Astrologie auch, so müssen wir verstehen, dass zeitliche Einflüsse eine gewisse Wirkung auf uns haben, die als Herausforderung auf uns zukommen. Uns aber diesem Einfluss bewusst zu entziehen, indem wir um- oder ausziehen, macht uns nicht heiler oder vollständiger, sondern verhindert die Integration wichtiger Seelenanteile und Entwicklungspotentiale. Diese oben beschriebene Vorgehensweise vieler Feng Shui-Berater von heute und so genannter Meister gleicht in Inhalt und der Vorgehensweise verdächtig dem Horoskop aus der Zeitung.

Kompass- und Drei-Türen-Bagua

Die wesentliche Methode ist und bleibt also das Kompass-Bagua, um das es auch in diesem Buch gehen soll. Es ermöglicht uns wie kein anderes System, Synergien zu knüpfen zwischen Innen und Außen. Diese kraftvolle Verbindung stellt eine hervorragende Basis dar, um weitere Methoden und Feng Shui-Theorien anzuwenden. Die Kunst dieser Analyse besteht jedoch nicht in der Messung der Kompass-Richtungen und dem Auflegen der Bagua-Segmente auf den Grundriss, wie so viele glauben. Nein, die Kunst besteht in der Interpretation und Bewertung der jeweiligen Situation, der Intensität und Gewichtung der einfließenden Energien untereinander, deren Präsenz im Umfeld und der Resonanz zum Klienten. Erst danach kann wirklich kompetent beraten werden. Während die Ausgangsbasis für das Kompass-Bagua die Himmelsrichtungen darstellen, soll es nun um eine andere Methode gehen, das Drei-Türen-Bagua.

Welche Methode ist die richtige?

Als wir anfingen, uns mit Feng Shui zu beschäftigen, gab es einen heftigen Streit darum, welche Methode – das »Kompass-Bagua« oder das »Drei-Türen-Bagua« – denn nun die richtige sei. Wir haben, um unsere Erfahrungen zu sammeln, mit beiden gearbeitet und wollten uns mit diesem ewigen Streit nicht begnügen, sondern unseren eigenen Weg gehen. So haben wir uns intensiv mit diesem Thema beschäftigt, Beratungsergebnisse analysiert und die Quellenliteratur studiert. Und wir haben etwas Faszinierendes entdeckt. Beide Methoden machen durchaus Sinn, woran

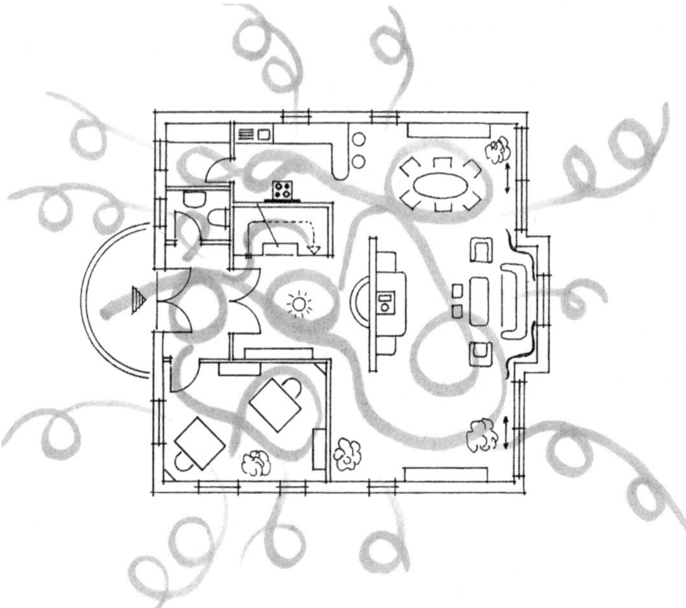

Chi-Bewegungen außerhalb und innerhalb eines Gebäudes

wir ohnehin nie gezweifelt hatten. Aber im Laufe der Zeit konnten wir Tendenzen feststellen, die uns immer näher an die Lösung dieses Themas führten.

Die Anbindung nach draußen

So stellten wir fest, dass das Kompass-Bagua ideal ist, wenn ein Objekt stark von der Umwelt beeinflusst wird, also über reichlich Außenmauern verfügt, wie es etwa bei Ein-, Zwei- oder Mehrfamilienhäusern der Fall ist.

Das Drei-Türen-Bagua ist dann erfolgreich, wenn die Anbindung nach Außen nur minimal ist. Diese Situation findet man in vielen Studentenzimmern oder Appartementhäusern, in denen oft nur eine Wand an die Außenwelt grenzt. Das Drei-Türen-Bagua trägt seinen Namen, weil die Eingangstür zur Wohnung in drei verschiedenen Bereichen (»Hilfreiche Freunde & Mentoren«, »Lebensreise & Beruf« oder »Wissen & Fähigkeiten«) liegen kann. Die Lage des Bagua ist deshalb nicht – wie beim Kompass-Bagua – von den realen Himmelsrichtungen abhängig, sondern ausschließlich von der Lage der Eingangstür.

Vereinigung von Drei-Türen- und Kompass-Bagua

Wir bitten um Verständnis, dass wir an dieser Stelle nicht ausführlich auf das Drei-Türen-Bagua eingehen können – zu viele andere Themen stehen auf der Agenda. In unserem Buch *Feng Shui heute* haben wir erstmals die Thematik zum sinnvollen Einsatz des Kompass- und Drei-Türen-Bagua aufgegriffen und unsere Arbeitsweise vorgestellt. In der Zwischenzeit sind unsere Forschungsergebnissein der Feng Shui-Welt gängige Praxis geworden. Ähnlich wie rund 100 Jahre zuvor die längst fällige Vereinigung von Formen- und Kompassschule.

So hat *Feng Shui heute* inzwischen längst den Status eines Lehrbuches erreicht, und immer wieder erreichen uns Anfragen von Schülern, die bei einem uns unbekannten Lehrer nach diesem Buch gelernt haben, ob sie nicht auch ein DFSI-Abschluss-Zertifikat von uns erhalten können – ein Wunsch, dem wir leider nicht entsprechen können, da selbstverständlich jedes Buch nur einen minimalen Ausschnitt des notwendigen Wissens wiedergeben kann. Von jemandem, der als Feng Shui-Berater unter der Flagge des DFSI arbeiten will, erwarten wir dann doch schon etwas mehr …

Himmel, Erde und Mensch

Zum Abschluss dieses Kapitels noch ein kurzer philosophischer Ausflug: In der Feng Shui-Philosophie sagt man, es gebe drei Arten von Glück: und zwar das Tien Choy, das Ti Choy und das Ren Choy.

Tien Choy

Das Himmelsglück Tien Choy steht für die Gaben und Talente, die uns vom Himmel in die Wiege gelegt wurden. Es sind jene angeborenen Potentiale, die wir im Laufe unseres Lebens entwickeln und vervollkommnen können. Darüber hinaus beschreibt Tien Choy auch die Zeitqualität, in die wir hineingeboren wurden, sowie die zyklische Veränderung der Zeit. Denn auch das Feng Shui unseres DFSI arbeitet mit astrologischen Systemen und Berechnungen, um die Zeitqualität eines Menschen und eines Ortes zu bestimmen.

Ti Choy

Das Ti Choy beschreibt das Erdenglück und meint damit die Familie, unser ganz persönliches Umfeld, das uns geprägt hat und uns immer noch prägt. Dazu gehört unsere Erziehung, das Haus, in dem wir wohnen, der Platz, an dem wir arbeiten, und alle damit verbundenen auf uns wirkenden Einflüsse. Jeder Mensch ist der Mittelpunkt seines eigenen individuellen Beziehungsgeflechtes, das er sich geschaffen hat und in dem er lebt. Er ist verankert an dem Ort und wird von diesem »Geist des Ortes« beeinflusst. Auf der konkreten Ebene zählen zum Ti Choy natürlich auch die geobiologische Situation, also die Frage, ob jemand auf gesundem Boden lebt, ob er mit Wohngiften konfrontiert wird, und die Themen unserer Zeit – wie etwa der Einfluss von Elektrosmog.

REN CHOY

Das aber, was das Himmels- und das Erdenglück verbindet, sind wir, die Menschen. Unser Handeln steht für den Begriff Ren Choy, für unser Schicksal, das wir in die eigenen Hände nehmen sollten. Auf der Grundlage unserer Fähigkeiten und Talente machen wir im Laufe unseres Lebens unsere Erfahrungen, entwickeln daraus Einstellungen und Verhaltensweisen, die uns zu dem Menschen machen, der wir sind. Doch trotz dieses Hintergrundes haben wir jederzeit die Möglichkeit, unser Leben in die eigenen Hände zu nehmen, uns zu entwickeln. Mehr noch: Auch unser augenblickliches »So-Sein« ist ein Ergebnis unseres Tuns aus der Vergangenheit. Nur – wir waren uns möglicherweise nicht bewusst, dass wir jeden Augenblick unseres Lebens gestalten. Und so haben wir auch in der Gegenwart die Möglichkeit, die Zukunft in die von uns gewünschte Bahn zu lenken. Feng Shui bietet dafür den idealen Weg, durch bewusste Gestaltung unseres Umfeldes Veränderungen in unserem Leben einzuleiten.

Was beeinflusst uns konkret?

Viele glauben, Feng Shui würde nur auf der Grundlage von subtilen Energien arbeiten – doch das ist nicht richtig. Wie Sie ja nun schon wissen, kann Feng Shui auch mit chinesischer Geomantie übersetzt werden. Und das schloss einst ganz selbstverständlich auch aus der Erde kommende Einflüsse mit ein. Dieser ursprüngliche Geomantie-Begriff beinhaltete also auch den Bereich, den wir heute Geobiologie nennen und der sich mit biologischen Einflüssen und ihrer Wirkung auf den menschlichen Organismus beschäftigt. Es ist wichtig, sich nun wieder daran zu erinnern. Denn wir leben in einer Zeit, in der der Standort von Häusern und Siedlungen nicht aufgrund der Bodensituation bestimmt wird, sondern am Reißbrett der Städteplaner und Bauämter. Und darum ist es von so grundlegender Bedeutung, zuerst einmal die Bodenbeschaffenheit zu prüfen, die eventuelle Elektrosmog-Strahlung zu messen, bevor wir weitere fengshuistische Betrachtungen anstellen. Und um genau diesen – sehr oft vernachlässigten – Aspekt des Feng Shui geht es in dem nun folgenden Kapitel.

Geo- und Elektrobiologie

Geobiologie

Die Zeitungsschlagzeilen im Januar des Jahres 1929 beschäftigen sich mit hochpolitischen Themen wie dem Zusatzabkommen zum deutsch-sowjetischen Neutralitätspakt, der Flucht Trotzkis aus Russland und dem Staatsstreich von König Alexander von Jugoslawien. Im Feuilleton lesen wir von dem skandalösen Anti-Kriegsroman eines gewissen Herrn Remarque, *Im Westen nichts Neues*, auf den bunten Seiten vom Start des Raketenbobs des Konstrukteurs Max Valier. Und dann findet der Leser noch eine seltsame Notiz unter der Rubrik »Kurioses«: »Freiherr untersucht Zusammenhang zwischen Wasseradern und Krebserkrankungen«. Was aber seinerzeit unter »Kurioses« abgedruckt war, erkennen viele Wissenschaftler und Mediziner jetzt als eine Pioniertat an, die vor allem anderen, was sonst im Januar 1929 geschah, heute für uns brandaktuell ist!

Erdstrahlen und Krankheit

Was ist damals wirklich geschehen? In diesen Wintertagen des Jahres 1929 beobachten die Menschen eines kleinen Ortes in Niederbayern namens Vilsbiburg Tag für Tag eine seltsame Prozession. Voran schreitet im dicken Pelz ein Herr mit einer seltsamen wippenden Rute, dahinter ein ebenfalls vermummter Polizist. Die braven Bürger, die wegen des Jahrhundertfrostes die Häuser nur ungern verlassen – in der Palmenallee in Cannes wurden damals Schneeballschlachten fotografiert, und man erreicht Rekordmarken bis zu minus 40 Grad Celsius –, rätseln, was da vor sich gehen mag. In ein paar Tagen werden sie es in der Zeitung lesen: Es geht um einen Feldversuch in Sachen Erdstrahlung – und zwar um einen auch nach heutigen Kriterien exakt wissenschaftlichen!

Hier sei kurz die Erklärung eingeschoben: Gelände mit Erdstrahlen, und hier konkret Wasseradern, werden seit vielen Jahren im Volksmund krank machende Zonen genannt. Aber es existieren auch andere geologische Formationen, die Einfluss auf unsere Gesundheit haben. Wenn wir jede Nacht darauf schlafen, so ist die Gefahr groß, dass wir krank werden. Doch darauf kommen wir noch genauer zu sprechen – zuerst einmal weiter in unserer Geschichte, die amtlich verbürgt ist!

Der wissenschaftliche Beweis

Der Herr im Pelz ist der Freiherr von Pohl. Bereits seit 1904 hatte er immer wieder Beobachtungen gemacht, dass Betten von an Krebs Verstorbenen ausnahmslos auf Plätzen mit besonders starker Erdstrahlung standen. Mit dieser Entdeckung wandte er sich an die Ärzte – die aber verlangten wissenschaftliche Beweise. Und genau die will Pohl im Januar 1929 erbringen.

Zunächst wird nach dem Zufallsprinzip eine Stadt ausgesucht. Es ist Vilsbiburg. Nachweislich kennt der Freiherr weder den Ort noch die Menschen, und schon gar nicht kann er wissen, welche Erkrankungen wo und bei wem zu finden sind. Sieben Tage lang untersucht Pohl bei seinen Gängen durch den Ort die – an der Oberfläche unsichtbaren – Wasseradern. Hoch amtlich wird darauf geachtet, dass der Rutengänger nicht mit den Bürgern redet, nichts über eventuelle Sterbefälle in Erfahrung bringen kann. Die Untersuchung findet unter der Aufsicht des Bürgermeisters Brandl statt, auch ein Polizist ist immer bei Pohl, auf dass ihm nichts zugetragen werde. Parallel zu dem Auffinden der unterirdischen Wasserläufe von Vilsbiburg, die der Freiherr im Stadtplan aufzeichnet, erstellt ein Obermedizinalrat einen anderen Plan: Er ermittelt anhand von Leichenscheinen diejenigen Häuser in der Stadt, in denen in den vergangenen zehn Jahren Bewohner an Krebs gestorben sind.

Eine verblüffende Tatsache

Nach sieben Tagen wurden die beiden Pläne verglichen und das Ergebnis überrascht – bis heute. Ein Zitat aus dem Protokoll: »Auf den Karten zeigt sich die verblüffende Tatsache, dass sämtliche Krebstodesfälle in Vilsbiburg auf den von Freiherrn von Pohl eingezeichneten starken, unterirdischen Wasserläufen liegen.«

Das Fazit des Freiherrn, das er auch in einem Buch verwendet, lautet provokant: »Kein Krebs ohne Erdstrahlen!« Doch seine Untersuchung landet erst einmal nicht in den Schlagzeilen jener Zeit, ja, sie wird nicht einmal von den Wissenschaftlern und Medizinern diskutiert – sondern endet unter »Kurioses«.

Der Faktor Erdstrahlen

Allerdings belächeln nicht alle Forscher die Ergebnisse des Freiherrn. Es ist bekannt, dass sich vorurteilsfreie Geistesgrößen jener Zeit wie etwa Ferdinand Sauerbruch, Albert Einstein und Max Planck für diese Phänomene interessieren. Aber es vergehen noch einmal 53 Jahre, bis Erdstrahlen auch ein Thema für Universitäten werden. Eine Ärztin, die des esoterischen Spinnertums kaum verdächtige Dr. Veronika Carstens, Ehefrau des konservativen ehemaligen Bundespräsidenten Karl Carstens, erklärte in den 80er Jahren in Artikeln, Interviews und Talk-Shows immer wieder: »Wenn es stimmen sollte, dass bei allen möglichen Entstehungsformen von Krebs immer wieder ein Faktor dabei sein muss – nämlich die Einwirkung von Erdstrahlen – dann ist es nicht zu verantworten, diesem Phänomen nicht mit allen Mitteln der Forschung nachzugehen.«

Ein Phänomen wird erforscht

Es ist der damalige Forschungsminister Heinz Riesenhuber, der 1983 die für eine solche Untersuchung recht bescheidene Summe von 400 000 Mark für die »Erforschung des Phänomens Erdstrahlen« freigibt. Der Auftrag: Zwei Jahre zu forschen, ob die in breiter Bevölkerungsschicht vermutete Mitverursachung von Krebserkrankungen durch Wasseradern wirklich begründet ist und wie man diese aufspürt. Es wurden dabei rund 10 000 Einzelexperimente durchgeführt.

Zuerst einmal ging es darum, ob Rutengänger, auch »Radiästheten« genannt, wirklich in der Lage sind, Wasseradern aufzufinden. Ein Experiment war besonders gut vorbereitet worden. Hier hatten die Uni-Professoren im Erdgeschoss eines Hauses eine seitlich verschiebbare, zehn Meter lange Wasserleitung installiert. Im ersten Obergeschoss wurde sodann für den Radiästheten eine 13 Meter lange Teststrecke festgelegt, die quer zur unten verlegten Wasserleitung lag. Im zweiten Obergeschoss endlich arbeitete ein Zufallsgenerator. Die Welt am Sonntag berichtete am 2.4.1989 über das verblüffende Ergebnis: »Professor Beltz: ›Unser bester Proband entdeckte mit Hilfe des Rutengehens bei zehn Versuchen viermal die exakte Position der Wasserleitung. Bei den übrigen Versuchen kam er der exakten Position oftmals sehr nahe. Die Wahrscheinlichkeit, dass es sich dabei um Zufall handelt, liegt bei unter einem Promill …‹ «

Strahlensucher und -flüchter bei Pflanzen

Übersicht über die wichtigsten Vertreter von Bäumen, Sträuchern, Gemüse- und Getreidesorten, Blumen und Heilpflanzen, die entweder auf gestörtem Untergrund gut gedeihen (»Strahlensucher«) oder auf diesem dahinkümmern bzw. eingehen (»Strahlenflüchter«).

	Strahlensucher		**Strahlenflüchter**	
Bäume				*Obstbäume:*
	Eiche		Buche	Apfel
	Erle		Birke	Birne
	Esche		Kiefer	Kirsche
	Robinie		Tanne	Zwetschge
	Weide		Fichte	Marille
				Pfirsich
Sträucher	Hasel		Berberitze	Johannisbeere
	Holunder		Brombeere	Kreuzdorn
	Sanddorn		Flieder	Stachelbeere
	Spindelstrauch		Hartriegel	Weißdorn
			Heckenkirsche	
Gemüse	sind keine bekannt		Blumenkohl	Kohlrabi
			Bohne	Rhabarber
			Erbse	Rosenkohl
			Gurke	Rotkraut
			Karotte	Sellerie
			Spargel	Kartoffel
Getreide	sind keine bekannt		Gerste	Roggen
			Hafer	Weizen
			Mais	Zuckerrohr
	Heilpflanzen:		*Blumen:*	
	Adlerfarn	Gnadenkraut	Aster	
	Beifuß	Kalmus	Azalee	Weinstock
	Bockshornklee	Mädesüß	Begonie	und Reben
	Brechnuss	Meisterwurz	Chrysantheme	
	Brennnessel	Pestwurz	Geranie	Generell sind die
	Dost	Sanikel	Nelke	meisten Blumen
	Eisenkraut	Schierling	Primel	sehr strahlen-
	Erz-Engelwurz	Stechpalme	Rose	empfindlich, es
	Fieberklee	Tollkirsche	Rudbeckie	sind nur wenige
	Fingerhut	Wolfstrapp	Sonnenblume	Ausnahmen
			Veilchen	bekannt.

Strahlensucher und -flüchter bei Tieren

Strahlensucher	Strahlenflüchter
Katzen Einzige Haustiere, die Reizzonen suchen. Möglichst sogar Kreuzungen von Grundwasserströmen, Verwerfungen, Grob- oder Feingitterstreifen. Wo die Katze gerne liegt, sollte der Mensch nicht schlafen. ***Bienen*** Besonders vital und kräftig, wenn Stöcke auf Störzonen. Wo Bienen gedeihen, ist kein guter Schlafplatz für Menschen. Das Bienengift ist in geringer Dosierung Gegengift zur Tumorprophylaxe und Therapie: kein Imker bekommt Krebs, weil er oft von Bienen gestochen wird. ***Ameisen*** Suchen möglichst starke Erdstrahlung. Die Ameisenstraßen orientieren sich an tektonischen Strukturen. In Ostbayern gibt es den Brauch, vor dem Hausbau auf dem Baugrund Ameisenhaufen zu vergraben. Nur wenn sie wegziehen, ist der Baugrund schlaf- und wohntauglich. ***Forstschädlinge*** Bevorzugen gestörte Standorte, v. a. Störungen, Lüfte, Verwerfungen: • Fichtenbock, Pappelbock • Laubholzprachtkäfer • Aspenbock, Maikäfer-Engerling • Prachtkäfer, Trotzkopf • Zangen-, Scheiben-, Hausbock • Rüßler und Würger • Blattroller • Bast-, Borken-, Splintkäfer ***Mücken*** Tanzende Mückensäulen auf gestörtem Standort. Nach den Säulen kann man sogar Karten mit Störungsverlauf zeichnen. ***Hornissen, Wespen*** Nester auf gestörtem Standort.	***Kühe*** Schlechter Milchertrag, Euterentzündungen, Verkalben, hoher Futterverbrauch, hohe Disposition gegenüber Infektionen ***Pferde*** Scharren, Verwerfen, Rheumatismus, Dämpfigkeit, hohe Disposition für Infektionen ***Hühner*** Augenentzündungen, Unruhe, Abneigung gegen Stall, Eierlegen im Freien, hohe Disposition für Infektionen ***Vögel (Haustiere)*** Nahrungsverweigerung, Unbeweglichkeit, Federlassen, Infektionsanfälligkeit ***Schweine*** Schlechtes Gedeihen, Gewichtsabnahme, Fortpflanzungsstörungen, Jungenfraß bei Sauen, Ferkelsterblichkeit, Infektionskrankheiten ***Hunde*** Abmagern, schlechter Appetit, Haarverluste, Kraftlosigkeit, Neigung zu Hüftgelenksschwäche, Arthrose, Infektionen etc. ***Störche und Schwalben*** Nester niemals über Störzonen. Wo Schwalben nisten, schlägt kein Blitz ein und ist der ideale Schlafplatz. ***Tauben*** Nisten niemals auf Reizzonen. ***Hoch- und Rehwild*** Meidet Reizzonen, verweilt nie längere Zeit auf ihnen. Die Wildwechsel orientieren sich jedoch an Reizzonen. ***Weitere Strahlenflüchter:*** Rinder, Mäuse, Meerschweinchen, Kaninchen, Ratten, Biber, Siebenschläfer, Lemminge, Marder, Wiesel, Luchse, Esel, Kamele etc.

Erdkundige vor Tausenden von Jahren

Warum geben wir dem Thema Erdstrahlen und Rutengehen und damit dem, was wir auch Geobiologie nennen, so viel Raum in einem Buch, das sich doch mit Feng Shui beschäftigt? Dazu ist zuerst einmal zu sagen, dass Feng Shui-Praktiker von jeher »Erdkundige« (wie man aus dem Chinesischen übersetzen könnte) waren. Ja, dieser Bereich des Feng Shui war nachweislich bereits im Einsatz, als das Feng Shui, so wie es die meisten heute kennen, erst in seinen frühen Urformen existierte. Um 2200 v. Chr. verkündete nämlich der Herrscher des Reichs der Mitte, Kaiser Kuang Yu, einen allgemeinen Erlass: Da ihm zu Ohren gekommen war, dass es Orte gibt in seinem Land, die dem Menschen schaden können, gab er die kaiserliche Verordnung heraus, dass kein Haus gebaut werden dürfe, bevor nicht das Grundstück vom Rutengänger auf schädliche Erddämonen (also auf Erdstrahlen oder Wasseradern) hin untersucht wurde.

Der Storch – ein Strahlenflüchter

Diese Verordnung ist dokumentiert. Aber wir haben es hier durchaus nicht mit einem chinesischen Ausnahmefall zu tun. Überall auf der Welt haben die Menschen in den früheren Jahrtausenden mit verschiedensten Hilfsmitteln – sei es nun die Rute oder auch das Pendel – versucht, geobiologische Besonderheiten im Schoß der Erde aufzuspüren. So sind aus der Zeit 6000 v. Chr. Felsbilder in der nördlichen Sahara bekannt, die Rute und Pendel zeigen. In Grabstätten von Pharaonen wurden Bilder von Priestern mit Gabelzweigen entdeckt. Im 15. Jahrhundert schließlich wurde bei uns in Europa mit der Rute nach Kohle- und Erzlagern gesucht. Und es gab einen Prominenten des frühen 18. Jahrhunderts, der in seinen Bekenntnissen niederschrieb, dass er den Umgang mit Rute und Pendel gar sehr schätze. Er hinterließ eine Erkenntnis, die in jedem Aphorismenschatz zu finden ist: »Das genaueste Messinstrument ist der Mensch.« Der Autor – der auch um das

Phänomen der Erdstrahlen wusste – hieß Johann Wolfgang von Goethe.

Das alles muss nicht erstaunen. Denn in den frühen Zeiten des Menschen waren unsere Vorfahren existenziell darauf angewiesen, die Zeichen der Natur zu deuten – und wussten daher viel mehr als wir heute über die Beschaffenheit eines Ortes. Dazu ein nahe liegendes, einfaches Beispiel: Noch bis vor 70 Jahren war es bei den Bauern des Schwarzwalds üblich, eine Kuh auf ein Grundstück zu treiben, bevor man darauf baute. War die Kuh nervös und unruhig, lief sie auf und ab und kam nicht zur Ruhe, wurde der Bau eines Hauses an diesem Ort verworfen. Wenn das Tier aber ruhig graste, gab es auch für Menschen kein Risiko – weil die Kuh ebenfalls ein Strahlenflüchter ist. Nebenbei, wo die Kuh sich auf dem Grundstück hinlegte und schlief, dort pflegte man früher die Schlafzimmer anzulegen! Hier müssen wir keine Wasseradern oder Erdverwerfungen, keine »geopathischen Störungen« befürchten. Was aber verstehen wir unter all dem genau? Ein paar kurze Begriffsbestimmungen sollen hier weiterhelfen.

Das ABC der Geobiologie

Geobiologie (geo = Erde, bios = Leben): Die Geobiologie befasst sich mit den lebendigen Prozessen in und auf der Erde und mit deren Einfluss auf die Lebewesen. Auch bei uns in Europa begreift man die Erde zunehmend als einen lebendigen, sich selbst organisierenden Organismus, ein bekanntes Beispiel ist die Gaia-Hypothese von Lovelock. Doch die Geobiologie beschäftigt sich nicht nur mit unserem Heimatplaneten, der Erde, sondern auch mit den Wirkungen bestimmter Strahlungseinflüsse auf den Menschen.

Wasseradern: Im Sinne des ganzheitlichen, sich selbst regulierenden Ökosystems gelangt über den Wasserkreislauf das Sickerwasser in die Erde, sammelt sich in unterirdischen Wasserläufen oder Seen. Durch die Wasserbewegung entsteht ein Reibungswiderstand, der, wie jede andere Reibung auch, ein elektrisches Feld erzeugt. Daneben verfügt die Wasserstrahlung auch über eine Ionenstrahlung, die den Menschen stören kann, und über die Winkelstrahlung der Wasserader, die noch in höheren Stockwerken messbar ist.

Geologische Brüche und Verwerfungen: Geologische Brüche entstehen durch Verschiebungen, Abrutschungen oder Auffaltungen der Erde. Durch den tektonischen Druck der Erdplatten können geologische Brüche entstehen.

Globalgitter: Als Globalgitter bezeichnet man die Gitterstruktur des Erdmagnetfeldes, das sich über die ganze Erde erstreckt. Es wird auch Hartmann-Gitter genannt, nach Dr. Hartmann, der die positiven sowie auch die negativen Eigenschaften des Magnetfeldes für den Menschen medizinisch ergründete.

Der Linienabstand des Magnetgitters ist in verschiedenen Regionen unterschiedlich. In unseren Breiten beträgt er ca. 2 m in Nord-Süd-Richtung und ca. 2,40 m in Ost-West-Richtung. Die Dicke der Linien beträgt meist ca. 20 cm.

Diagonalnetz (Curry-Linie): Mit der medizinischen Erforschung dieses Netzsystems hat sich Dr. Manfred Curry befasst, daher spricht man auch von der Curry-Linie. Wie das Globalgitter verläuft auch das Diagonalnetz über die ganze Welt, jedoch genau im 45°-Winkel dazu. Aber im Gegensatz zum Globalgitter (das eine fast statische Gitterstruktur hat) handelt es sich hier um eine Netzstruktur, deren Abstände variieren können und teilweise verzerrt sind. Meist findet man diese Linien im Abstand von ca. 4 × 4 m und einer Breite von ca. 40 cm.

Die Wirkungsweise der Curry-Strahlung auf den Menschen weist ein breites Spektrum auf. Besonders auffallend ist, dass diese Strahlung nicht nur auf den Kreuzungspunkten negative Auswirkungen zeigt, sondern auch schon die Linien selbst eine heftige Störung im vegetativen Nervensystem und in den Organen erzeugen. Häufig kann man beobachten, dass Kinder, deren Schlafplatz eine Curry-Linie aufweist, ständig Alpträume und Angstzustände in der Nacht haben.

Radiästhesie: Wörtlich übersetzt heißt Radiästhesie »Strahlenfühligkeit« und ist eine Methode, geobiologisch-geomantische Einflüsse zu messen. Radiästhetische Messgeräte können Winkel – Einhandruten, Pendel – oder bei fortgeschrittener Strahlenfühligkeit auch die bloße Körperwahrnehmung sein. Historisch wurde die Radiästhesie vorrangig zum Brunnensuchen, zum Auffinden von Erzen oder aber zum Finden von optimalen Plätzen für die Zucht von Vieh genutzt.

Geopathologie: Dieser Begriff beschreibt die krank machenden Einflüsse der Erde auf Mensch und Tier, ist bei tieferer Betrachtung aber ein Teil der Geobiologie und damit Folge und Sinnbild der Tatsache, dass der moderne Mensch sich von der Erde entfernt hat. Denn ein pathogener Einfluss auf Lebewesen entsteht nicht – wie der Begriff suggeriert – durch »die kranke Erde«, sondern durch eine ungünstige Standortwahl unserer Wohnungen. Sehr oft entstehen auch zusätzliche »Mischeffekte« dadurch, dass zum Beispiel ein Strommast auf einer Wasserader (Wasser leitet) errichtet wird.

Ziel der ganzheitlich betrachteten Geobiologie ebenso wie des Feng Shui sollte aber eine Umkehr sein in dem Sinne, dass die Zeichen der Natur erkannt und wieder respektiert werden, damit sich Mensch und Erde im Einklang befinden.

Der Mensch auf der Erde

Wir Menschen, ja alle Lebewesen, sind natürlichen Einflüssen ausgesetzt, die sich aus dem kosmisch-terrestrischen Umfeld ergeben. Und so begegnen uns auch in der Natur immer wieder die Grundkräfte der Elektrizität und des Magnetismus. Sie bilden ein Spannungsfeld, in das sich Menschen, Tiere und Pflanzen hineinentwickelt haben, ja, ohne die Bedingungen wäre kein Leben möglich.

Unsere Erde schwingt in einer extrem niedrigen Frequenz von 7,83 Hertz, die kaum wahrnehmbar ist und deshalb auch als Gleichfeld (auch ELF = extremly low frequencies) bezeichnet wird. Entdeckt hat sie W. O. Schuhmann, und nach ihm wird sie auch als die Schuhmann-Resonanz bezeichnet. Wie wichtig dieses spezifische Erdumfeld für den Menschen, seine Gesundheit und sein Wohlbefinden ist, wurde durch die Weltraumforschung bewiesen. So hat man nach den ersten Flügen ins All bei den Astronauten die so genannte »Weltraumkrankheit« diagnostiziert. Der Grund dafür war die Tatsache, dass die Raumkapsel nicht das natürliche Erdmagnetfeld empfangen kann. Seitdem werden Magnetfeldgeneratoren in die Kapseln eingebaut, die das natürliche Magnetfeld erzeugen. Die Weltraumkrankheit tritt nun nicht mehr auf. Die Erde ist also ein riesiger Magnet. Dieser Tatsache verdanken wir ja auch den Kompass. Auf der Oberfläche zeigt sich das Magnetfeld der Erde in magnetischen Linien, die sich lückenlos und netzförmig über unseren gesamten Planeten von Nord nach Süd ausbreiten. Diese magnetische Landkarte hilft übrigens vielen Tieren bei der Orientierung.

In den zwei Millionen Jahren seiner Existenz auf der Erde ist der Mensch in dieses Spannungsfeld hineingewachsen und nimmt die elektromagnetischen Schwingungen des Kosmos und der Erde auf. Hat man früher noch ganz selbstverständlich darauf geachtet, wo man sich niederlässt, entstehen unsere heutigen Siedlungen auf dem Reißbrett der Architekten und Städteplaner, fern der Natur.

Die Folge: Viele Menschen sind Strahlungen ausgesetzt, die für sie auf Dauer nicht förderlich, ja sogar gesundheitsschädlich sein können, weil das biologische System des Menschen sich im Lauf der Evolution nicht darauf eingestellt hat.

Das vergessene Wissen

Dieses uralte Wissen um die Erde und ihre Strahlungen wurde lange vernachlässigt. Doch heute, nicht zuletzt auch durch die Wiederentdeckung von Feng Shui, werden wir uns wieder mehr und mehr bewusst, wie wichtig der richtige Ort zum Wohnen für uns alle ist. Und auf einmal überlegt sich auch der Nachbar – durchaus kein »Ökofreak« –, ob er vor dem Bau nicht doch mal einen Geobiologen über sein Grundstück schicken soll. Am besten einen, der sich auch mit einem anderen, höchst modernen und aktuellen Phänomen auskennt, dem Elektrosmog. Und das ist eine durchaus wirtschaftlich vernünftige Überlegung, vor allem aber eine Investition in die gesunde Zukunft. Denn mehr und mehr erkennen wir, dass unser Haus eine zweite Haut ist, in der wir uns wohl oder unwohl fühlen können. Es ist nicht einfach nur der Platz zum Schlafen, sondern wird zunehmend wieder der private Lebensmittelpunkt. Die Menschen investieren wieder in ihr Heim, in guten Lagen übersteigen die Grundstückspreise schon vielfach den des Hauses selbst. Nun, und wenn man heute schon mindestens 250 000 Euro für ein bescheidenes Häuschen mit kleinem Garten auszugeben hat – da fällt die Ortsbegehung durch einen erfahrenen Geobiologen, der gleichzeitig die mögliche Belastung durch Elektrosmog misst, wirklich nicht mehr ins Gewicht. Seine Messungen aber sind entscheidend dafür, ob die Menschen auf diesem Platz glücklich und gesund leben – und eventuell später das Haus auch wieder problemlos »an den Mann bringen« können.

Und so wird langsam wieder »en vogue«, was für unsere Vorfahren einst zum Alltag gehörte: Wir lassen uns wieder mehr Zeit, den richtigen Ort zu finden. Und nachdem wir über die wichtigsten Erdstrahlen geschrieben haben, soll es nun um das verwandte Thema Elektrobiologie gehen und die Auswirkungen des Elektrosmogs auf den Menschen.

Elektrobiologie

Elektrosmog

Es ist der 21. Februar 2004. Ein strahlender Wintermorgen zieht herauf. Unsere Berge grüßen von Ferne mit weißen Mützen – und darüber wölbt sich ein aquamarinblauer Himmel. Gestern noch hatten wir bis tief in die Nacht an diesem Buch gearbeitet – und heute, am Samstag, fahren wir in das schöne Freiburg, um uns für unseren Fleiß zu belohnen. Wie so viele Paare haben wir kleine Rituale, die das Wochenende von den Arbeitstagen unterscheiden: Unbedingt gehören ein Caféhaus-Besuch dazu, der Bummel über den Markt, ein Gang durch das Museum – und natürlich stöbern wir in unserer Lieblingsbuchhandlung nach Neuerscheinungen.

Wie man Strom wegspiegelt

Und siehe da, wir finden die Neuauflage eines Feng Shui-Werkes von einem britischen Meister, der durchaus seine Meriten hat. Seine Kenntnisse über die Geschichte und die Traditionen dieser Harmonielehre haben uns stets interessiert. Und während wir beide im Buch blättern, stoßen wir auch gemeinsam einen spitzen Schrei aus. Nämlich bei exakt einem Absatz, in dem der bekannte Feng Shui-Lehrer dieses schreibt: »Ein Starkstrommast direkt vor der Tür oder der Fensterfront eines Hauses ist Sha und daher ungut für die Bewohner. Man spiegele ihn mit einem draußen über dem Eingang oder vor den Fenstern aufgestellten Bagua-Spiegel vom Heim weg, um es vor dem tödlichen Hauch zu schützen. Danach nehme man ein Hundehalsband und lege dieses unten um den Mast. So hat man auch den Starkstrom – der nach Ansicht einiger Experten gesundheitsschädlich sein könnte – gefangen.«

Es sind diese drei Sätze, die ein Buch – das viele kluge Anmerkungen zur Historie des Feng Shui enthält – und seine Absichten zerstören. Feng Shuisten, die nur in der Vergangenheit leben und die Augen schließen vor den modernen Herausforderungen, den Chancen aber auch Gefahren, können nicht kompetent beraten. Denn in unserer Praxis haben wir über Jahre erleben müssen, dass die vielfachen Gefährdungen durch Elektrosmog nicht klein geredet werden dürfen. Schauen wir einmal ganz weit zurück, mehr als ein Dutzend Jahre, als wir in Deutschland eine unserer ersten Analysen vor Ort machten.

Ein Hilferuf

Damals erreichte uns der Hilferuf eines Klienten: »Ich weiß einfach nicht mehr weiter. Da bin ich nun der Gesundheit zuliebe mit Frau und Kind aufs Land gezogen – und seitdem geht es mit uns dreien bergab. Meine Tochter leidet unter quälenden Allergien, meine Frau hat eine Dauermigräne und ich bin so nervös, fahrig und unkonzentriert wie nie in meinem Leben.«

Wir erreichten sein Haus um die Mittagszeit. Er hatte sich das neue Heim an einem wunderschönen Flecken des Schwarzwaldes errichtet. Gemeinsam mit einem gleich gesinnten Architekten war es ihm vor allem darauf angekommen, dass in seinem »Öko-Haus« keine Wohngifte verarbeitet wurden. Biologisches Holz dominierte und das Haus schmiegte sich geradezu in die sanft hügelige Landschaft. Beim ersten Rundgang durchs Haus fanden wir alles wohl vor. Unser Klient hatte sich und seiner Familie ein wirklich harmonisches Heim aufgebaut. Das Einzige, was hier nicht stimmte, war die Niedergeschlagenheit der Hausbewohner, eine Stimmung der Trostlosigkeit lag über den dreien. Und diese legte sich nach und nach auch auf uns Besucher. Es lag etwas in der Luft. Irgendetwas, was auf Anhieb nicht zu sehen war. Und es beschäftigte uns ebenso wie die Bewohner.

Ein eigentümliches Knistern

Wir waren froh, als uns an diesem schönen Sommernachmittag die Gastgeberin nach draußen rief. Sie hatte für uns im Garten die Kaffeetafel gedeckt. Dort saßen wir nun, mit dem Gesicht zum Hinterhaus. Und hier machten wir eine seltsame Beobachtung: Links und rechts hinter dem Haus standen zwei hoch ragende Tannen. Es waren kraftvolle Bäume, die Äste stark und die Nadeln von einem schönen gesunden Grün. Aber nur dort, wo sie vom Haus geschützt waren. Die Spitzen der Bäume ragten über das Dach – und sie sahen ganz anders aus als der Rest. Die Äste der Baumspitzen waren verkümmert und dürr. Und in dem Augenblick, in dem wir das entdeckten, hörten wir ein seltsames Rauschen und Knistern, so als ob jemand ein paar Schritte von uns entfernt unaufhörlich Blätter zusammenknüllte. Wir traten einige Meter zurück und sahen den Urheber all dieses Unbehagens, dieses eigenartigen Knisterns und der fliehenden Äste: Etwa fünfzig Meter hinter dem Haus ragten gigantische Stahlpfeiler in den Himmel. Die drei Pfeilerarme trugen sechs Hochspannungsleitungen durch das Land, die Hügel hinauf und hinunter bis zur Grenze des Horizontes. Und wenn man genau hinhorchte, konnte man dieses seltsame Knistern auch orten – es kam von den Hochspannungsmasten. Das war also der wahrscheinliche Grund für Krankheit, Schlaflosigkeit und das Unbehagen.

Zu wenige wissen Bescheid

Auch heute wissen viel zu wenige Menschen über die Gefahren der Elektrizität Bescheid – und sie werden immer noch bagatellisiert. Und darum auch nun unser bewusst etwas wissenschaftlicher Einstieg in das Thema Elektrosmog.

Smog ist aus zwei englischen Wörtern zusammengesetzt: »smoke« wie Rauch und »fog« wie Nebel. Er entsteht überall dort, wo Elektrizität existiert: also in den Kraftwerken, wo sie produziert, in den Spannungsleitungen, über die sie transportiert, und in den Betrieben und Haushalten, in denen sie verbraucht wird. Aber auch dort, wo etwa Sender ihre Radio- und Fernsehprogramme abstrahlen und Funkgeräte und Radaranlagen ihre Signale über den Äther jagen, Handymasten arbeiten. Elektrosmog ist die Nebenwirkung unserer elektrifizierten modernen Welt. Und nach dieser Nebenwirkung können Sie leider nur selten Ihren Arzt oder Apotheker fragen, weil diese wachsende Umweltbelastung auch heute nicht breit erforscht wird.

Der Weg des Stroms

Fahren wir heute über die Dörfer, registrieren die meisten von uns kaum noch, dass wir neben dem Verkehrsnetz mit seinen Land- und Bundesstraßen und den Autobahnen auch über ein dichtes Leitungsnetz verfügen, über das die Kraftwerke unsere Steckdosen mit Strom versorgen. Produziert wird unser Strom in den großen Kohle- und Kernkraftwerken. Ein normaler Kraftwerksgenerator erzeugt einen Wechselstrom von 25 000 Volt. Dieser wird dann auf eine elektrische Spannung von 380 000 Volt (380 kV) hoch transformiert, um Energieverluste beim Transport per Hochspannungsleitungen auch über große Entfernungen hinweg möglichst gering zu halten. Erreicht er die Ballungs-

Bis der Strom bei uns im Haus angelangt ist, hat er bereits einen langen Weg hinter sich.

gebiete und unsere Großstädte, wird der Strom über einen so genannten Abwärtstransformator auf eine Spannung von 110 kV reduziert. Die Versorgung von kleinen Ortschaften und Dörfern geht über ein weit verzweigtes Mittelspannungsnetz mit einer Spannung von 20 kV.

Auch hier muss der Strom wieder gebrauchsfertig gemacht werden, indem er abwärts transformiert wird. Das geschieht in Trafostationen. Da in kleineren Ortschaften jedes Haus versorgt wird, ist die Verzweigung besonders groß. Der Strom kommt schließlich beim Endverbraucher mit einer Spannung von 400 Volt bis 230 Volt über Erdkabel oder – wie es leider auf dem »flachen Land« immer noch üblich ist – Dachständer an. Und gerade dabei entsteht nachweisbar jede Menge Elektrosmog.

Das ABC der Elektrobiologie

Alles auf der Welt ist Schwingung, und auch dieses Thema mit seinen vielen Definitionen und Begriffen wird erst verständlich, wenn wir es vor diesem Hintergrund betrachten. Stellen wir also das kleine ABC der Elektrobiologie voran.

Wellenstärke (auch Amplitude genannt): Sie bezeichnet die Höhe der Welle vom Minimum zum Maximum.

Wellenlänge: Sie gibt an, nach welcher Strecke sich das »Wellenmuster« wiederholt.

Frequenz: So nennen wir die Einheit, mit der die Schwingung pro Sekunde bewertet wird. Nach ihrem Erfinder messen wir sie in Hertz oder »Hz«. Je nachdem, welche Schwingungen in der Sekunde erreicht werden, sprechen wir entweder vom Niederfrequenz- oder vom Hochfrequenzbereich. Werte bis zu 30 kHz zählen zum Niederfrequenzbereich, alles darüber bereits zur Hochfrequenz.

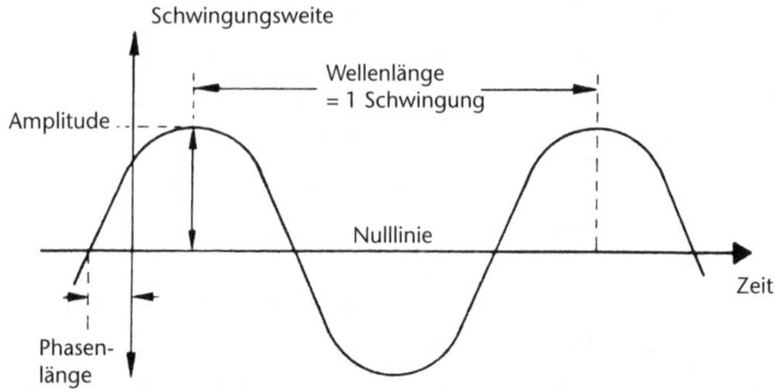

1 Schwingung/Sekunde = 1 Hertz (Hz)
1000 Schwingung/Sekunde = 1 Kilohertz (KHz)
1 000 000 Schwingung/Sekunde = 1 Megahertz (MHz)
1 000 000 000 Schwingung/Sekunde = 1 Gigahertz (GHz)

Gleich- und Wechselfelder: Im Zusammenhang mit der Frequenz sprechen wir auch von Gleich- und Wechselfeldern. So entspricht das uns umgebende natürliche Feld der Erde einem Gleichfeld, das einerseits durch die Erdrotation aufrechterhalten wird und sich auf der anderen Seite durch die Spannung zwischen den Polen der Erde bildet. Grundsätzlich kann man sagen, dass Gleichfelder eine zeitliche konstante Kraft ausstrahlen, die seit Jahrmillionen relativ gleich geblieben ist, so dass der Mensch im Laufe seiner Evolution sich in dieses Kraftfeld hineinentwickeln konnte. Ganz anders ist das bei Wechselfeldern.

Alle technisch erzeugten Felder sind Wechselfelder. Unser häusliches Stromversorgungsnetz zum Beispiel ändert mit einer Frequenz von 50 Hz fünfzigmal in der Sekunde die Richtung.

Elektrische Felder: Sie entstehen immer, wenn ein Gerät unter Spannung steht. Das ist schon der Fall, wenn der Stecker in der Dose steckt – auch wenn kein Strom fließt. Die elektrische Feldstärke wird in Volt pro Meter (V/m) gemessen. Sie ist abhängig von der Höhe der Spannung, der Leitfähigkeit von Materialien und der Erdung. Unser Körper nimmt diese elektrischen Felder aus der Umgebung auf, er steht also »unter Strom« – besonders dann, wenn er nicht geerdet ist, also zum Beispiel im Liegen. Die so genannte Körperspannung kann mit einem speziellen Gerät, dem Voltmeter, gemessen werden. Gegen elektrische Felder kann man sich abschirmen.

Magnetische Felder: Schalten wir aber ein Gerät ein, so fließt der Strom, und es entsteht zusätzlich ein magnetisches Feld. Bei unserer alltäglichen Stromversorgung können wir diese beiden Größen voneinander unterscheiden, denn wir sind ja im niederfrequenten Bereich. Die magnetische Feldstärke wird in Ampere pro Meter (A/m) gemessen, die magnetische Flussdichte in Tesla (T). Da die Einheit Tesla für die Messung meist zu groß ist, wird in Mikrotesla (µT), meist aber in Nanotesla (nT) gemessen. Magnetfelder haben die Eigenschaft, sämtliche Materialien zu durchdringen. Bisweilen wird auch noch die ältere Einheit Gauß be-

Piko	p	1/1.000.000.000.000	10^{-12}	1 Billionstel
Nano	n	1/1.000.000.000	10^{-9}	1 Milliardstel
Mikro	µ	1/1.000.000	10^{-6}	1 Millionstel
Milli	m	1/1.000	10^{-3}	1 Tausendstel
Kilo	k	1.000	10^{3}	1 Tausend
Mega	M	1.000.000	10^{6}	1 Million
Giga	G	1.000.000.000	10^{9}	1 Milliarde
Terra	T	1.000.000.000.000	10^{12}	1 Billion

Größe	Einheit	Abkürzung
Frequenz	Hertz	Hz
Spannung	Volt	V
Stromstärke	Ampere	A
Elektrische Feldstärke	Volt pro Meter	V/m
Magnetische Feldstärke	Ampere pro Meter	A/m
Magnetische Induktion	Tesla	T

nutzt. Hier sollten wir noch die Formel kennen: ein Tesla = 10 000 Gauß. Magnetfelder gehen durch sämtliche Materialien: Häuser, Bäume – und natürlich auch durch den Menschen. Darum sollten wir also darauf achten, dass wir uns ihnen möglichst wenig aussetzen und – natürlich – Abstand halten. Denn mit zunehmender Entfernung nehmen auch sie drastisch ab.

Ab 400 kHz, also im so genannten Hochfrequenzbereich (kurz HF genannt) lassen sich die Eigenschaften von elektrischen und magnetischen Feldern nicht mehr klar trennen, weshalb man nun von elektromagnetischen Feldern spricht. Der Grund: Die hohe Frequenz von 400 kHz und mehr bringt es mit sich, dass die Spannungsverteilung und damit die Richtung und Stärke des Stroms mindestens 400 000 Mal pro Sekunde hin und her schwingt. Hochfrequenz geht bis in den Gigahertzbereich (GHz) mit Milliarden Schwingungen pro Minute.

50 elektrische Geräte in jeder Wohnung

109 Jahre nach der Entdeckung von Hertz ist also unser dicht besiedeltes Deutschland längst »elektromagnetisch« erschlossen. Kaum ein anderes Land der Erde erreicht eine so hohe Ultrakurzwellensenderdichte wie das unsere – und in keinem anderen Land der Erde strahlen so viele Radaranlagen ihre nadelspitzen Impulse aus. In jeder Wohnung in Deutschland stehen durchschnittlich 50 elektrische Geräte, vom Toaster bis zum Radiowecker. Und überall liegen Handys herum, stehen die Aufladestationen oft genug auf dem Nachttisch. Dazu kommen – häufig direkt vor unseren Haustüren – noch mehr als 10 000 Radio- und Fernsehsender, wir dürfen mit Zigtausenden Antennenanlagen für den Betrieb von Handys rechnen, dazu breiten sich eine Million mobile Funkstellen, 600 (!) Radaranlagen und 1,5 Millionen Hochfrequenzgeräte aus.

Im Haus werden die Stereoanlage im Wohnzimmer, der Backofen in der Küche oder auch der elektrische Radiowecker im

Schlafzimmer mit 50 Hz in Gang gesetzt – das entspricht dem niederfrequenten Bereich. Das dabei entstehende, wie es lange hieß, »schwache Magnetfeld« galt viele Jahre als völlig ungefährlich. Inzwischen liegen Untersuchungen vor, die sehr klar darauf hindeuten, dass ein Dauereinfluss – auch von schwachen Feldern – zu gesundheitlichen Beeinträchtigungen führen kann. Im niederfrequenten Bereich sind die Felder noch an ihre Quelle gebunden – ihre Stärke nimmt rapide mit der zunehmenden Entfernung ab. Und hier ist zum Beispiel mit vernünftiger Elektroinstallation und Netzfreischaltern – über die noch zu schreiben sein wird – schon viel gewonnen.

Gefährliche Mikrowellen

Im so genannten hochfrequenten Bereich arbeiten dagegen die Radaranlagen, die Radio- und Fernsehsender, Hochspannungsmasten, Mobilfunkgeräte, aber auch Mikrowellenherde. Diese hochfrequenten elektromagnetischen Wellen können sich ablösen und als Strahlung im Raum ausbreiten. Zu diesen Strahlen gehören auch die Mikrowellen, die eine Frequenz von 300 Megahertz (MHz) bis zu 300 Gigahertz (GHz) haben. Diese feinen Wellen sind besonders gefährlich für die Gesundheit, weil sie – im Gegensatz zu ihren natürlichen Verwandten, dem sichtbaren Licht – nicht von der Haut absorbiert werden können, sondern tief in den Körper eindringen. Dort können sie das Zellgewebe je nach ihrer Stärke erwärmen, erhitzen – oder gar verbrennen, indem sie ihre thermische Energie an die Wassermoleküle abgeben. Dieser Effekt wird bei unseren Mikrowellenherden, die das Essen in Sekundenschnelle erwärmen, ganz bewusst genutzt. Und so ist dieser schnelle Helfer einer der größten Elektrosmogverursacher in der Küche. Aber auch von Radaranlagen, Radio- und Fernsehsendern erreichen uns die Mikrowellen.

Strahlungssituation am Computer

Viele Menschen kennen das Problem: Nach einem Tag am Computer brennen die Augen, man leidet unter Müdigkeit und Konzentrationsstörungen. Das ist kein Wunder, denn sie setzten sich bei der Computerarbeit einer Vielzahl von technischen Strahlungen aus. Verschlimmert wird die Situation noch durch die Möblierung in den meisten modernen Büros, die meist viele Metallelemente enthalten. Da Metall immer leitet, entsteht in diesen Räumen ein im wahrsten Sinne spannungsreiches Umfeld, das unserem Körper enorme Energien zur Neutralisierung abverlangt.

Da wir natürlich nicht den Computer verdammen können, er macht ja auch vieles leichter, geht es also nur darum, uns der Situation bewusst zu sein und den möglichen Schaden für unsere Gesundheit so weit es geht einzugrenzen.

Ganz gleich, über was für einen Computer Sie verfügen, der viel empfohlene Rosenquarz ist nicht das Allheilmittel gegen seine Strahlung. Er neutralisiert nur maximal 20 Prozent der Störstrahlung, da seine spezifische Schwingung lediglich einen Teil des entstehenden Frequenzgemischs ausgleichen kann. Eine optimale Entstörung wird aber alle Frequenzen des Computers neutralisieren und im Idealfall auf den jeweiligen Standort angepasst sein.

Computerstrahlung sollte ausgeglichen werden.

Kabellose Kommunikation

Praktisch – aber leider gesundheitlich besonders problematisch – sind die neuen »Errungenschaften« der kabellosen Technik – von der funkgesteuerten Computermaus bis zum kabellosen Internetzugang. Für die Kurzstreckenverbindung zwischen verschiedenen Geräten im Büro wird »Bluetooth«, eine schwedische Entwicklung, eingesetzt, die nun Computer, Tastatur, Scanner, Drucker und Telefon via Funk, also mit gepulster Hochfrequenz miteinander verbindet. Je nach Sendeklasse kommt es in einem Meter Abstand (das entspricht ja mindestens dem üblichen Sitzabstand) zu Strahlungswerten von 80–8000 µW/m². Baubiologen empfehlen in Wachräumen Werte bis zu 1 µW/m². Eine andere Neuerung sind die kabellosen Computernetzwerke, die so genannten W-LANs (Wireless Local Area Networks). Sie werden in Firmen, Universitäten und Schulen eingesetzt und verbinden alle Computer per Funk mit dem Netzwerk. Damit das funktioniert, ist jeder Computer mit einem Sender und Empfänger ausgestattet und verbreitet gepulste Hochfrequenzstrahlung in einem Umkreis bis 300 m. Es ist tatsächlich so, dass wir uns – oft ohne es zu wissen – die größten Belastungen selbst ins Haus holen. Bedenken Sie, wo kein Kabel ist, wird die Information durch die Luft gefunkt.

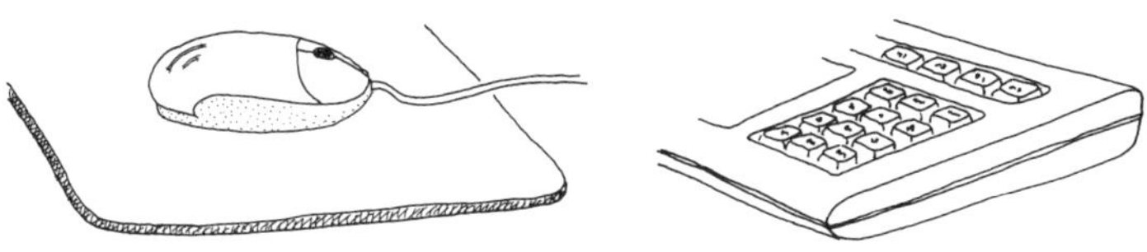

Besser doch mit Kabel …

Strahlungssituation am Mobiltelefon

Allmählich stellt sich – Gott sei Dank – eine Diskussion über die gesundheitsschädigende Wirkung von Handystrahlung ein. Denn viele Menschen spüren relativ schnell die typischen Symptome wie »heiße Ohren«, Ohrendruck, Kopfschmerzen oder Augenleiden. Doch trotz der seit einiger Zeit von den Herstellern veröffentlichten »Spezifische Absorptionsrate« (SAR), die Auskunft über die jeweilige Strahlung geben soll, ist die Unsicherheit stets gewachsen. Denn der SAR-Wert beschreibt lediglich die von den Geräten selbst abgegebene Strahlung, und hier ist die Unbedenklichkeit pro Kilo Körpergewicht auf 2 Watt festgelegt worden. Völlig außer Acht gelassen wird dabei die tatsächliche Sendeleistung, die ja von Ort zu Ort stets schwankend ist. Wenn Sie also auf Ihr Handy angewiesen sind, geht es nicht nur um den strahlungsarmen Gerätetyp, sondern vor allem auch um den bewussten Umgang damit.

- Vermeiden Sie unbedingt – trotz des praktischen Westentaschenformates –, die Geräte am Körper zu tragen. Vor allem: Tragen Sie es niemals im Jackett, über dem Herzen! Sie setzen sich einem immensen Stress aus. Als wir vor ein paar Wochen die Neuerungen auf der CEBIT sahen, waren wir angesichts der Handyinnovationen, die ja nun auch als Schmuckstück um den Hals getragen werden können, schlicht entsetzt.
- Verwenden Sie möglichst häufig das Headset, außerdem empfiehlt sich, beim Verbindungsaufbau einen möglichst großen Abstand zum Ohr zu halten.
- Telefonieren Sie möglichst nicht in fahrenden Zügen, da das Handy hier oft mit maximaler Leistung sendet und selbst im Ruhezustand stets auf Sendersuche ist. Zusammen mit der Bahnfrequenz von 16,5 Hz, die zusätzlich noch auf den Körper einwirkt, ergibt sich eine erhebliche Strahlenbelastung für den Körper, die so manchen nach der Bahnfahrt müde und kaputt aussteigen lässt.
- Fahren Sie häufig Langstrecken und/oder wollen einfach etwas für sich tun, dann können auch hier Mineralmischungen helfen, die Sie am besten direkt am Körper tragen. Diese strahlen ein biologisches Feld aus, das sich wie ein Kokon über den Körper legt, so dass Umgebungsstrahlung in der Bahn im wahrsten Sinn des Wortes nicht so nah an Sie heran kann.

Strahlungssituation beim schnurlosen Haustelefon

Digitale Schnurlostelefone sind ein Verkaufsschlager. Ohne Stolperfallen und Kabelwirrwarr im ganzen Haus telefonieren zu können ist schon eine Verlockung. Doch was die meisten nicht wissen: Viele dieser Geräte strahlen so stark, dass sie oft mehr Schaden anrichten als ein nahe gelegener Mobilfunkmast. Es handelt sich hier um die Schnurlostelefone mit dem DECT-Standard, die über drei wesentliche Nachteile verfügen:

1. Die Basisstationen der DECT-Telefone sind Dauersender, sie strahlen permanent ihre Hochfrequenz in den Raum, auch wenn nicht telefoniert wird.
2. Ebenso wie Mobiltelefone senden sie mit gepulster Strahlung. Unsere schnurlosen Haustelefone sind also Handys!
3. Obwohl eine wesentlich geringere Intensität ausreichend wäre, strahlen sie mit Spitzenwerten von 250 Milliwatt.

Im Februar 2004 ging es in der Zeitschrift Öko-Test um die Strahlungswerte der Basisstationen, nach DECT-Standard gemessen. Die Werte lagen bei 7600–18 2000 $\mu W/m^2$. Als Messabstand wurde ein Meter gewählt, dies entspricht in etwa der Entfernung zwischen Mensch und Telefon, wenn es auf dem Schreibtisch steht. Doch selbst bei einem Abstand von 5 Metern werden noch – je nach Gerätetyp – bis 1500 $\mu W/m^2$ gemessen. Zum Vergleich: Öko-Test kritisiert eine Strahlungsstärke von mehr als 100 $\mu W/m^2$ in einem Meter Abstand und stützt sich dabei auf den Vorsorgewert, den Professor Hyland, University of Warwick, in einem von der Wissenschaftsdirektion des Europäischen Parlaments veröffentlichten Papier formuliert hat. Der gesetzliche Grenzwert liegt zwar bei 9 $Watt/m^2$ (9 000 000 $\mu W/m^2$), er ist aber höchst umstritten, denn er berücksichtigt nur eine Auswirkung, nämlich die durch die Hochfrequenzstrahlung verursachte Erwärmung des Gewebes (thermischer Effekt). Es gibt aber zahlreiche Beweise dafür, dass bereits wesentlich niedrigere Werte – auch ohne messbare Gewebeerwärmung – zu Störungen im Immun-, Hormon- und Nervensystem führen, ja dass es zu Gen- und Zellschäden kommen kann. Baubiologische Empfehlungen liegen bei 0,1 $\mu W/m^2$ für Schlaf- und bei 1 $\mu W/m^2$ für Wachräume.

Im »Freiburger Appell« vom Oktober 2002, der von mehr als 1000 Ärzten unterschrieben wurde, wird die Überarbeitung des DECT-Standards gefordert. Wörtlich heißt es darin: »Überarbeitung des DECT-Standards mit dem Ziel, die Strahlungsintensität zu reduzieren und auf die tatsächliche Nutzungszeit zu begrenzen sowie die biologisch kritische Pulsung zu vermeiden.« Darüber hinaus verlangt der Appell – analog dem Rauchverbot – eine Verbannung der DECT-Technologie aus öffentlichen Gebäuden.

Nach diesem Schock nun auch noch die gute Nachricht: Auch ohne hochfrequente Dauerbelastung lässt sich schnurlos telefonieren. So haben Telefone nach dem CT1+ Standard zahlreiche Vorteile.

1. CT1+ Telefone senden nur, wenn telefoniert wird.
2. Ihre Sendeleistung liegt bei 10 Milliwatt.
3. Die Strahlung ist ungepulst.

Strahlungssituationen im Auto

Kaum jemand denkt daran, aber natürlich sind wir auch im Auto dem Elektrosmog ausgesetzt. Kurzstrecken sind eher unproblematisch – aber als Langstreckenfahrer sollten Sie das bedenken: Manche Wagen produzieren bis zu 500 Nanotesta (nT) (!) elektromagnetische Felder im Wageninnern. Störfelder entstehen etwa von der Kardanwelle, aber auch durch die immer komplizierter werdende Elektronik, die sich zudem meist in Herzhöhe befindet. Hinzu kommt, dass der PKW über keine Erdung verfügt, die die statische Aufladung des Wagens ableiten kann. Das alles bleibt nicht ohne Folgen, sondern wirkt sich störend auf die Biokommunikation, auf das Immun- und Nervensystem aus. Müdigkeit,

Konzentrationsmangel und Gereiztheit sind mögliche Symptome, wenn der Körper viel Energie aufwenden muss, um die Stressoren zu neutralisieren. Sind Sie also häufig mit dem Auto unterwegs, so sollten Sie eine Car-Neutralisierung verwenden. Sie besteht aus synergetisch ausgewählten Mineralmischungen, die den technischen Strahlungen natürlich-biologisch aufbauende entgegensetzen und sie sogar durch Interferenz neutralisieren können.

Der Bahnstrom – nicht zu unterschätzen

Auch die Bundesbahn trägt ihr Scherflein bei zum Elektrosmog. In seinem sehr empfehlenswerten Buch *Stress durch Strom und Strahlung* schreibt der Autor Wolfgang Maes: »Der Bahnstrom mit seiner typischen 16,7-Hertz-Frequenz ist ein großer und flächendeckender Feldverursacher. Die Hochspannungsoberleitung bringt den Strom, die Schiene sollte ihn zurückführen. Die Stromstärke ist hoch, weil jeder Zug viel Strom braucht, und der Abstand von Hin- und Rückleiter ist sehr groß. Beides zusammen zieht starke Felder nach sich. Dazu kommt, dass die Bahntrasse nicht oder nur schlecht vom Boden isoliert ist und Ströme von der Schiene in den Boden abfließen. Über feuchten Erdboden oder sanitäre Rohre und Erdleitungen in den Straßen wird der vagabundierende Bahnstrom in unsere Wohngebiete verschleppt und kann unter sehr ungünstigen Bedingungen noch einige Kilometer von der Bahnstrecke entfernt gemessen werden.«

Und so kann es passieren, dass in der Nähe von Bahntrassen stärkere Magnetfelder auftreten als direkt unter dem Hochspannungsmast.

1001 Krankheit

Internationale Wissenschaftler und Ärzte machen Elektrosmog als Ursache für eine große Zahl von Erkrankungen mit verantwortlich, und zwar unter anderem: chronische Schlafstörungen und Herzinfarkte, rheumatische Beschwerden und Blutdruckveränderungen, Infektanfälligkeit und Potenzstörungen, Fehlgeburten und Leukämie, Depression und chronische Müdigkeit. Ohne Zweifel schwächt Elektrosmog den menschlichen Körper – hier treffen, sehr einfach gesprochen, künstlich-technische Schwingungen auf unsere natürlichen, körpereigenen und beeinflussen sie negativ. Das führt zu einer Schwächung des körpereigenen Immunsystems, und es können die Krankheiten ausbrechen, für die wir eine vererbte oder erworbene Veranlagung besitzen.

Auf den Punkt gebracht hat die ganze Sache Professor Hr. Huai Chiang, Zehjiang Universität (China): »Früher haben wir mit dieser Mikrowellenstrahlung Geburtenkontrolle betrieben. Heute telefonieren wir damit. Sehr schön.« Und passend dazu schließt mit seinem Statement Professor Dr. Franz Adlkofer den Kreis: »Seit 40 Jahren gilt die Lehrmeinung, dass elektromagnetische Felder zu schwach sind, um das Erbgut zu verändern. Unsere Ergebnisse haben jetzt das Gegenteil gezeigt. Und – Veränderungen am Erbgut führen in der Regel zu Krebs.«

Kapazitive Ankopplung nach E. W. Fischer

Liegt in einer Leitung nur eine Spannung an – ist also kein Verbraucher angeschlossen und fließt kein Strom –, so stellen wir nur ein elektrisches Feld fest. Da unser Haushaltsstrom ein Wechselstrom mit 50 Hz ist, haben wir es in unseren Wohnungen mit elektrischen Wechselfeldern zu tun. Diese Felder gehen von allen unter Spannung oder Strom stehenden Leitungen und Geräten aus.

Der Mensch verhält sich wie eine Antenne, er koppelt an das Feld an. Gemessen wird dann die auf dem Feld aufgenommene und am Körper anliegende Spannung. Einem Herzschrittmacher reicht ein Millivolt, um seine Wirkung zu erzielen. Gemessen wurde die Ankopplungsspannung mit einem Voltmeter (Kapazität < 100 pF) gegen Erde.

Zahlen, Fakten und Schicksale zum Thema Geobiologie und Elektrosmog

In Berlin gab es im März 2001 immerhin 1427 Mobilfunksendeanlagen. Nach den Gefahren für die Bevölkerung gefragt, erwiderte der zuständige Wirtschaftssenator aber lediglich, dass er »keinen Anlass« sehe, auf »eine Herabsetzung der auf internationalen Kenntnissen basierenden Grenzwerte« für Strahlungsemmissionen hinzuwirken.

Weniger leichtgläubig reagierte in einem Fall das Amtsgericht München und sorgte damit für Aufsehen. Die Richter entschieden, dass allein »die Furcht vor gesundheitlichen Folgen einer langjährigen Dauereinwirkung durch eine Antennenanlage nachvollziehbar« sei und dies »einen Mangel in der Mietsache« darstelle (Az. 432 C 7381/95). Eine Mieterin hatte eine Wohnung im obersten Geschoss eines Hauses bezogen, auf dessen Dach bald darauf eine Mobilfunksendeanlage errichtet wurde. Dabei spiele es keine Rolle, so das Gericht, dass die Anlage die gesetzlichen Grenzwerte einhalte. Da es über die gesundheitlichen Auswirkungen keine unstrittigen Erkenntnisse gäbe, müsse die Furcht der Mieterin vor langfristigen gesundheitlichen Schäden berücksichtigt werden. Zu bedenken gab das Gericht, dass es bereits wiederholt zur Fehleinschätzung technischer Errungenschaften kam. (Quelle: Mietermagazin)

Fallbeispiel: Geo-Belastung aus unserer Praxis

Frau Luise H. ruft »als letzten Ausweg« einen Geobiologen, da ihr niemand bei ihrer Migräne und dem extremen Frieren im Bett helfen kann. Auch die Schafwollunterlage und die Heizdecke (also zusätzlich hausgemachter Elektrosmog) helfen nichts. Es wird eine Wasserader festgestellt, die sich im Kniebereich mit einem 10-Meter-Gitter kreuzt. Da im Schlafzimmer nichts umgestellt werden kann, wird eine individuelle Entstörung platziert. Am nächsten Morgen ruft Frau H. bei dem Geobiologen an und bedankt sich aufs Herzlichste für die erste »frostfreie« und durchschlafene Nacht seit Jahren.

Zur Erklärung: Klassische Symptome einer Belastung durch Wasser sind Unruhezustände (Wasser aktiviert), Hyper- oder Hypotonie (Blutüber- oder Unterdruck) sowie kalte Füße und Frieren im Bett. Hier unterschiedet man auch zwischen »ziehendem« und »schiebendem« Wasser. Ersteres kann eher zu Hypotonien und Blutleere im Gehirn (Schwindelanfälle), Letzteres eher zu Blutstau im Gehirn (Alpträume, Depressionen) führen. (Quelle: Andreas Ullrich, DFSI-Geo- und Elektrobiologie-Dozent)

Erhöhtes Leukämierisiko bei Elektroarbeitern

In einer Studie von Forschern der Universität Toronto in Kanada wurden die Krebsraten von etwa 31 000 Elektroarbeitern untersucht. Überraschenderweise wurde sowohl ein erhöhtes magnetisches als auch ein erhöhtes elektrisches Feld mit der Zunahme von Leukämieerkrankungen assoziiert. (Quelle: www.elektrosmog.com)

Zu Tode gekocht

Ein englischer Arzt obduzierte vor wenigen Jahren einen Koch, der während der Arbeit plötzlich tot umgefallen war: Herzstillstand. Als der Arzt den Körper des Verstorbenen öffnete, erlebte er den Schock seines Lebens: Das Herz des Kochs war nach Worten des Arztes »gar gekocht wie ein Stück Fleisch auf dem Mittagstisch«. Dieses Phänomen konnte sich der Arzt nicht erklären, bis er dann feststellte, dass dieser Koch direkt vor einem Mikrowellenofen gearbeitet hatte. Durch einen Defekt oder eine Fehlbedienung war die volle Mikrowellenstrahlung ausgetreten und hatte den Koch innerhalb weniger Augenblicke getötet. Dieser Art sind die elektromagnetischen Wellen, die wir gebrauchen, um unser Essen zu wärmen oder miteinander zu kommunizieren.

Denn auch Handys strahlen Mikrowellen aus. Die neuen, digitalen Telefone geben sie sogar noch gepulst ab (D- und E-Netze) … Selbst wenn die Funktion von Mikrowellenofen und Handy nicht ganz identisch ist, so basieren sie doch auf der gleichen Technologie und verwenden die gleichen elektromagnetischen Wellen. (Quelle: www.bürgerwelle.de)

Hilfe für die kleine Anna

Bei der siebenjährigen Anna wird eine degenerative Veränderung der Wirbelsäule diagnostiziert, die das Mädchen richtiggehend »krumm zog«. Die Empfehlung des Arztes war ein Korsett während der Nacht, das den Körper wieder gerade richten sollte. Was diese Maßnahme für die Entwicklung des Kindes bedeutet hätte, braucht wohl nicht näher erläutert zu werden. Die Begehung ergibt ein »Benkerkreuz« im Lendenbereich. Das Bett wurde auf einen unbelasteten Bereich gestellt und Anna war nach drei Monaten beschwerdefrei. (Quelle: Andreas Ullrich, DFSI-Geo- und Elektrobiologie-Dozent)

Elektrosmog und Fehlgeburt

Durchschnittlich mehr als 50 elektrische Geräte stehen in jedem bundesdeutschen Haushalt. Eine Reihe von Studien deutet darauf hin, dass durch den so genannten Elektrosmog das Risiko, an der Alzheimer-Krankheit, an Morbus Parkinson, Gehirntumoren, Herzinfarkt, Migräne und Schlaganfall zu erkranken, erhöht wird. Nun haben amerikanische Mediziner herausgefunden, dass die unsichtbaren Strahlen auch in der Schwangerschaft gefährlich werden können: Das Risiko einer Fehlgeburt wird dadurch deutlich erhöht. Der Reproduktionsmediziner Dr. De-Kun Li vom Kaiser Foundation Research Institute im kalifornischen Oakland hatte 1063 Frauen – sie waren alle in der 10. Woche schwanger – mit einem Spezialgerät zur Messung elektromagnetischer Felder ausgestattet. Bilanz des Experiments: Bei jenen Frauen, die starken elektromagnetischen Wellen ausgesetzt waren, war die Rate der Fehlgeburten um mehr als 50 Prozent höher als bei den anderen. Die Messungen des Dr. Li ergaben, dass die Strahlenexposition von Staubsaugern und Rasierapparaten besonders hoch ist. Sie liegt bei 1,4 Mikroteslar. Zum Vergleich: Schon 1 Mikroteslar kann den Zellstoffwechsel des Körpers beeinflussen. (Quelle: Die Welt)

Antennenbau untersagt

In Bayern hat die katholische Kirche den Antennenbau auf ihren Kirchen untersagt, die Stadt Regensburg hat alle öffentlichen Gebäude dafür sperren lassen. Mindestens 1000 Bürgerinitiativen, so schätzt Winfried Hermann, Bundestagsabgeordneter der Grünen und stellvertretender Vorsitzender des Umweltausschusses, haben sich inzwischen gegen Mobilfunkmasten gebildet. (Quelle: Die Woche, 2001)

Ein Baby schreit und schreit

Der sechs Wochen alte Sohn einer Familie schläft ausgesprochen unruhig. Auch nachts hält er durch sein häufiges Schreien die geplagten Eltern wach. Ergebnis der Schlafplatzuntersuchung: Der Korbwagen des Kindes stand in einer Reizzone; hier verursacht durch strömendes Grundwasser, was im Außenbereich auch durch so genannte Zeigerpflanzen (junger, dürrer Apfelbaum und fetter Holunder) bestätigt wurde. Der Standortwechsel führte sofort zu Ruhe und gutem Schlaf. (Quelle: Deutsche Gesellschaft für Geobiologie)

Krebshäufigkeit bei Eisenbahnern

Eisenbahner sind einer erhöhten Belastung durch Magnetfelder ausgesetzt. In einer schwedischen Studie fand sich bei Schaffnern und Lokomotivführern eine Verdopplung der Rate lymphatischer Leukämie. (Quelle: www.elektrosmog.com)

Licht aus, Strahlung an

Sekundengenaue Funk-Radiowecker versprechen einen musikalischen Start in den Tag. Leider wird der ahnungslose Schläfer dabei einer starken Dosis Elektrosmog ausgesetzt. Die meisten der von uns getesteten Geräte strahlen weit über den noch vertretbaren Richtwerten. Praktisch sind sie schon: die immer genau tickenden Funkwecker mit Radioempfangsteil. Die Atom-Uhrzeit kommt per Funksignal aus dem Äther, das passende musikalische Wecksignal liefert nach persönlichem Gusto der eingebaute UKW-Empfangsteil.

Und gleich hier wird es problematisch. Die meisten Geräte funktionieren nur mit Strom aus der Steckdose. Immer wenn ein Gerät mit dem Netz verbunden ist, entstehen elektrische Wechselfelder – unabhängig davon, ob es eingeschaltet ist oder nicht. Fließt bei Betrieb Strom, dann treten zusätzlich magnetische Wechselfelder auf. Beide Arten sind Quellen für Elektrosmog und besonders in der regenerativen Schlafphase des Menschen tunlichst zu meiden.

Von der deutschen Elektrosmog-Verordnung kann der Konsument nicht viel Hilfe erwarten. Die darin festgeschriebenen Grenzwerte liegen um ein Vielfaches über den von Baubiologen und Wissenschaftlern geforderten Werten. So sieht etwa die für Bildschirmarbeitsplätze weltweit akzeptierte schwedische TCO-Norm bei elektrischen Wechselfeldern maximal zehn Volt pro Meter (V/m) und bei magnetischen Wechselfeldern 200 Nanotesla (nT) im Abstand von 30 Zentimetern vor.

Wir haben 13 Funk-Radiowecker gekauft und in verschiedenen Laboren auf Elektrosmog und problematische Inhaltsstoffe im Gerät untersuchen lassen. Drei Funk-Radiowecker landen mit einem »befriedigend« im Mittelfeld, sechs Wecker müssen sich mit einem »ausreichend« begnügen, vier »ungenügende« Geräte gehören weder in das Schlaf- noch in ein anderes Zimmer der Wohnung.

Den Elektrosmog-freien Batteriebetrieb ermöglichen nur die Geräte ABR 314 df Time Control Digital Radio von Braun, die Funkuhr RC-PC3 von Panasonic und die Projektionsfunkuhr mit digital einstellbarem AM/FM Radio RRM968P von Oregon Scientific. Werden diese Uhren dagegen mit einem externen Netzteil und Strom aus der Steckdose betrieben, dann überschreiten auch sie die TCO-Norm von 10 Volt pro Meter (V/m) für elektrische Wechselfelder um ein Vielfaches. (Quelle: Öko-Test Verlag GmbH, Frankfurt)

Wie schützen Sie sich vor Störstrahlungen?

Gefahr erkannt, Gefahr gebannt! Wie Sie gelesen haben, ist die hausgemachte Störstrahlung die Hauptursache von Unwohlsein, Schlaflosigkeit und sogar Krankheiten. Sind Sie sich dessen bewusst, lassen sich diese Probleme oft eigenverantwortlich und meist recht einfach lösen. Zudem haben wir im DFSI Methoden zur Entstörung entwickelt, die sich in der Praxis sehr bewährt haben.

Natürlich ist die erste Maßnahme immer die Vermeidung und die Reduzierung von Störfeldern. Verzichten Sie so weit wie möglich auf unnötige Verursacher pathogener Strahlungen. Im geobiologischen Bereich heißt das vor allem: Achten Sie darauf, nicht auf Störzonen zu schlafen. Ein weiterer Aspekt ist, dass Reflektoren (oder Leiter) Störzonen im Raum verteilen, verstärken und verdichten können, auch wenn Sie selbst gar nicht auf einer Störzone schlafen. Zu diesen Objekten gehören sämtliche Metallteile, Spiegel und vor allem auch die Federkernmatratze, auf die Sie deshalb ebenfalls verzichten sollten. Sie alle haben eine Antennenwirkung!

Standby-Modus in der Nacht vermeiden

Im Bereich Elektrobiologie bedeutet das für Sie, keine Niedervoltlampen zu verwenden, da sie alle über einen Trafo verfügen, um die normale Netzspannung herunterzutransformieren auf die Betriebsspannung der Lampe. Ebenso wichtig ist es, nicht benutzte Geräte ganz auszuschalten und nicht im Standby-Modus zu belassen. Wenn Sie dann noch Ihren Funk- oder Radiowecker wegstellen, die Sicherung für den Schlafraum ausschalten oder sich idealerweise einen Netzfreischalter einbauen lassen, haben Sie die besten Voraussetzungen für eine erholsame Nacht geschaffen.

Aber Vorsicht beim Netzfreischalter: Die Installation sollte von einem Fachmann durchgeführt werden. Denn er funktioniert nur, wenn er das Signal bekommt: »Kein Stromverbraucher mehr im Netz«. Wir haben häufig erlebt, dass Netzfreischalter zwar eingebaut waren, aber ihren Dienst nicht verrichten konnten, weil ständig ein Strom verbrauchendes Gerät am Netz war. Oder noch besser, im Schaltkreis war die Küche integriert und da hier ja einige Geräte ständig eingeschaltet sind, war der Netzfreischalter absolut sinnlos.

All dies zu beachten bedeutet zwar, ein wenig mehr Aufwand und Bewusstheit, das aber macht sich in jedem Fall bezahlt: Ihr Wohlbefinden erhöht sich, und Sie erhalten Ihre Gesundheit.

Und das ist auch die Grundlage, auf der weitere Entstörmaßnahmen fußen. Es nützt nichts – auch wenn es bequemer ist –, sich eine Entstörung neben den Schlafplatz zu stellen, damit sein Gewissen zu beruhigen und alles beim Alten zu belassen. Quellen der Störstrahlung zu finden und zu entfernen, das Bett von der Wasserader zu rücken ist stets die Grundlage. Da es aber in den meisten Fällen nicht möglich ist, einen ganz und gar störungsfreien Schlafplatz zu finden, einfach weil unsere Luft inzwischen durchtränkt ist von dem unterschiedlichen Strahlengemisch, werden wir später auch noch auf Möglichkeiten einer frequenzangepassten Entstörung eingehen.

Vor diesem Hintergrund ist auch unsere grundsätzliche Feng Shui-Empfehlung eines metallfreien Schlafplatzes zu sehen. Denn so können unsere Leser und Klienten zunächst selbst die Voraussetzungen dafür schaffen, vorhandene Störfelder nicht durch Unwissen zu verstärken oder gar unnötig zu provozieren. Aber wie Sie, liebe Leser, sehen, handelt es sich hierbei um ein sehr komplexes und vielschichtiges Thema. Um alle Einflüsse, Aus- und Wechselwirkungen zu messen und zu analysieren, braucht es in den meisten Fällen dann doch einen Experten für Geo- und Elektrobiologie.

Testen Sie Ihren Schlafplatz

Wie gut oder schlecht schlafen Sie? Diese Frage ist für Sie von entscheidender Bedeutung! In Untersuchungen wurden die Reaktionen von Menschen auf neutrale und belastete Zonen gemessen, die vorher von Rutengängern bestimmt worden waren. Die Standortwirkung führt zu einer generellen Regulationsstörung, aus der sich eine Leistungsminderung aller biologischen Systeme ergeben kann. Sie ist zwar nicht unbedingt immer die Ursache einer Krankheit, auf jeden Fall aber ein nicht zu unterschätzender Risikofaktor.

Untersuchungen, zum Beispiel von Dr. Orth, Leutkirch, haben ergeben, dass geopathische Störstrahlung den Zellspin beeinflusst, was zur Übersäuerung des Blutes führt und die Basis für vielerlei Krankheitsbilder ist.

Wie ist die Qualität meines Schlafplatzes?

Der Schlafplatz ist von entscheidender Bedeutung, nicht nur für das Wohlbefinden, sondern auch für die Gesundheit. Denn hier verbringt der Mensch ungefähr ein Drittel seines Lebens! Der Körper benötigt in der Nacht eine Regenerationsphase, darauf sind alle seine Funktionen eingestellt. Deshalb ist der Körper in der Nacht ungefähr fünfzigmal empfänglicher für Störungen von außen als tagsüber.

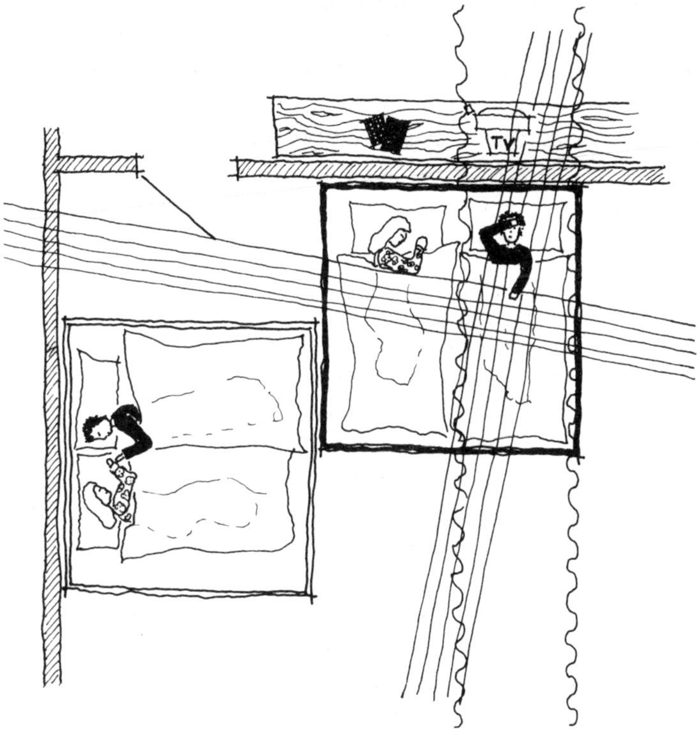

Erste Priorität im Feng Shui: ein störungsfreier Schlafplatz.

Schlafen Sie gut?

Wenn Sie eine der folgenden Frage mit »Ja« beantworten, dann ist das ein Anzeichen für eine Strahlungsbelastung. In diesem Fall sollten Sie Ihren Schlafplatz dringend von einem Geo- und Elektrobiologen untersuchen lassen.

Folgende Anzeichen können auf einen gestörten Schlafplatz hinweisen:

- Haben Sie eine Abneigung gegen das Schlafengehen?
- Leiden Sie unter Appetitlosigkeit oder sogar Erbrechen am Morgen?
- Wachen Sie morgens oft an der äußersten Kante Ihres Bettes auf?
- Drehen und wälzen Sie sich ungewöhnlich oft und heftig im Bett herum?
- Ist Bettnässen ein Thema, obwohl das Babyalter vorüber ist?
- Frieren Sie am Körper, obwohl Sie über eine ausreichend warme Decke verfügen?
- Fühlen Sie sich morgens abgeschlagen und müde, nicht erholt?
- Sind Sie lange Zeit im Bett wach, können nicht schlafen oder stehen des Nachts wieder auf?
- Leiden Sie unter Nachtschweiß?

DFSI-Gesundheitstipps für eine strahlungsarme Nacht

- Achten Sie darauf, dass im 2-Meter-Umkreis des Bettes keine elektrischen Geräte (Wecker mit Stromanschluss, TV, Hifi-Anlagen, Heizdecke) stehen. Ziehen Sie den Stecker oder verwenden Sie Mehrfachsteckdosen mit »An/Aus-Schalter«.
- Ideal ist es, wenn Sie sich vom Fachmann einen Netzfreischalter installieren lassen. Der Effekt ist allerdings dahin, wenn Dauerstromverbraucher am Netz bleiben. Also, raus mit dem elektrischen Radiowecker – nehmen Sie stattdessen einen batteriebetriebenen oder einen mechanischen Wecker. Auch die Standby-Schaltung des Fernsehers, der Stereoanlage oder des Videogerätes im Schlafzimmer muss abgeschaltet werden.
- Schlafen Sie nicht in Metallbetten oder auf Federkernmatratzen! Eine metallfreie Umgebung der Schlafstätte (ungefähr

2 Meter) hilft, eine erholsame und strahlungsarme Nachtruhe zu finden. Warum? Metall leitet und hat eine Antennenwirkung, es verstärkt vorhandene Störfelder.

- Hängen Sie im Schlafraum keinen Spiegel auf. Wenn Sie nicht darauf verzichten können, dann bringen Sie ihn so an, dass seine Strahlung nicht auf das Bett reflektieren kann.
- Vermeiden Sie möglichst Kunstfasern im Schlafbereich. Verwenden Sie stattdessen natürliche Materialien. So verursachen Kunststoffteppiche starke statische Aufladungen und langjährige Ausdünstungen. Das Gleiche gilt für synthetische Kunststoffe mit Weichmachern – oder das mit Formaldehyd belastete Kuscheltier.
- Lampen mit Trafos sind auch nach dem Abschalten noch am Netz und erzeugen magnetische Felder. Sie sollten diese deshalb nicht in Körpernähe haben – ein Mindestabstand von zwei Metern sollte eingehalten werden. Am besten wäre es, wenn nach dem Ausschalten einfach der Stecker gezogen wird.
- Entfernen Sie Verlängerungskabel in unmittelbarer Umgebung des Bettes. Unter das Bett gehören sie erst recht nicht.
- Stellen Sie Telefon und Fernbedienungen auf keinen Fall auf Ihren Nachttisch.
- Satellitenschüsseln sollten mindestens sechs Meter vom Kopf entfernt sein.

Die Wirkungen von Störstrahlungen auf den Körper

Wahrscheinlich haben Sie sich ja auch schon gefragt, warum es so viele unterschiedliche Ansichten, Meinungen und Erfahrungen über die Wirkungen von Strahlenbelastungen gibt. Die Haupterklärung liegt ganz einfach in der jeweiligen Sichtweise der Experten begründet und natürlich auch darin, aus welcher Branche sie kommen. Ein Fachmann, der im Auftrag der Elektroindustrie oder der Handy-Hersteller agiert, wird sicher anders argumentieren als ein Arzt, der vollkommen unabhängig arbeiten kann. Und gerade bei dieser Berufsgruppe tut sich einiges. Denn immer mehr Ärzte warnen inzwischen vor den Gefahren durch Strahlenbelastungen.

Auch das Bundesamt für Strahlenschutz beispielsweise empfiehlt aus Vorsorgegründen einen Daueraufenthalt in unmittelbarer Nähe zu DECT-Basisstationen zu vermeiden und sie auf keinen Fall in Schlafräume zu stellen. Ja, einige Mediziner gehen noch weiter und sagen, die Belastung durch diese Telefonanlagen sei so groß, dass sie in den modernen Wohnungen einfach immer zu nah stehen. Sie empfehlen, die Telefone mit DECT-Standard wieder abzuschaffen, da die Belastung erst ab 20 Meter in einem akzeptablen Rahmen sei. Und wer hat schon eine solch große Wohnung?

Körperlich messbare Symptome

Weitere Differenzen zwischen den Experten liegen in der unterschiedlichen Sichtweise. Während die einen nur »sofort körperlich messbare Symptome« wie etwa die Gewebeerwärmung durch den Handyeinsatz als schädigend ansehen, beziehen andere auch die Langzeitfolgen mit ein. Und hier haben ganzheitlich arbeitende Ärzte schon sehr umfangreiche Kenntnisse gewonnen und zahlreiche medizinisch-biologische Forschungsergebnisse gesammelt.

Wir alle wissen, dass die Körperkommunikation über feinste elektromagnetische Ströme koordiniert wird. Jede Zelle, der gesamte Prozess des Stoffwechsels, das Nervensystem, dies alles funktioniert über einen Spannungsausgleich. Doch diese körpereigene, gesunde Spannung liegt bei 70 mV (Millivolt). Was passiert aber, wenn der Körper ständig wesentlich höheren Spannungsgrößen ausgesetzt ist? Wir Menschen sind ein offenes System, das mit der Umwelt in permanenter Wechselwirkung steht und von ihr beeinflusst wird. Es ist keine Seltenheit, dass wir an Schlafplätzen ein elektrisches Feld von 100–120 V/m oder magnetische Felder von bis zu 600 nT vorfinden. Über die Ursachen solcher Belastungen haben wir ja bereits gesprochen. Sie hängen nicht in erster Linie mit der Außenwelt zusammen, sondern sind – durch Unachtsamkeit oder Unwissenheit – im wahrsten Sinn des Wortes hausgemacht.

Wenn wir jetzt noch bedenken, dass die von Medizinern ohnehin schon als viel zu hoch angesehenen Grenzwerte bei 10 V/m für das elektrische und 30 nT für das magnetische Feld liegen, kann man sich vorstellen, welchen Stressoren viele von uns sich unbewusst Nacht für Nacht aussetzen. Erfahrene und verantwortungsbewusste Ärzte und Baubiologen aber arbeiten nach der schwedischen Norm (SAGO), und die setzt wesentlich niedrigere Grenzwerte fest. Sie liegen bei 1 V/m für das elektrische und bei 10 nT für das magnetische Feld. Und auch hier ist wieder zu beachten, dass die Belastungsgrenze für Schlafräume wesentlich niedriger sein sollte. Der Grund: In der Nacht ist unser Körper besonders aufnahmefähig für Einflüsse von außen. Er ist auf Ruhe eingestellt, die Schlafenszeit dient der Regeneration des gesamten Körpers.

Fehlinformationen an die Zelle

Regeneration heißt immer, zurück zum biologisch-energetischen Gleichgewicht zu finden, sich von den Belastungen des Tages zu erholen. Doch wie sollen sich die Zellen in einer verstrahlten Umgebung regenerieren? Die Einwirkungen von außen sind so stark, dass sie nun permanent (Fehl-)Informationen erhalten, die sie immer mehr aus dem Gleichgewicht bringen. In der Folge haben wir es dann nicht mehr, wie die Natur es eingerichtet hat, mit einem Energie aufbauenden, sich regenerierenden, sondern mit einem Energie verzehrenden Prozess zu tun. Der Körper muss ja ständig Energie aufwenden, um die unnatürlichen Strahlungen abzuwehren. Das kann eine Zeit lang – je nach Vitalstatus des Menschen – gut gehen. Doch bleibt der Organismus weiterhin unter diesem Einfluss, ist die Grenze dessen, was die Immunabwehr verkraften kann, überschritten. Irgendwann ist es der berühmte Tropfen zu viel, und das Fass läuft über. Die Folgen können je nach Veranlagung Symptome wie Schlaflosigkeit, anhaltende Müdigkeit, Konzentrationsschwäche, vegetative Dystonie, Tinnitus, Unruhe, Depressionen oder gar Krebs sein. Wir behaupten nicht, dass Krebs immer die Folge von pathogenen Strahlensituationen ist, aber Tatsache bleibt: Diese Krankheit hat ihre Ursache vor allem in der Fehlsteuerung der Zellen.

Eisen reagiert auf Strahlung

Ein jeder weiß, dass unser Blut Eisen enthält. Und Eisen reagiert physikalisch auf elektromagnetische Einstrahlung. Forschungen in der Biophysik haben ergeben, dass sich durch verstärkte elektromagnetische Einflüsse das Gleichgewicht zwischen roten und weißen Blutkörperchen verschiebt. Prof. Dr. Varga spricht von einem »Linksspin in den Zellen«, die diese Veränderungen in der Produktion von Blutkörperchen auslösen. Interessant ist nun die Tatsache, dass alle alternativ arbeitenden Mediziner bei jeglichen Krebsarten einen Linksspin der Zellen feststellen.

Noch einige Worte zu einer Thematik, auf die wir in der jüngsten Vergangenheit immer häufiger angesprochen werden. Wie steht es um die Magnetfeldmatten zur Entstörung? Dass Magnetfelder einen biologischen Einfluss auf den Körper haben, ist längst bewiesen. Sie werden auch gezielt zur Heilung von Brüchen und Verletzungen genutzt. Bei einer kurzfristigen kurähnlichen Therapie gibt das Magnetfeld eine Art Regenerationsimpuls an den Körper. Doch was als kurzzeitige Therapie wirksam ist, darf nicht zum Dauereinfluss werden. So ist es auch in der Praxis mit diesen Matten. Im ersten Moment fühlen sich die Patienten durchaus wohler und vitaler. Liegen sie jedoch längere Zeit über Nacht auf diesen Matten, verlieren die Zellen ihre natürliche Orientierung.

Sie befinden sich in einem künstlichen Magnetfeld, das nicht dem biologischen der Erde entspricht. Messbar ist das sehr leicht: Hält man einen Kompass über eine solche Entstörungsmatte, findet er den Norden nicht, ja, er dreht sich sogar um die eigene Achse. Dass sich diese Situation als nächtliches Ruhelager nicht eignet, liegt auf der Hand. Und so sind auch die ersten positiven Effekte bald dahin und verkehren sich ins Gegenteil.

Quantitative und qualitative Strahlung

Und ein weiterer Punkt gehört hierher: Bei den üblichen Diskussionen über die gesundheitlichen Folgen von pathogener Strahlung geht es immer um Werte und Zahlen. Dies ist aber nur die eine, sozusagen die quantitative Seite, die sich in Strahlungs- oder Grenzwerten ausdrücken lässt. Was immer wieder vergessen wird, ist der qualitative Aspekt dieses Themas. Während sich die Wissenschaft zumindest einig darüber ist, dass es etwa beim Telefonieren mit dem Handy zu einer Erwärmung des Gewebes kommt, ist eine »sofort messbare Wirkung« bei geringeren Strahlungsintensitäten durch geo- und elektrobiologische Einflüsse nicht unmittelbar feststellbar. Und doch hat sich in zahlreichen Studien gezeigt, dass sehr wohl langfristige Folgen und Störungen des Organismus existieren. Das hängt mit dem Wirkmechanismus zusammen, der einfach bei geringeren Strahlungsgrößen ein anderer ist als die sofortige Reaktion der Zellen auf massive (also quantitative hohe) Reize, wie zum Beispiel beim Telefonieren mit dem Handy.

Das Resonanzprinzip

Ein physikalisches Prinzip erklärt, was gemeint ist: das Resonanzprinzip. Zunächst einmal bedeutet Resonanz das »Mitschwingen« eines Körpers auf einen Reiz beziehungsweise einen anderen Körper. Gerade in der Medizin erlebt dieses auf einem physikalischen Gesetz beruhende Prinzip einen enormen Aufschwung, der für viele teilweise spektakuläre Heilerfolge verantwortlich ist. So arbeitet unter anderem die Homöopathie auf dieser Ebene, indem sie Heilmittel einsetzt, die ausschließlich nur auf der Informationsebene wirken. Auch hier beruht die Wirkung auf dem Resonanzprinzip. Der aus dem biologischen Gleichgewicht geratene »kranke« Körper wird mit der entsprechenden Information konfrontiert. Und zwar mit einem Mittel, das in seiner Wirkung auf einen gesunden Organismus genau zu jener Krankheit führt, an der der Betreffende leidet.

Ein anderes Beispiel für die Heilung durch Resonanz ist die Bioresonanz-Therapie. Hier werden – stark vereinfacht gesagt – die krank machenden Schwingungen des Patienten aufgezeichnet, die pathogenen herausgefiltert, gespiegelt und über die andere Hand dem Körper wieder zugeführt. Dieses Verfahren beruht auf dem einfachen physikalischen Prinzip des Frequenzausgleichs – oder wie Physiker sagen würden: auf der Interferenz. Die Schwingungen, die in der Bioresonanz-Therapie verwendet werden, sind übrigens keine technischen, sondern natürlicher Herkunft. Es sind unter anderem Edelsteine, Erze, Mineralien und Metalle. Durch diese Vorgehensweise wird sichergestellt, dass der Körper die gegebenen Schwingungen besser verarbeiten kann. Denn sie entsprechen der natürlichen Schwingungsfrequenz, auf die der menschliche Organismus eingestellt ist.

Das Wirkprinzip der DFSI-Entstörungen

»Was sich unseren Sinnen nach als Materie darstellt, ist in Wirklichkeit eine hohe Konzentration von Energie auf kleinstem Raum.« Das schrieb einst Albert Einstein. Dieses Genie hatte bereits vorausgeahnt, was erst sehr viel später wissenschaftlich bewiesen wurde! Denn lange waren Einsteins Kollegen davon überzeugt, dass das Atom die kleinste materielle Einheit des Lebens ist. Weit gefehlt. Heute weiß man, in Wirklichkeit besteht es aus vielen kleinen Untereinheiten, den Elektronen und Protonen, die scheinbar schwerelos herumschwirren. Mehr noch: 1984 konnte der Nobelpreisträger Carlo Rubbia nachweisen, dass der Anteil feinstofflicher und damit immaterieller Energieformen gegenüber den festen, materiellen bei weitem überwiegt. Das genaue Verhältnis nach Rubbia lautet: Auf ein Materieteilchen kommen 974600000 Photonen (Lichtteilchen). Für den menschlichen Körper bedeutet dies, dass nur ein winziger Teil, rund ein Milliardstel, aus Materie besteht, der größte aber aus feinstofflicher immaterieller Energie.

Fast alles auf der Welt ist also Schwingung. Der Unterschied zwischen Materie und Geist besteht lediglich in der Energiedichte. Und zwischen der materiellen Umgebung und den biologischen Systemen existiert ein permanentes energetisches Wechselspiel. Alle Umweltreize, ob sie nun aus dem Weltraum, der Atmosphäre, dem Boden, den Baumaterialien oder von technischen Geräten oder Einrichtungen stammen, stehen in enger Wechselwirkung mit dem gesamten Organismus und wirken damit auf Atome und Zellen, Nerven und Gensubstanz, kurzum – auf das gesamte Körpergeschehen und den Energiehaushalt.

Dieses Wissen hat bereits die Medizin revolutioniert, denn längst gilt als erwiesen, dass Informationsmedizin heilen kann. Wie oben bereits erwähnt, arbeitet man so unter anderem in der Homöopathie und Bioresonanz-Therapie.

Ein biologisches Entstörungsprinzip

Nach ebendiesem Prinzip arbeitet auch die Entstörung »Vital Balance« des Deutschen Feng Shui Instituts. Sie beinhaltet speziell komponierte Mischungen aus bis zu 50 unterschiedlichen Mineralien, Edelsteinen, Erzen und Pflanzen. Diese bioenergetischen Frequenzträger erhalten zusätzlich noch eine spezielle feinstoffliche Ergänzung, die jede Vital-Balance-Entstörung potenziert. Je nach Kombination und Mischungsverhältnis entsteht – ähnlich der Bioresonanz-Therapie – ein eigenes Frequenzspektrum, das nun über das einfache physikalische Prinzip des Frequenzausgleiches wirksam wird.

Hintergrund unserer Arbeit sind unsere eigenen Erfahrungen, die wir in anderthalb Jahrzehnten unserer Analysearbeit – auch in Zusammenarbeit mit Forschungslaboren – sammeln durften.

Das Wunder des informierten Quarz

Eine weitere Grundlage waren die Erkenntnisse von Forschern wie Wilhelm Reich, Friedrich Pelz, Walter Häge sowie dem Pionier der »Wasser-Homöopathie« Roland Plocher. Ihm gelingt es, durch ein spezielles Verfahren Quarzmehl die Information von gesundem und vitalem Wasser aufzumodulieren. Wird nun solch ein Informationsträger in biologisch kranke, umgekippte Gewässer gegeben, beginnt sich das Wasser von selbst zu regenerieren. Es wird zu gesundem, sauberem, vitalem Wasser. Was wie Zauberei klingt, ist eigentlich etwas ganz Alltägliches. All jene, die eine Quarzuhr tragen, nutzen die Speicherfähigkeit des Quarzes (Bergkristalls) tagtäglich unbewusst. Während Quarzuhren mit der von vielen Ärzten inzwischen als gesundheitlich bedenklichen Frequenz von 32,5 Kilohertz programmiert sind, kann man also dieses Wissen um die Speicherfähigkeit des Quarzes auch für die Gesundung und Reharmonisierung von Mensch und Umwelt einsetzen.

Auf dieser Ebene wirken auch einige Bestandteile der Entstörungsserie »Vital-Balance«, die durch ein spezielles Verfahren die Informationen von einer natürlich vitalen, den Menschen heilenden Umgebung aufgenommen haben und nun je nach geo- und elektrobiologischer Anamnese hinzugefügt werden. Während also manche Zutaten speziell für die Vital-Balancer informiert werden, werden auch Substanzen in ihrer Urfrequenz benutzt. So hat der Forscher F. Pelz in jahrelanger Arbeit die Frequenzen verschiedener Edelsteine für die Heilung von Kranken eingesetzt. Dabei stellte er zum Beispiel fest, dass die Schwingung des Chrysoberyll eine besondere Beziehung zu Gehirn und Nerven besitzt. Er vermindert die so genannten Stressfrequenzen (19 Hz, 20 Hz), aktiviert brachliegende Hirnareale und harmonisiert die Balance der beiden Gehirnhälften. Dies lässt sich anhand der Hirnströme mit dem EEG nachweisen. Man weiß heute zum Beispiel, dass der Granat auf den Hauptfrequenzen 38,5 Hz und 40,0 Hz sendet. Damit liegt er genau auf einer Wellenlänge mit den Schwingungsfrequenzen des gesunden menschlichen Herz- und Kreislaufsystems. Das nur als eine erste, sehr vereinfachte Information, denn natürlich können diese Beispiele nur einen sehr begrenzten Einblick in das komplexe System der DFSI-Entstörungen geben.

Der Vitalpool

Wichtig für Sie ist dies: Die Vital-Balance-Entstörung des DFSI wirkt auf unterschiedlichen Ebenen. Auf der biophysikalischen und durch die speziellen Informationen auf der feinstofflich-energetischen Ebene. Sie stellt eine harmonische Verbindung zwischen Innen und Außen sowie zwischen Körper und Seele her. Um die optimale Wirkung zu gewährleisten, wird sie von einem Fachmann direkt vor Ort ausgetestet und auf die individuellen Bedürfnisse des Kunden abgestimmt. Durch die Verbindung von fachlicher Kompetenz des Geo- und Elektrobiologen, was die Anamnese der Standortfaktoren anbelangt, kombiniert mit bewährtem Wissen, neuen Forschungsergebnissen und praktischen Erfahrungen in Bezug auf die Frequenzmischungen wird eine einzigartige Wirksamkeit erreicht. Die Balancer wirken wie ein Vitalpool, mit dem es dem Organismus gelingt, über sein biologisches Fenster die Schwingungen aufzunehmen, die er am jeweiligen Standort aus der Konfrontation mit der Umgebung für seine Neutralisierung und Harmonisierung benötigt.

Zum Abschluss ein Zitat von Dr. med. Karl-Heinz Braun von

Gladiss, das unsere Arbeitsweise noch einmal wissenschaftlich erklärt: »Entscheidend für die Wirkung eines äußeren Reizes im biologischen System ist, dass das Signal ankommt. Es muss von den Antennen des Körpers empfangen werden, im Körper muss Resonanz entstehen, die aufgenommene Schwingung muss fortgeleitet werden, ohne dass die empfangene Information durch Abschwächung verloren geht.«

Das Entstörungssystem »Vital Balance«

Ob eine Entstörung biologisch wirksam ist oder nicht, hängt allein davon ab, ob die Frequenzen aller den Organismus belastenden Reizstrahlen neutralisiert werden können. Und obwohl natürlich diese Strahlungsfelder nicht ausgeschaltet werden können (sie sind in der Luft auch weiterhin technisch messbar), sind sie doch im Körper medizintechnisch nicht mehr nachweisbar. Hier wirkt das DFSI mit ganzheitlich arbeitenden Ärzten, Heilpraktikern und Therapeuten zusammen, die sich von der Wirksamkeit unserer Methode haben überzeugen lassen.

Da jeder Wohnort, jedes Umfeld, jede Wohnung und damit auch jeder Mensch individuell verschieden ist, kann es nie nur ein Entstörungsmittel geben, das für alle und überall wirksam ist. Deshalb ist es notwendig, dass Ihr DFSI-geprüfter Baubiologe nach eingehender Untersuchung des Umfeldes die Entstörung individuell auf Ihren Bedarf abstimmt. Aus einer Anzahl von bewährten, synergetisch wirksamen Basismischungen wird die Vital-Balance-Entstörung ausgewählt, die Ihnen das Optimum an Schutz garantiert. Manchmal kann es auch sein, dass speziell für Sie eine eigene Mischung hergestellt werden muss, etwa weil es in Ihrem Umfeld Mischstrahlungen gibt, die von den bewährten Basisentstörungen nicht zu 100 Prozent abgedeckt werden können. In diesem Fall wird Ihr Baubiologe mit Ihnen vor Ort die individuelle Mischung austesten.

Nach dem gleichen Prinzip bietet das Institut auch Computer-

und Handyentstörungen an. Da die Frequenzzusammenstellungen bekannt sind, müssen diese aber nicht individuell ausgetestet werden.

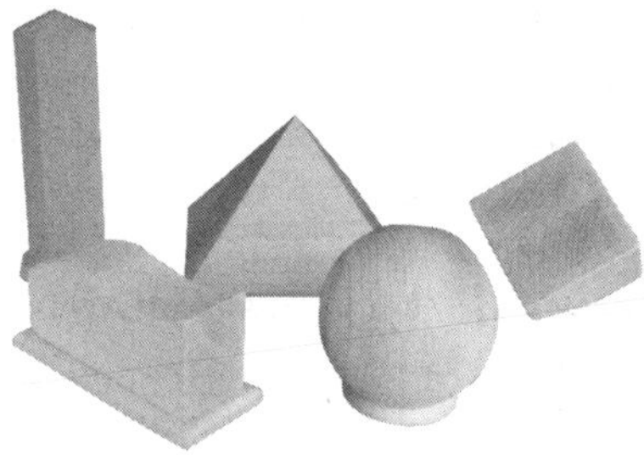

Schaffen Sie sich ein gesundes Umfeld, indem Sie Ihre Strahlungssituation überprüfen und mit Vital-Balance-Entstörungen ausgleichen lassen. Die Vital-Balance-Entstörungen gibt es, je nach Standort im Bagua, in verschiedenen Elementarformen.

Stufen der geo- und elektrobiologischen Arbeit

1. Stufe: Vermeidung und Reduzierung von Störfeldern zur Erlangung einer vitalen Umgebung.

Grundstücksuntersuchung: Die einmalige Chance auf eine gesundheitsfördernde und vitale Umgebung haben all diejenigen, die sich ein Haus bauen. Die Grundlage stellt die Grundstücksanalyse dar, die vor dem eigentlichen Bau erfolgt. Hier werden die geobiologische Situation sowie auch die Belastungen durch Elektrosmog vor Ort gemessen. Diese einfache Vorsorge ist jedoch vielen Menschen gar nicht bekannt. Erschreckend vor allem, dass selbst Architekten darüber nicht informiert sind. Wenn man bedenkt, dass eine solche Grundstücksanalyse durch einen Fachmann je nach Bauobjekt nur bei einem bis zwei Prozent der Gesamtbaukosten liegt, dafür aber die Basis für Gesundheit und Vitalität darstellt, sollte dieser minimale finanzielle Einsatz jedem Bauherrn ans Herz gelegt werden. Das hat schon so manchen vor schlimmen gesundheitlichen Konsequenzen oder mindestens vor einer großen Fehlinvestition bewahrt. Denn auf der Grundlage der Messergebnisse durch den Experten können nun Empfehlungen zur allgemeinen Eignung des Baulandes gemacht werden. Zudem ergeben sich aus der Analyse logische Folgerungen, was die Planung durch den Architekten betrifft.

Bauplanung: Die geobiologischen Ergebnisse dienen dem Architekten als Grundlage für seine Bauplanung. Das heißt: Er muss wissen – selbst wenn z. B. keine Wasserader geortet wurde – was ein Diagonalnetz (siehe S. 59) für die Planung des Hauses bedeutet. So sollte etwa auf einem Diagonalnetz nicht ausgerechnet die Hauselektrik, der Sicherungskasten oder aber der Schlafplatz liegen.

Immer wieder erleben wir, dass gerade auch in der Weiterführung der Aufgaben (also zum Beispiel beim Schritt von der geobiologischen Analyse zur Architektenleistung) gravierende Fehler gemacht werden. Viele Architekten, die mit Feng Shui werben, beziehen diese grundlegenden Aspekte überhaupt nicht in ihre Arbeit ein, sondern sind davon überzeugt, Feng Shui sei einfach nur eine Lehre, die sich mit der Anordnung der Räume, der Farbgestaltung und der Planung der Inneneinrichtung beschäftigt.

2. Stufe: Geo- und elektrobiologische Untersuchung von bestehenden Gebäuden

Werden bereits bestehende Gebäude untersucht, geht es um die Vermeidung beziehungsweise Reduzierung von Strahlenbelastungen geo- und elektrobiologischer Herkunft. Besonderes Augenmerk gilt dabei den Schlaf- und Kinderzimmern. Je nach Analyseergebnis kann es sein, dass das Bett umgestellt wird. Dazu wird empfohlen, Reflektoren und Leiter (Metalle, Spiegel, Federkernmatratzen) zu entfernen, ebenso wie Quellen von »hausgemachtem Elektrosmog«, die zum Beispiel durch Trafos in Niedervoltlampen, Funkwecker, Telefonstationen oder auch durch den Fernseher des Nachbarn, der an Ihre Bettseite grenzt, entstehen. Darüber hinaus kann mit einfachen Maßnahmen wie Mehrfachsteckleisten mit Ein/Aus-Schalter hausgemachter E-Smog erheblich minimiert werden, indem die Standby-Geräte gesammelt ausgeschaltet werden. Lesen Sie zu diesem Thema bitte auch den Abschnitt: »DFSI-Gesundheitstipps für eine strahlungsarme Nacht« (S. 88 f.).

3. Stufe: Harmonisierung und Ausgleich der Reststrahlung

Nur in sehr seltenen Ausnahmefällen ist es möglich, alle pathogenen Strahlungen zu vermeiden. In unserer heutigen Zeit ist die Luft voll von den unterschiedlichsten Strahlenfrequenzen, allein schon durch die Handys, den Radio- und Fernsehfunk. Umspannstationen, Trafohäuschen, Hochspannungsleitungen oder Bahngleise geben das ihre hinzu. Dies kombiniert mit der spezifischen geobiologischen Situation des Ortes lässt ein ganz eigenes Frequenzgemisch entstehen, das den Körper enorm belastet. Da sich auch in der Zukunft diese Situation keinesfalls verbessern, sondern eher verschlimmern wird, ist eine Neutralisation und Vitalisierung der Lebensräume dringend vonnöten.

Die Grundlagen des Feng Shui

»Die Flüsse fließen, wie sie wollen. Deine Gedanken und die daraus erwachsenen Tempel der Theorien werden sie nicht bändigen und dein Haus am Wasser nicht schützen. Doch sehr wohl kannst du erlernen, dich dem Flusse hinzugeben – dann wirst du erfahren, wohin er dich trägt, und deine Folgerungen ziehen für dein Haus und für dein Leben.« Dies notierte im 11. Jahrhundert n. Chr. der Taoist Yün Yuan, auch er ein Feng Shui-Weiser seiner Zeit. Er wusste, was Feng Shui im Kern ist: keine mathematische Gleichung – sondern zuallererst Naturbeobachtung. Das sollten wir nie vergessen, wenn wir jetzt in die komplexe ganzheitliche Lehre Feng Shui einsteigen. Die Lehrmeisterin dieser Theorie ist die Natur!

Doch was ist Feng Shui jenseits von in Jahrhunderten gewachsenen asiatischen Traditionen, die für uns fern und nicht immer praktikabel im Alltag sind; welche der vielen Dutzend Methoden nutzen wir in welchem Fall; wie übersetzen wir die chinesische Harmonielehre für uns Europäer und unsere Kultur? Irgendwann war uns klar, dass wir diese Antworten nirgendwo finden würden, sondern uns selbst auf die Suche machen mussten! Ja, dass diese Fragen darauf warten, von uns selbst beantwortet zu werden.

Das Ur-Feng Shui und der Taoismus

Die Gesetze, auf denen Feng Shui beruht, sind universal wirksam und deshalb multikulturell. Sie wurden im Laufe der Menschheitsgeschichte durch Naturbeobachtung entdeckt und zwar nicht nur in China, sondern rund um den Erdball. Feng Shui hat also seine Wurzeln und Entsprechungen in jeder Kultur. Kein anderes Volk jedoch hat seine Naturbeobachtungen so lückenlos und detailliert über Jahrtausende aufgezeichnet wie die Chinesen.

Noch heute sind für die Chinesen jahrhundertealte Quellentexte ohne Probleme verständlich, wir haben es also mit einem ursprünglichen, unverfälschten Wissen zu tun. Das Ur-Feng Shui war taoistischer Natur und beschäftigte sich ausschließlich mit den Gesetzen des Werdens und Vergehens in der Natur. Im Laufe der Zeit aber wurde dieses Wissen von zahlreichen Interpretationen vieler Feng Shui-Praktiker, von unterschiedlichen Formeln und Methoden überdeckt, bis das ursprüngliche Quellenwissen nahezu in Vergessenheit geriet.

Die Übersetzung des Bagua – der Circle of Success

Der Circle of Success (COS) ist ein Analyseinstrument des Feng Shui, eine Art Minilexikon, auf dem die Analogien dieser Harmonielehre, die wir Ihnen in diesem Kapitel noch umfassend vorstellen werden, abgebildet sind. Seine Entwicklung war nur möglich durch die viele Jahre dauernde Verbindung zwischen Theorie und Praxis. Katrin Martin, die Schöpferin, gab ihm den Namen Circle of Success, also übersetzt »Kreislauf des Erfolges«. Denn wir wissen, dass Erfolg niemals Zufall, sondern immer die Folge bewusst gesetzter Ursachen ist. Und genau so arbeiten wir mit Feng Shui.

Nehmen wir einen konkreten Fall: Herr B. möchte mit Unterstützung von Feng Shui sein Leben ändern und wünscht sich, mehr Zeit für die Familie zu haben, nachdem er Karriere gemacht hat. Dies also ist sein Ziel, das nun in der Analyse fokussiert wird. Nachdem das Haus mit dem Kompass vermessen wurde, ergeben sich bei der Übertragung auf den Grundriss die einzelnen Bagua-Bereiche, die in Resonanz zu den Lebenswünschen stehen. Da alles ineinander fließt, sich eine Energie aus der nächsten entwickelt, ist es notwendig, zunächst die Einflüsse und Grundflächen aller Bagua-Bereiche zu betrachten. Erst in der Gesamtheit und Verhältnismäßigkeit ergibt sich ein umfassendes Bild, das für die erfolgreiche Analyse so wichtig ist. Sind alle Energien nun ausgeglichen, kann darüber hinaus der gewünschte Bereich durch ausgewählte Gestaltungselemente aktiviert werden.

Formen, Farben, Materialien

Welche Formen, Farben oder Materialien nun nach Feng Shui in Resonanz zum jeweiligen Ort stehen, ist eine weitere Ebene und hängt von der Ausrichtung des Raumes im Grundriss und dann wiederum von dessen Lage in der Umgebung ab. Da jedes Haus, jede Wohnung und jeder Raum ein Mikrokosmos im Makrokosmos des Umfeldes ist, wird er von diesem beeinflusst. Welche Resonanzen und Potentiale zwischen Außen und Innen entstehen, erklärt die Analysescheibe des DFSI. Denn auf dem Feng Shui-Instrument COS finden sich genau diese Naturzyklen und ihre Entsprechungen abgebildet. Sie alle sind durch ein auf den ersten Blick unsichtbares Netz verknüpft, das die Ebenen des Feng Shui miteinander verbindet. Und mit diesem Wissen wird es dann logisch, dass dies geschieht, wenn Sie jenes tun. Nun wird es wirklich möglich, zu verstehen, warum verschiedene Bereiche des Hauses, die man im Feng Shui Bagua-Bereiche nennt, über bestimmte Raumpotentiale verfügen. Denn das Bagua ist kein zufällig angeordnetes Analyseinstrument, sondern leitet seine Wirksamkeit aus der konkreten Übertragung der Naturgesetze auf die Räume ab. Und genau das ist das ursprüngliche, unverfälschte Feng Shui im Kern.

Die Analyseebenen des COS

Wenn Sie sich nun die Abbildung des COS anschauen, so erkennen Sie von innen nach außen verschiedene Ringe. Sie alle stehen für eine Analyse- und Betrachtungsebene im Feng Shui.

Von innen nach außen sind es:

1. Ring: Die Fünf Elemente mit den dazugehörigen Energieflüssen und ihren Formentsprechungen
2. Ring: Die Farben der Fünf Elemente
3. Ring: Die Trigramme der nachhimmlischen Sequenz, ihre Namen, Bezeichnungen und Naturerscheinungen
4. Ring: Die Organentsprechungen der Fünf-Elemente-Theorie mit den dazugehörigen Organsystemen, Sinnesorganen, Geschmacksrichtungen und Emotionen
5. Ring: Die Lebenswünsche des Bagua für den privaten Bereich
6. Ring: Die Farbentsprechungen des Drei-Türen-Bagua
7. Ring: Die Trigrammenergien, übertragen auf das Bagua des Berufslebens
8. Ring: Die Trigrammfarben
9. Ring: Der Naturzyklus mit den Wachstumsphasen einer Pflanze, die Jahreszeiten und die dazugehörigen Himmelsrichtungen
10. Ring: die Kompass-Gradeinteilung

Die Analogien des COS

Deutlich sichtbar auf der Analysescheibe sind auch die acht Segmente, die sich von außen zur Mitte hin – ähnlich einem Tortenstück – verjüngen. Jedes dieser Segmente entspricht einem Bagua-Bereich, dem je eine Himmelsrichtung, die dazugehörigen Kompassgradzahlen, eines der Fünf Elemente sowie deren Farb - und Formentsprechungen zugeordnet werden. Auf diese Weise arbeiten wir jetzt nicht mehr waagerecht-linear auf einer Ebene (Ringe), sondern auch senkrecht – analog über die unsichtbaren

Verknüpfungen im Feng Shui. Gerade dieses analoge Vorgehen ist ein Kennzeichen aller ganzheitlichen Lehren.

Der praktische Nutzen des COS

Legen Sie nun diese Analysescheibe auf Ihren Grundriss, dann können Sie durch die ausgestanzten Schlitze die Bagua-Raumbereiche direkt auf Ihren Plan übertragen. Wie Sie genau vorgehen, erfahren Sie später im Kapitel »Die Feng Shui-Praxis« (S. 151 ff.).

Das Autorenpaar bei der Arbeit: Bei der Analyse ist es wichtig, über Lo Pan die Umwelteinflüsse genau zu vermessen und zu analysieren.

Der Circle of Success (COS) des DFSI

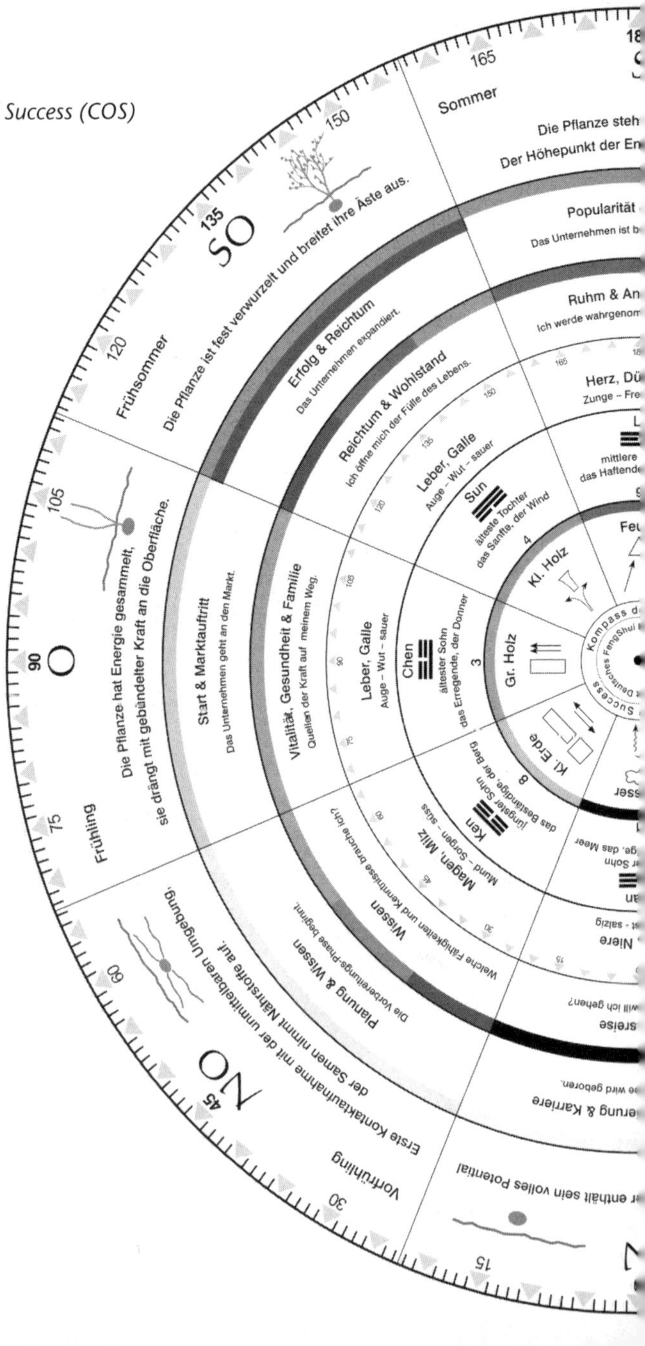

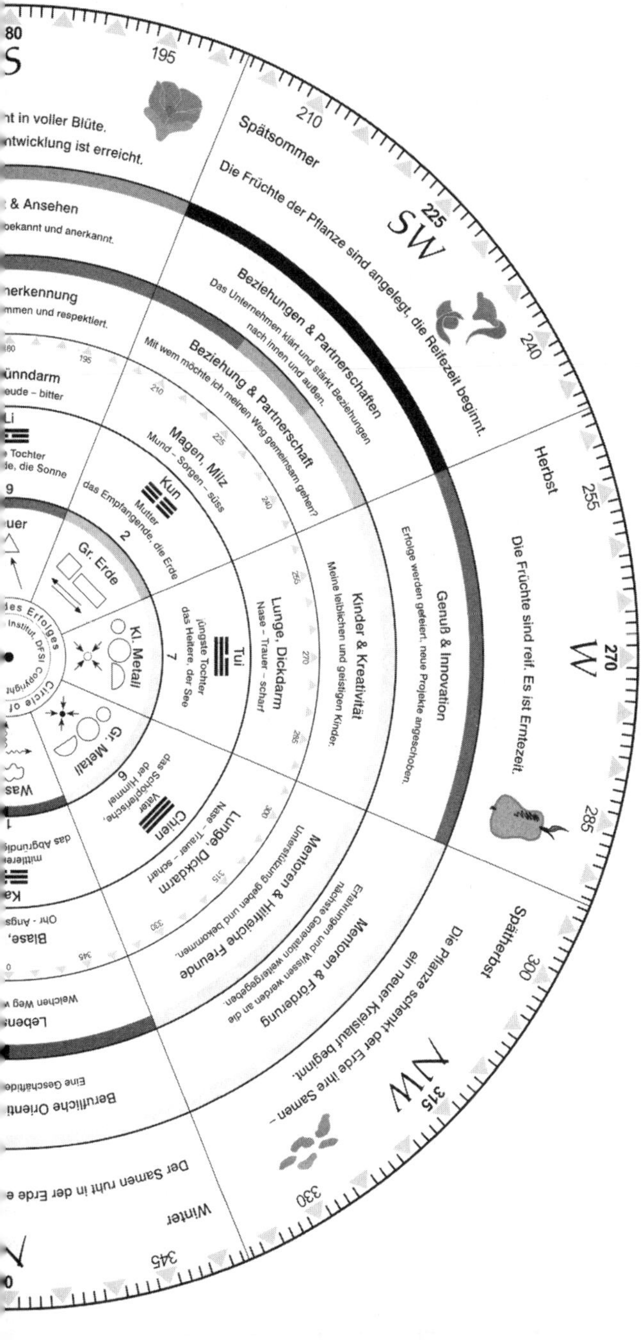

195
210
Spätsommer
Die Früchte der Pflanze sind angelegt, die Reifezeit beginnt.
225
SW
240
Herbst
255
Die Früchte sind reif. Es ist Erntezeit.
270
W
285
Spätherbst
300
Die Pflanze schenkt der Erde ihre Samen – ein neuer Kreislauf beginnt.
315
NW
330
Winter
Der Samen ruht in der Erde
345
Beziehungen & Partnerschaften
Das Unternehmen klärt und stärkt Beziehungen nach innen und außen.
Genuß & Innovation
Erfolge werden gefeiert, neue Projekte angeschoben.
Mentoren & Förderung
Erfahrungen und Wissen werden an die nächste Generation weitergegeben.
Beziehung & Partnerschaft
Mit wem möchte ich meinen Weg gemeinsam gehen?
Kinder & Kreativität
Meine leiblichen und geistigen Kinder.
Mentoren & Hilfreiche Freunde
Unterstützung geben und bekommen.
Magen, Milz
Mund – Sorgen – süss
Lunge, Dickdarm
Nase – Trauer – scharf
Lunge, Dickdarm
Nase – Trauer – scharf
Kun
Mutter
das Empfangende, die Erde
2
Tui
jüngste Tochter
das Heitere, der See
7
Chien
Vater
das Schöpferische, der Himmel
6
Gr. Erde
Kl. Metall
Gr. Metall

Die philosophischen Grundlagen des Feng Shui

Wer Feng Shui wirklich verstehen will, muss die Grundlagen, sozusagen das Feng Shui-ABC, kennen lernen. Auch für Sie, gleich ob Sie die ersten Feng Shui-Schritte selbst gehen oder einen Berater beauftragen möchten, ist es wichtig, innere Zusammenhänge zu erkennen. Denn bei jeder Analyse geht es ja vor allem auch darum, Ihre Wahrnehmungsebene im alltäglichen Umfeld zu erweitern und den neu entdeckten Erfahrungsraum mit Feng Shui zu nutzen. Insofern kann Ihnen dieses Wissen auch dabei helfen, bei Bedarf die Fähigkeiten und Erfahrungen eines Beraters besser einzuschätzen.

Im Laufe der vielen Jahre unserer praktischen Arbeit hat sich eine innere Struktur entwickelt. Es ist eine Art roter Faden, der dabei hilft, im vielschichtigen Geflecht dieser ganzheitlichen Lehre nicht ziellos herumzuirren, die Prioritäten zu erkennen und nachhaltig erfolgreich zu arbeiten.

Die Prioritäten bei der Feng Shui-Analyse

Jede Analyse erfolgt – vereinfacht gesagt – in zwei grundsätzlichen Schritten. Sie betrachtet zunächst den *Energiefluss* und beantwortet die Frage: Wie fließt die Energie? Und sie betrachtet die *Energiequalität* und beantwortet die Frage: Welche Art von Energie fließt?

Obwohl beide Schritte eng miteinander verbunden sind und sich gegenseitig beeinflussen, ist es doch wichtig, mit dem ersten zu beginnen und ihm die Priorität zu geben.

Dies soll ein Beispiel illustrieren:
Stellen Sie sich vor, Sie planen Ihren Hausbau. Sie haben ein Grundstück, das von einem Geo- und Elektrobiologen untersucht wurde, und alles in punkto Boden und E-Smog ist in Ordnung. Es kann also losgehen. Spätestens jetzt werden Sie mit den Irrungen und Wirrungen im Feng Shui konfrontiert. Denn je nachdem, wo Ihr Feng Shui-Berater gelernt hat, wird es die unterschiedlichsten Vorgehensweisen geben.

1. Sehr viele Schulen, darunter auch die traditionell orientiert arbeitenden, legen besonderen Wert auf die Kompassrichtungen. Berater dieser Schulen benötigen zuallererst Ihre Geburtsdaten und die Ihrer Familie. Aus diesen wird nun die günstigste Position für die Haustür berechnet. Nach dieser Grundsatzentscheidung kann das Haus geplant werden. Wir waren schon bei vielen Klienten, die nach dieser Methode ihr Haus geplant haben. Sie haben sich an uns gewandt, weil sie trotz Feng Shui-Haus nicht recht weiterkamen, ja, sich nach dem Umzug sogar mehr Probleme im privaten oder beruflichen Bereich einstellten. Als wir oder die DFSI-Partner dann vor Ort die Situation sahen, wunderte uns gar nichts mehr. Denn nicht selten waren die Eingänge zwar in der Glücksrichtung, aber eben leider blockiert. Und das führt uns auch gleich zu dem Analyseansatz, der in den Kursen des DFSI vermittelt wird und dem wir – aus der jahrelangen Erfahrung heraus – die oberste Priorität einräumen.
2. Bevor ein vom DFSI ausgebildeter Berater irgendeine Ihrer Glücksrichtungen ausrechnet, wird er zunächst einmal den Energiefluss und den Energiestatus vor Ort prüfen. Er wird sich fragen: Von wo fließt am meisten vitale Energie in die potentielle Haustür. Dabei sind die Geländehöhe, der mögliche Zugang, die Lage von Straßen und Wegen, Bergen und Nachbarhäusern wesentlich, denn all dies entscheidet auch darüber, ob Ihr zukünftiges Haus zum gebenden Haus für Sie und Ihre Fa-

milie wird. Erst danach kommen die berechneten Richtungen hinzu. Passt beides – wunderbar, wenn nicht, wird trotzdem die Richtung mit dem besten Energiezuflussprinzip gewählt. Die individuell gewünschten Richtungsqualitäten werden dann auf einer anderen Ebene eingebracht. In diesem Fall wird der durch die Feng Shui-Planung geöffnete Energiezufluss Ihnen eine Fülle an Möglichkeiten bieten und das Energiepotential für Ihre Lebenswünsche deutlich erhöhen. Die gleiche Familie auf dem gleichen Grundstück kann aber auch das Gegenteil erleben, nämlich dann, wenn dem Energiefluss nicht die oberste Priorität beigemessen wurde, sondern der Glücksrichtung. Oder um es ganz deutlich zu sagen: Was nützt die beste Glücksrichtung, wenn aus ihr wenig oder nichts ins Haus fließen kann, weil sie zum Beispiel durch eine Mauer oder ein eng stehendes Nachbarhaus blockiert ist?

An diesem Beispiel wird deutlich, wie entscheidend die Kenntnis und Beachtung der Feng Shui-Hierarchien ist, da sie ganz unmittelbar mit dem Analyseerfolg verknüpft sind.

Ein kleiner Wegweiser durch die Grundlagen

Nun und genau in dieser Ordnung möchten wir Ihnen die Grundlagen erläutern. Wir werden uns zuerst mit dem Energiefluss beschäftigen. Er wird bestimmt durch die Lebensenergie Chi und deren Fließgesetze, mit denen wir jetzt die Grundlagen starten. Danach werden wir uns mit den unterschiedlichen Wandlungen und Verkörperungen des Chi beschäftigen. Der Begriff Energiequalität erlaubt eine genauere Spezifizierung und beantwortet die Frage: »Welche Art von Energie beeinflusst den Standort?« Die nähere Bestimmung der Chi-Qualität kann über die Fünf-Elemente-Theorie, die Trigramme, die Himmelsrichtungen und so weiter erfolgen, es sind also die Ebenen, die Sie auf dem Feng Shui-Analyseinstrument, dem COS finden.

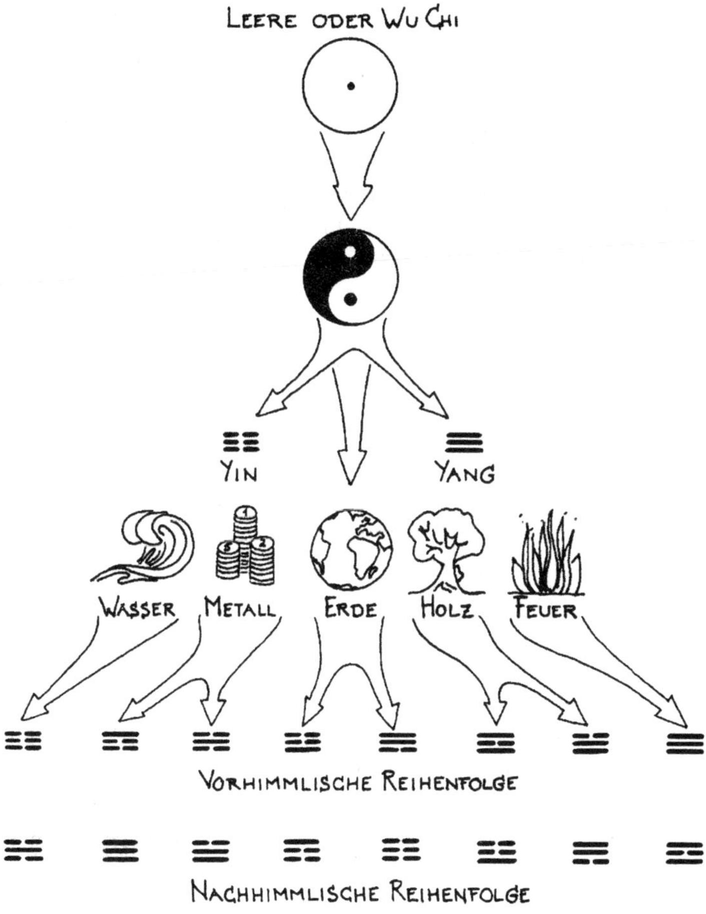

Die Übersicht zeigt die einzelnen Analyseebenen im Feng Shui und die Hierarchie der Energien.

Die Lebensenergie »Chi«

Ein klassisches Zitat sagt: »*Wer Chi erkennt, der versteht Feng Shui.*« Diese Lebensenergie steht im Zentrum, sie ist Ursprung und Grundlage jeder Feng Shui-Analyse, gleich, ob wir uns der Formen- oder der Kompassschule zuwenden. Seien Sie sich bewusst, dass alle Formeln, Symbole, alle Elemente, Formen und Farben Verkörperungen und Ausdruck der Energie Chi sind. Wollen Sie Ihr Leben mit Feng Shui bereichern, so sollten Sie lernen, hinter die Welt der Erscheinungen zu blicken, um dadurch Rückschlüsse auf das Fließen und den Wandel des Chi zu ziehen. Chi ist nicht sichtbar, doch wirkt es überall in der Welt, in jedem Baum, jeder Pflanze, jedem Tier und jedem Menschen. Chi ist das vitalisierende Prinzip, das die gesamte Schöpfung miteinander verbindet.

Dieses Konzept der Lebensenergie ist kein asiatisches Phänomen. In allen großen Weltreligionen finden wir konkrete Hinweise auf die Existenz dieser Energie – jedoch unter anderen Namen. Bei den Indern heißt sie Prana, bei den Japanern Ki und auch bei uns in Europa kennen wir die universelle Energie unter verschiedenen Begriffen: Der Mediziner Wilhelm Reich spricht vom Orgon, die Physiker von der Nullpunktenergie und unsere abendländische Tradition nennt die Lebensenergie seit Jahrtausenden schlicht »Geist«. Wer sich in unseren Kirchen umschaut, wird immer wieder auf Gemälde und Statuen mit einem Heiligenschein stoßen. Dieser Schein ist das Strahlen des Geistes über den stofflichen Körper hinaus. Auch hier spiegelt sich der Gedanke des Verwobenseins mit der Welt. Egal, welcher Kultur wir uns zuwenden, der Grundgedanke ist immer gleich: Nichts existiert isoliert, alles ist miteinander verbunden. Das Urwissen aller Kulturen beruht auf einem Kern, auch wenn die Übersetzungen kulturell geprägt sind und sich deshalb auf den ersten Blick unterscheiden mögen.

In der chinesischen Philosophie heißt es: »Wenn Chi zusammenströmt, entsteht ein Körper, wenn es sich zerstreut, stirbt ein Körper.« Dieser Satz wird auch für uns erfahrbar, wenn wir uns die Frage stellen, was der Unterschied zwischen einem lebenden und einem toten Körper ist. Unmittelbar nach dem Tod hat sich rein stofflich nichts verändert, der Körper ist noch genau derselbe – und trotzdem fehlt etwas. Wir sagen dann: Die Seele ist fort. Auf diese Weise benennen wir das individuelle Chi eines Menschen, das gleichzeitig Teil des Ganzen ist. Es bezeichnet das Wesentliche, eben das, was das Wesen eines Menschen ausmacht und sich durch den Körper ausdrückt. Verlässt diese Lebensenergie mit dem letzten Atemzug den Körper, zerfällt er allmählich in seine Bestandteile und wird wieder zu Erde.

Das Chi in der chinesischen Medizin

Dass dieses philosophische Gedankengut nicht nur ein theoretisches Gebäude ist, beweist die chinesische Medizin: so zum Beispiel die Akupunktur. Sie basiert auf dem Erfahrungswissen, dass Chi auf Leitbahnen, den so genannten Meridianen, durch unseren Körper fließt und über Akupunkturpunkte harmonisiert werden kann. Ziel dieser Heilmethode: die feinstoffliche Energie zum Fließen zu bringen und Blockaden abzubauen. Sie sind nämlich – das lehrt das jahrtausendealte Erfahrungswissen – der Vorbote von psychischem Unwohlsein und körperlichen Krankheiten.

Die philosophischen Grundlagen, die der traditionellen chinesischen Medizin zugrunde liegen, sind auch die Basis des Feng Shui. Denn die chinesische Philosophie bildet die Grundlage, ihre Übertragung auf das Lebensumfeld nennen wir Feng Shui, die Anwendung im Bereich Gesundheit Traditionelle Chinesische Medizin (TCM). Aber auch hier geht – getreu des ganzheitlichen Weltbildes – eins ins andere über.

Das Chi bewegt sich wie ein mäandernder Fluss in der Landschaft.

Das Unsichtbare erkennen

Feng Shui strebt danach, diese Kräfte und ihre Einflüsse auf unser Leben zu verstehen. Zu diesem Zweck wurde die Natur, ihr ewiges Werden und Vergehen, beobachtet – immer mit dem Ziel, die hinter den Erscheinungen wirkenden Kräfte zu entschlüsseln. Da wir diese Energie aber nicht sehen können, geben Formen und Gestaltungselemente, also zum Beispiel Raumformen und die Lage von Türen und Fenstern darin, Aufschluss über den Fluss dieser für jeden so notwendigen Vitalenergie. Lassen Sie uns also die Fließgesetze des Chi anschauen, wir beginnen auch hier wieder an der Quelle der Betrachtung, der Natur.

Das schöpferische Chi

Die Natur kennt keine geraden Linien, das vitalisierende Chi fließt entsprechend: Es bewegt sich sanft wellenförmig, wie ein mäandernder Fluss in seinem natürlichen Bett. Solch ein Fluss wird die angrenzende Vegetation nähren, weil er einerseits nicht zu schnell fließt und die Erde fortspült, auf der anderen Seite aber auch nicht stagniert und sich in ein stehendes Gewässer verwandelt. Auf die gleiche Weise sollte die Chi-Energie unser Lebensumfeld umspielen und aufladen. Dann hat es, wie man so schön sagt, gutes Feng Shui.

Anzeichen für vitales Chi in der äußeren Umgebung:
- Ursprung von Quellen, die Nähe von Quellen
- sanft fließendes Gewässer (mäandernde Flüsse und Bäche, Seen, Flussbiegungen)
- dort, wo sich landschaftliche Formen abwechseln, zum Beispiel am Übergang von flach zu hügelig, von Yin und Yang (aus der Vereinigung von Yin und Yang kann etwas Neues hervorgehen)
- üppige, saftige Vegetation
- freie Plätze vor Gebäuden (Phönix-Aspekt, heller Saal)
- Springbrunnen (künstliche Quelle)

Sha – die fehlgelenkte Energie

Gerät Chi aus seiner harmonischen natürlichen Bewegung, entsteht Sha-Energie. Sha ist, ganz einfach gesagt, fehlgelenktes, also beschleunigtes, mangelhaftes oder stagniertes Chi. Und das sollten wir meiden, wenn wir harmonisch mit Feng Shui leben wollen.

Chi und Sha sind lediglich verschiedene Ausdrucksformen ein und derselben Energie. Deutlich wird das in der Bezeichnung »Sha-Chi«, wie das Sha auch genannt wird. Steht das vitale Chi für Ausgewogenheit und Harmonie, beschreibt Sha die Abweichungen von der harmonischen Mitte. Entsprechend seiner Ei-

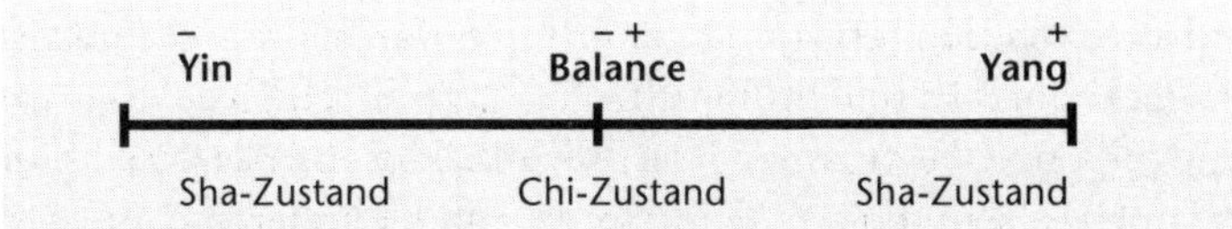

genschaften unterscheiden wir Sha in beschleunigtes und geradliniges (yang-geprägt) und stagniertes Sha (ying-geprägt).

Die Sha-Arten

Lassen Sie uns nun einige Feng Shui-Begriffe vorstellen, die die unterschiedlichen Arten des Sha beschreiben. Die folgenden Phänomene stehen für das Yang Sha. Sie alle haben eines gemeinsam: Die Energie fließt zu schnell, zu geradlinig.

Yang Sha

Vorspringende Ecken und Kanten senden *versteckte Pfeile* aus. Sie vermögen durch ihre Geradlinigkeit und Beschleunigung Ansammlungen von vitalem Chi zu durchdringen. Saßen Sie bei einer Einladung schon einmal an der so genannten »Besucherecke«? Wenn ja, wissen Sie, wie unbehaglich man sich dort fühlt. Der Grund: Die Tischecke bedingt das Entstehen unsichtbarer Energiepfeile, die uns permanent attackieren und unser Wohlbefinden stören. An solch einem Platz bleibt man nur so lange sitzen, wie unbedingt nötig.

Ebenso ungünstig sind laut Feng Shui senkrechte und waagerechte Kanten, wie sie zum Beispiel von Regalen oder Schränken ausgehen. Sie werden mit der schneidenden Kraft eines Schwertes verglichen, weshalb sich auch der Ausdruck *schneidendes Chi* etabliert hat. Arbeitet man mit dem Rücken vor einer Schrankkante, trifft diese aggressive Energie auf uns und beeinflusst unser Befinden maßgeblich. Wir werden uns gestört fühlen und wesentlich mehr Kraft aufwenden müssen, um uns zu konzentrieren.

Vermeiden Sie daher solche ungünstigen Positionen und achten Sie auf:

- Ecken und Kanten von Möbeln,
- Deckenbalken und Stützpfeiler,
- Dach- und Hauskanten von Nachbarhäusern, die direkt auf Ihr Haus zeigen,

- Kirchturmspitzen, Laternenmasten und so weiter,
- schroffe, kantige Berge.

Energieautobahnen entstehen durch räumliche Strukturen, die das Chi in eine gerade Bewegung zwingen mit der Folge, dass es stetig an Eigendynamik zunimmt und sich permanent beschleunigt. Einen Eindruck bekommen wir von der Wirkung, wenn wir uns einen Tunnel vorstellen, in dem wir stehen. Durch die lange und schmale Form entsteht ein Windkanal, den wir als Zugluft spüren. Energieautobahnen beschreiben das gleiche Prinzip, allerdings auf der feinstofflichen Ebene. Deshalb sind die Wirkungen nicht unmittelbar körperlich spürbar, beeinflussen aber dennoch unser emotionales Wohlbefinden.

Energieautobahnen entstehen:

- auf langen und engen Fluren und in ebensolchen Räumen,
- zwischen Tür und Tür, Fenster und Fenster und Tür und Fenster,
- auf schnurgeraden Straßen und Wegen, geradlinig verlaufenden Flüssen, geraden Brücken, Bereichen zwischen eng stehenden Häusern und so weiter.

Yin Sha

Kommen wir nun auf das Yin-geprägte Sha zu sprechen, es steht für Stagnation und Mangel. Chi stagniert, wenn es sich nicht mehr erneuern und Verbrauchtes nicht mehr abgeben kann. Deshalb sind Abstellkammern und Räume ohne Fenster potentielle Quellen von Yin-Sha. Darüber hinaus finden wir auch innerhalb von Räumen Bereiche, die zur Stagnation neigen, so zum Beispiel Zimmerecken. Überlegen Sie einmal selbst, wenn Sie etwas verstauen wollen, wo stellen Sie es gerne ab?

Um Stagnation zu vermeiden, achten Sie auf:

- Zimmerecken,
- Abstellkammern (Stauraum),

- Räume, die nur über eine Tür, aber kein Fenster verfügen,
- Räume, die nicht oder nur sehr wenig bewohnt werden,
- Häuser, die lange Zeit leer stehen,
- jede Art von Unordnung (materialisierte Stagnation),
- übervolle Mülltonnen,
- tiefe Senken oder eingeschlossene Standorte,
- stehende Gewässer,
- sehr windige Orte (Chi kann sich nicht halten, wird zerstreut, was zu einem Mangel an Chi führt),
- unmittelbare Nähe zu Friedhöfen und Krankenhäusern.

Chi und Sha in der Praxis

Während die Chi-Energie für Harmonie und Ausgewogenheit steht, wird der Sha-Zustand durch Mangel, Stagnation oder zu starke Beschleunigung gekennzeichnet. Eigentlich ist Feng Shui die Lehre von den Energiebewegungen. Sind wir in der Lage, in unserem Lebensumfeld viel vitales Chi anzuziehen, so werden wir auch Erfolg im Privat- und Berufsleben haben und damit Fülle und Wohlstand anziehen.

An einem Sha-bestimmten Ort dagegen können wir kein glückliches und erfülltes Leben führen, denn beides, der Mangel an gesundem Chi, aber auch der Überfluss in Form von beschleunigtem Sha-Chi, muss sich auch in unserem Leben spiegeln. So wird ein Energiemangel sich in einem Verlust an Kraft zeigen. Ebenso kann ein Energieüberfluss die Ursache dafür sein, dass wir unsere Kräfte zerstreuen und uns nicht mehr auf ein Ziel hin konzentrieren können. Mit der Folge, dass unsere Chancen »hinwegfließen«. Sitzen wir darüber hinaus mit unserem Schreibtisch inmitten einer Energieautobahn, so werden wir mehr Energie aufwenden müssen, unsere Aufgaben zu erfüllen. Leben wir in einem Haus mit vielen versteckten Pfeilen, die die Bewohner permanent attackieren, so könnten – laut Feng Shui – häufige Streitigkeiten oder gar ein Auseinanderbrechen der Familie die Folge sein.

Energiebewegung in Räumen

1. Die Energie Chi soll sich sanft schlängelnd durch den Raum bewegen.

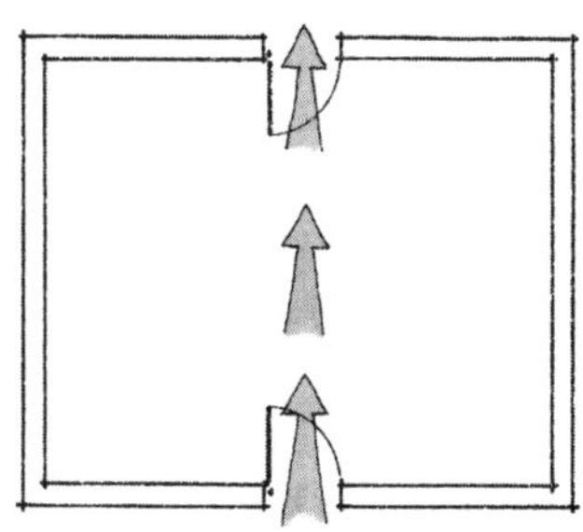

2. Liegen Türen und Türen, Fenster und Türen oder Fenster und Fenster unmittelbar gegenüber, so beschleunigt sich das Chi, und es kommt zur so genannten Energieautobahn.

Lösung: Energie bremsen und wieder in den natürlichen Fluss bringen (diagonal gelegte Teppiche, quer gestreifte Teppiche, geschickt platzierte Pflanzen, Fenster symbolisch schließen).

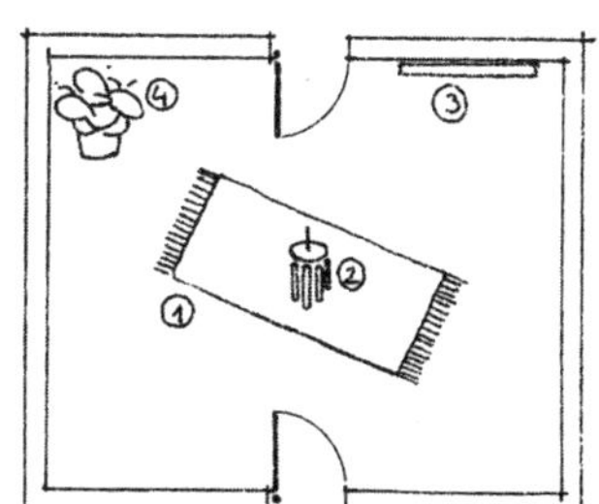

① TEPPICH
② ZENTRUM AKTIVIEREN
③ AUSGLEICH BILD
④ AUSGLEICH PFLANZE

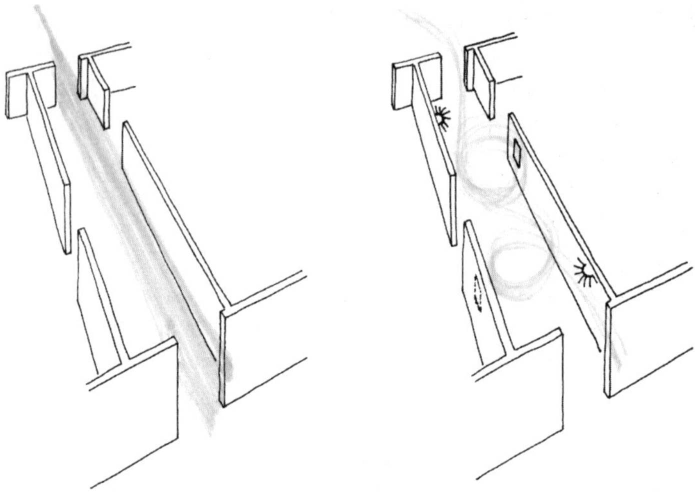

3. Auch in langen und schmalen Fluren oder Zimmern beschleunigt sich aufgrund der räumlichen Situation die Energie (Energieautobahn). Vergleichbar ist das mit dem »Tunneleffekt«, wobei es immer zieht. Der energetische Zug in unserem Beispiel ist allerdings sehr subtil.

Lösung: Abwechselnd links und rechts versetzte Bilder, Lampen oder Pflanzen bremsen das Sha und bringen Chi wieder in den natürlichen Fluss zurück, ebenso wie quer gestreifte oder gemusterte Teppiche.

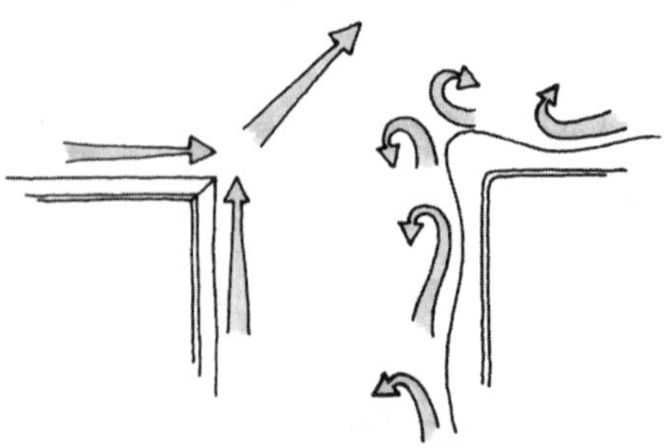

4. Ecken: Bei jeder Ecke stoßen die Energien aus zwei Richtungen zusammen und lassen versteckte Pfeile entstehen, die geradezu in den Raum schießen. Vor solch einer Ecke sollte man sich nicht

aufhalten. Die unsichtbaren Pfeile attackieren uns permanent und zerstreuen unser Chi: Das kann sich als Nervosität, Aggressivität, Konzentrations- und Schlafstörungen bemerkbar machen. Ein gutes Beispiel ist die Besucherecke am Tisch, an der nie jemand sitzen will.

Ausgleich: Bei Tischen die Ecken abrunden, in Zimmern Pflanzen vor die Ecken stellen oder hängen.

5. Kanten: Eine ähnliche Wirkung entsteht bei Kanten – zum Beispiel von Regalbrettern. Sie erzeugen ebenfalls schneidendes Chi, das jedoch – anders als die Ecken – aufgrund des Kantenverlaufs über die gesamte Kante abgestrahlt wird.

Ausgleich: Abgerundete Kanten mildern den Effekt, Rankpflanzen, Bänder, Borten …

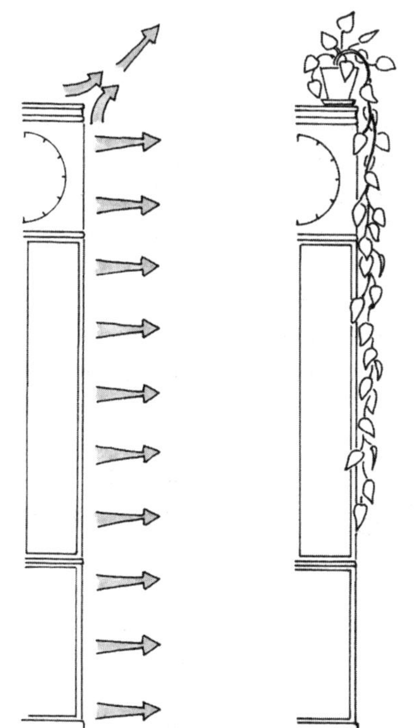

Von den Kanten dieser Standuhr gehen versteckte Pfeile aus. Sie wurden durch eine Rankpflanze harmonisiert.

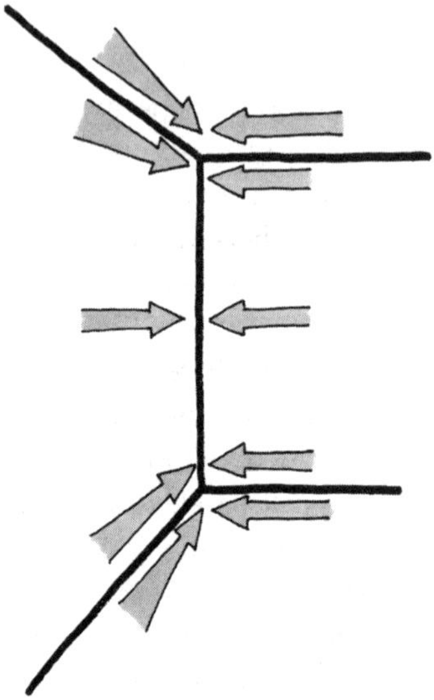

6. Raumecken: Im Feng Shui heißt es, dass in Raumecken die Energie stagniert. Durch die beiden rechtwinklig aufeinander treffenden Wände entsteht ein Vakuumeffekt. Sitzen wir im Einflussbereich einer solchen Ecke, wird uns Energie abgesaugt.

Ausgleich: Diese Raumecken sollten gefüllt werden. Ideal wäre ein Eckschrank, Licht, hohe Pflanzen oder senkrechte Stoffbahnen. Auf jeden Fall sollte man darauf achten, dass die Ecken aufgeräumt sind und sich der Stau nicht in Form von alten, abzustellenden Dingen manifestiert.

In alten Häusern fließt das Chi

In alten Häusern finden wir häufig die abgerundeten Wandkanten und Raumecken. Es ist erstaunlich, wie diese Technik Räume verzaubert. Sogar neu gebaute Häuser wirken auf Anhieb belebt und strahlen eine Wohlfühlatmosphäre aus. Diese schöne und sinnreiche Tradition nehmen wir bei der Planung von Feng Shui-Häusern stets mit auf.

Feng Shui-Praxisübung:

Fragen Sie sich, wenn Sie Ihre Umgebung mit Feng Shui-Augen betrachten: Wie fließt das Chi? Fließt es zu schnell, zu langsam oder stagniert es und wird zu Sha? Dieses grundlegende Prinzip von Chi und Sha hat im Feng Shui absolute Priorität. Es ist die Grundlage, auf der jede weiterführende Analyse erfolgt.

Yin und Yang

Nach dem Chi kommen wir nun zur zweiten Ebene des Feng Shui: dem Zwillingspaar Yin und Yang. Die Yin-und-Yang-Theorie gehört zu den ältesten Ordnungssystemen Chinas. In alten Überlieferungen finden wir als wörtliche Übersetzung für Yin »bedecktes Wetter an einer Bergseite« und Yang, was sich mit »Sonnenseite eines Berges« übertragen lässt.

Mit diesem sehr anschaulichen Wortbild verbinden wir sofort Eigenschaften, die uns die polaren Kräfte Yin und Yang näher bringen. Stellen wir uns den Berg vor, so wissen wir: An seiner Schattenseite wird es eher kühl und dunkel sein, der Boden ist feucht, es herrscht eine ruhige Atmosphäre. Was aber geschieht auf der anderen, der sonnigen Seite? Hier herrscht eine lebhafte Stimmung, Insekten summen, Vögel zwitschern, es ist warm, sonnig, hell und trocken. Beide Seiten des Berges existieren nebeneinander und bedingen einander, sie sind zwei Seiten und zusammen eins. Über eine größere Zeitspanne gesehen stehen die Bergseiten symbolisch für den Wechsel von Tag und Nacht. Erweitern wir das Zeitmaß, so wird Yang mit dem Sommer und Yin mit dem Winter verbunden. Denn die Yin-und-Yang-Theorie geht von der Wahrnehmung eines allumfassenden und deshalb allen Dingen innewohnenden Charakters der Gegensätzlichkeit und gegenseitigen Ergänzung aus. Durch die unterschiedlichen Zustände beider Energien entsteht zwischen ihnen eine Spannung, die die Bewegung und damit das Leben ermöglicht. Den Rhythmus des Lebens finden wir überall: im Wechsel von Tag und Nacht, im Wandel der Jahreszeiten, ebenso auf der körperlich-psychischen Ebene. Denn jedem Einatmen muss das Ausatmen folgen, erlischt dieser Rhythmus, sind wir nicht mehr lebensfähig.

Die folgende Tabelle, die unendlich erweitert werden könnte, zeigt, dass die Vorstellung von Yin und Yang alle Erscheinungen der materiellen und geistigen Welt durchzieht.

Yin und Yang – die sonnige und die schattige Seite eines Hügels.

Yin	***Yang***
Erde	Himmel
Winter	Sommer
rund, oval	spitz
weiblich	männlich
innen	außen
Nacht	Tag
Ruhe	Aktivität
Schatten	Licht
Intuition	Intellekt
tief	hoch
Kälte	Hitze
unten	oben
weich	hart
emotional	rational

Yin und Yang sind voneinander abhängig, keines kann ohne das andere existieren: kein Licht ohne Dunkelheit, kein Tag ohne Nacht, kein Leben ohne Tod und kein Mann ohne Frau. Alle Erscheinungen der materiellen und nichtmateriellen Welt sind durch Yin und Yang in unterschiedlichen Ausprägungen geschaffen. Doch keines ist rein Yin oder Yang, jedes Yin trägt immer einen Anteil Yang in sich, jedes Yang einen Keim von Yin. Dieser Gedanke wird auch im klassischen Yin-Yang-Symbol deutlich (siehe Seite 113), wenn wir im schwarzen Yang den hellen Punkt für Yin finden und umgekehrt.

Oberstes Ziel der chinesischen Philosophie und damit auch im Feng Shui ist die Erlangung des Gleichgewichtes von Yin und Yang. Dieses Gleichgewicht wird »Tao« genannt und bedeutet: »Der Weg«. Und diesen Weg der Harmonie sollte der bewusste Mensch durch sein Tun (und Nicht-Tun) beschreiten, zur rechten Zeit, im Einklang mit dem Himmel (Yang) und der Erde (Yin).

Was bedeuten Yin und Yang in der Praxis des Feng Shui?

Die bewusste Miteinbeziehung des Wechselspiels der polaren Energien stellt ein wesentliches Feng Shui-Gestaltungsmittel dar, und es ist selbstverständlich, die Planung und Einrichtung eines Raumes seinem Zweck anzupassen.

Um Yin und Yang zu verstehen, ist es wichtig, die ursprünglichen Eigenschaften (Yin = aufnehmend, nach innen gerichtet; Yang = standhaltend, nach außen wirkend) zu betrachten. Aus dieser Definition ergeben sich die anderen Analogien. So ist ein Teppich mehr Yin als ein Holzboden, weil der Teppich nachgibt, also wörtlich gesagt »unseren Fuß aufnimmt«. Ein Holzboden dagegen gibt – im Vergleich zum Teppich – nicht nach, er ist härter, entspricht also in diesem Fall dem Yang-Prinzip.

Farben im System von Yin und Yang

Warme Farben haben Yang-Charakter, denn sie strahlen vermehrt Chi ab, ja, sie scheinen auf uns zuzustreben. Diesen Chi-Zustrom in Räumen fühlen wir als Wärme und Geborgenheit. Zu den Yang-Farben zählen Rot-, Orange- und Gelbtöne. Ihre vermehrte Chi-Abstrahlung hat auch noch eine andere Nebenwirkung. Werden die Wände von Räumen in warmen Farben gestrichen, wirken sie optisch kleiner – eine logische Folge des »In-den-Raum-Hineinstrebens« der Energie. Der physikalische Grund dafür: Die Wellenlängen der Yang-Farben sind länger als die der Yin-Farben.

Kühle Farben dagegen sind Yin-Farben, sie streben von uns fort. Aus diesem Grund rufen sie eine kühle bis distanzierte Atmosphäre hervor. Eine logische Folge dieser Energiebewegung – mit Yin-Farben gestaltete Räume erscheinen größer, als sie tatsächlich sind. Zu den kühlen Farben gehören Grün-, Blau- und Violett-Töne, wobei Grün in seinen Wirkungen stark variieren kann. Ein Blaugrün wirkt eher yin-betont, Gelbgrün strahlt im Vergleich mehr Wärme aus und hat deshalb eher eine Yang-Farbwirkung.

Schwarz und Weiß

Den stärksten Kontrast bilden Schwarz und Weiß. Beide symbolisieren die polaren Energien, Schwarz steht damit für das Aufnehmen und den weiblichen Yin-Aspekt. Keine andere Farbe schluckt so viel Lichtenergie wie sie, weshalb sie nur akzentuiert und sparsam im Wohnraum eingesetzt werden sollte. Weiß dagegen gilt zu Recht als eine ideale Ausgangsbasis für die Farbgestaltung, denn es wirkt immer neutral und lässt jede andere Farbe im hellen Licht erstrahlen. Der Grund: In Weiß ist jede Farbe enthalten.

Helle Farben steigern unsere Laune, weil sie mehr Lichtvitalität reflektieren. Mit ihnen können wir eine aktive und fröhliche Atmosphäre schaffen. Alle Farben können wir mit Weiß aktivieren, das heißt yangisieren.

YIN UND YANG

	Geschäftliche Aktivitäten	Geräusche	Gefühle	Körperlicher Zustand
Yang	Verkauf	Techno-Musik	schnell wütend	steif
	Produktion	laute, rhythmische Musik	reizbar	verspannt
	Management	Rock-Musik	fixe Ideen	
	Public Relations	Pop-Musik	engstirnig	
			präzise	energisch
	Buchführung	Klassische Musik	aufmerksam	flexibel
			kreativ	geschmeidig
	Personal	Meditationsmusik	phantasievoll	schnell müde
		Naturklänge	unkonzentriert	kalt
	Kreativität	fließendes Wasser	faul	
			pessimistisch	schwach
Yin	Phantasie	Stille	depressiv	lethargisch
	Fußböden	**Farben**	**Formen**	
Yang	Granit	Weiß	Dreieck	
	Marmor	Rot	stehendes Rechteck	
	Keramik	Orange	liegendes Rechteck	
	Eichenholz	Gelb	Quadrat	
	Bambus	Grün	Oval	
	Kiefernholz	Türkis		
	heller Teppich	Blau	Kreis	
	Teppich	Braun	Halbkreis	
Yin	dunkler Teppich	Schwarz	wellenförmig	

Dunkle Farben absorbieren das Licht und werfen logischerweise weniger zurück. Darum verbreiten sie eine gedämpftere Stimmung. Dunkle Farben können richtig eingesetzt aber auch eine gemütliche Atmosphäre erschaffen. Tönen wir Farben mit Schwarz ab, mindern wir ihre Chi-Energie, das heißt wir »yinisieren« sie.

Auf Seite 129 finden Sie Yin-und-Yang-Entsprechungen, die auf verschiedene Themen übertragen wurden. Da Yin und Yang aber niemals fest sind, sondern immer in Relation zueinander stehen, ist der vertikale Verlauf von oben nach unten in jeder Spalte als Entwicklung vom Yang- zum Yin-Prinzip zu verstehen.

Die Fünf-Elemente-Theorie

Die Fünf-Elemente-Lehre entstand einst aus dem Bedürfnis heraus, die Erscheinungen der sichtbaren und unsichtbaren Welt einzuteilen mit dem Ziel, die ewigen Gesetze des Werdens und Vergehens zu verstehen. Um das zu erreichen, musste der Kern dieser Lehre grundlegend und allumfassend sein, nur dann konnte er auf alle anderen Ebenen des Lebens übertragen werden. Also beobachtete man die Natur und die ihr innewohnenden Kräfte. Man erkannte: Die Lebensenergie Chi bewegt sich entweder nach oben oder unten, nach innen oder außen oder aber horizontal rotierend. Auf diese Weise gelang es, allen materiellen und unsichtbaren Erscheinungen der Welt eine grundlegende Energiebewegung zuzuordnen. Als anschaulichstes Beispiel wählte man die Fünf Naturphänomene: *Holz, Feuer, Erde, Metall* und *Wasser.*

Mit der Fünf-Elemente-Lehre (Wu-xing-shuo) lernen wir ein System zur differenzierten Feng Shui-Analyse kennen. Viele verbinden mit dieser Theorie ausschließlich ihre »körperlichen« Repräsentanten, die Elemente Holz, Feuer, Erde, Metall und Wasser. Tatsächlich aber sind die bekannten Fünf Naturphänomene

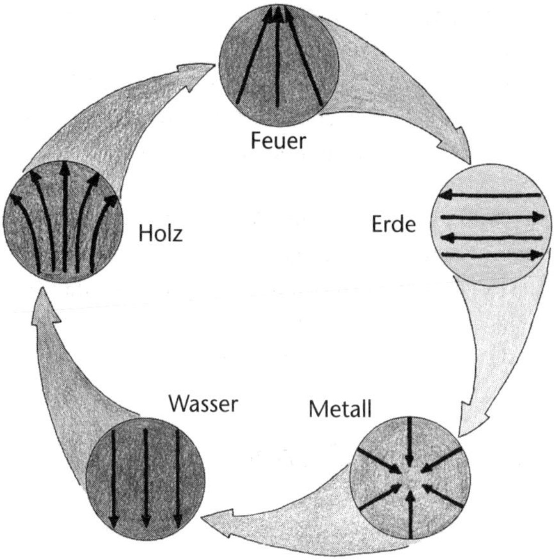

Zyklus der Elemente mit Energiebewegung und Energiepfeilen

»nur« eine Übertragung grundlegender Energien auf diese Naturerscheinungen. Wörtlich übersetzt heißt Wu-xing »fünf Gehweisen«. Und das beschreibt sehr viel deutlicher, worum es hier geht: um das Studium der Energiebewegungen und nicht – wie es der europäische Ausdruck »Elemente« vermuten lässt – um den Teil einer Sache. Trotzdem wollen wir bei dieser inzwischen gängigen Bezeichnung bleiben.

Lassen Sie uns einen kleinen Streifzug durch die Natur machen, der das Prinzip dieser Lehre verdeutlichen soll. Im Frühling beginnt nach einem langen Winterschlaf die Natur zu erwachen. Alles grünt und ist von neuem Leben erfüllt. Nach der grauen Zeit, in der sich die Natur zurückzog, sprießt sie nun mit neuer

Kraft empor. Sinnbild dieses Prozesses ist das Element Holz, das wie der Baum für die nach oben strebende Energiebewegung steht. Auf der Zeitebene steht das Element Holz also für den Frühling, für das Erwachen und den Neubeginn in der Natur, weshalb auch hier die Zuordnung der expandierenden, aufwärts strebenden Energie einleuchtend ist. Konzentrieren wir uns auf eine kleinere Zeitspanne, so steht die Holz-Energie für den Morgen und den Neubeginn des Tages, an dem die Sonne im Osten aufsteigt.

Auf die Ebene der Formen übertragen stellt der Baum das Hohe und Aufrechte dar, Formen, die die aufwärts gerichtete Energie spiegeln.

Nach diesem Prinzip kann alles im Himmel und auf der Erde einer der fünf Wandlungsphasen zugeordnet werden. Folgende Ebenen sind analog mit den Elementen verknüpft:

- Himmelsrichtungen,
- Jahreszeiten,
- Farben,
- Formen,
- Materialien,
- Und in der TCM: die Organsysteme, die Emotionen, Eigenschaften und Geschmacksrichtungen.

Einige der oben genannten Punkte lassen die enge Verknüpfung der Fünf-Elemente-Theorie mit der Traditionellen Chinesischen Medizin erkennen. Denn jedem Element werden auch bestimmte Organsysteme, Emotionen, Eigenschaften und Geschmacksrichtungen zugeordnet.

Die wichtigsten Analogien, darunter auch die Übertragung auf typische Landschafts- und Gebäudemerkmale, finden Sie in der folgenden Tabelle.

Element	Holz	Feuer	Erde	Metall	Wasser
Jahreszeit	Frühling	Sommer	Spätsommer	Herbst	Winter
Tageszeit	Morgen	Mittag	früher Nachmittag	Nachmittag	Abend
Himmels-richtung	Osten	Süden	Mitte	Westen	Norden
Energie-Bewegung	nach oben/außen	nach oben schießend	horizontal um die Achse	nach innen	nach unten
Elementar-farbe	Grüntöne, Blaugrün	Rottöne	Gelbtöne, Braun, Beige	Weiß, Silber, Grau, Gold	Blau, Schwarz
Form	hoch, aufrecht, zylindrisch, stehende Rechtecke	spitz, dreieckig	flach, quadratisch, liegende Rechtecke	rund und oval, halbrund, kuppelförmig	unregelmäßig, wellenförmig
Umgebung	Wälder, hohe aufrechte Berge	spitze Berggipfel	Plateaus, flache Hügel	hügelige Landschaften	Meer, Seen, Bäche, Kanalsysteme
Gebäude-merkmale	Hochhäuser, Türme, Fabrikschornsteine, Säulenkonstruktionen, Grundform »stehendes Rechteck«	Spitzdächer, (Kirch-) Türme, Grundform »Dreieck«	Flachdächer, ausgeprägte horizontale Linien, Grundform: »liegendes Rechteck« oder »Quadrat«	Kuppelbauten, gewölbte Grundformen, Bogenkonstruktionen	unregelmäßige Bauformen, Gebäude mit viel Glas, vielen Anbauten, die nicht einem Element zugeordnet werden können
Materialien	Holz, Kork, Korbwaren, Bambus	Kunstleder, Plastik	Terrakotta, Keramik, Porzellan	Gold, Silber, Kupfer, Messing, Eisen	Glas
Muster	vertikale Streifen	Dreiecke, Zackenlinien	marmoriert, horizontale Streifen	Punkte, Bögen, Halbkreise	Wellenlinien, uneinheitliche Muster
Möbel	säulenförmige, hohe aufrechte Möbel, Material: Holz- und Rattanmöbel	Möbel mit dreieckigen Grundformen, Material: Kunststoffmöbel	niedrige Bänke, Truhen, Schränke	Möbel mit runden und halbrunden Formen, Material: Stahlschränke, Metallregale, Metalltische	Möbel mit unregelmäßigen Konturen, Material: Möbel mit viel Glas

Element	Holz	Feuer	Erde	Metall	Wasser
Geschmacksrichtungen	sauer	bitter	süß	scharf	salzig
Pflanzenwuchsformen	nach oben sprießend, Hochstämme, Bonsai	Pflanzen mit der Grundform des Dreiecks, spitzblättrige Pflanzen	flache, lagernde Wuchsformen, die sich horizontal ausdehnen	rundblättrige Pflanzen, kugelförmig geschnittene Pflanzen	unregelmäßig, nach unten hängend, wellige Wuchsformen
Sinnesorgan	Augen	Zunge	Mund	Nase	Ohren

Anmerkung: In der Tabelle der Entsprechungen steht für das Element Feuer als Materialzuordnung Plastik. Der Grund: Es gibt keine typischen natürlichen Materialien, die dem Feuerelement zugeordnet werden können. Feuermaterialien entstehen durch die äußere Einwirkung von Feuer, durch chemische und physikalische Prozesse. Wir wollen an dieser Stelle den Irrtum aufklären, dass Plastik konsequent als Feuerentsprechung eingesetzt werden sollte. Im Gegenteil: Es ist erwiesen, dass diese künstlichen Materialien das Chi-Niveau eines Raumes und damit auch das der Bewohner senken. Grundsätzlich empfehlen wir natürliche Materialien! Wenn Sie also das Element Feuer einbringen möchten, wählen Sie eine andere Ebene, zum Beispiel die der Farbe oder als direkte Entsprechung des Feuerelementes die Kerze.

Die Wandlungsphasen der Fünf Elemente

Jedes der Fünf Elemente hat einen engen Bezug zum anderen, ja sie bedingen einander und lösen sich in Wandlungsphasen zyklisch ab. An dieser Stelle möchten wir die zwei wichtigsten Zyklen vorstellen: den Schöpfungs- und den Kontrollzyklus.

Der Schöpfungszyklus

Befinden sich alle Elemente im Gleichgewicht, nährt ein Element das andere. Diesen Zyklus nennen wir den Schöpfungszyklus. Im Schöpfungszyklus geht jeder Elementarenergie eine andere voraus, die sie nährt und deshalb als »Mutter« bezeichnet wird. So ist das Holz die Mutter des Feuers, weil Holz (durch Verbrennen) das Feuer nährt. Die aufsteigende und wärmende Energie des Feuers wiederum unterstützt die Erdenergie, weil das Feuer durch seine Asche die Erde ernährt. Wandelt sich die Erde, indem sie an Festigkeit zunimmt, entsteht Metall. Folgt Metall seiner Natur und zieht sich immer weiter zusammen, so entsteht durch Kon-

Schöpfungs- und Kontrollzyklus

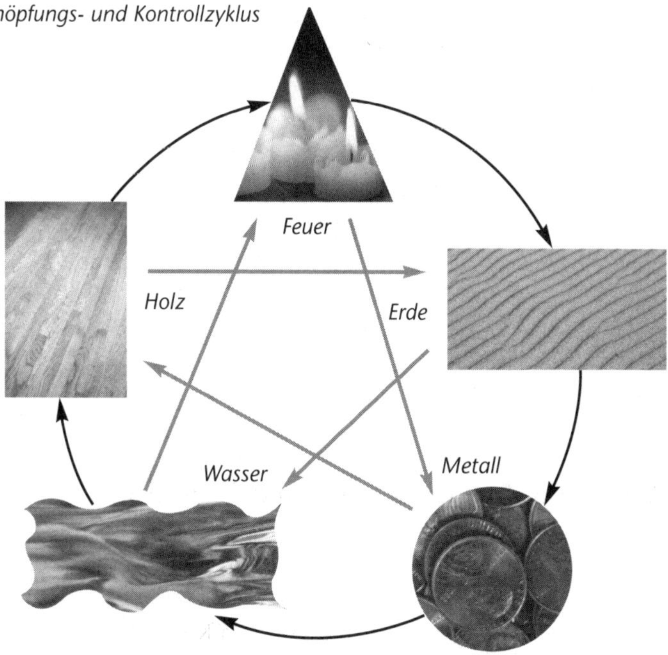

densation das Element Wasser, das natürlicherweise nach unten fließt und deshalb auch diese Energiebewegung symbolisiert.

Der Kontrollzyklus

Wird die Energie eines Elementes zu stark, ist das Gleichgewicht im Schöpfungszyklus gestört. Nun setzt der destruktive Kontrollzyklus ein. Die wachsende Energie der »Mutter« kann nicht mehr vollständig von ihrem »Kind« aufgenommen werden. Der Energieüberschuss des »übergewichtigen« Elementes sucht nun den Ausgleich und gibt seine Energie an das übernächste Element ab, das davon geschwächt wird.

Die Elemente und ihre Beziehungen

Elemente	Schöpfungszyklus	Kontrollzyklus
Holz	• wird genährt von Wasser (als Wachstumselement) • und nährt das Feuer (durch Verbrennen)	• kontrolliert die Erde (durch Nährstoffentzug) • wird zerstört von Metall (durch Zersägen, Zerhacken)
Feuer	• wird genährt von Holz (durch Verbrennen) • und nährt die Erde (durch Asche)	• es kontrolliert Metall (durch Schmelzen) • wird kontrolliert von Wasser (durch Löschen)
Erde	• wird genährt von Feuer (durch Asche) • nährt Metall (durch Hervorbringen)	• kontrolliert das Wasser (durch Aufsaugen) • wird kontrolliert von Holz (durch Nährstoffentzug)
Metall	• wird genährt von Erde (durch Hervorbringung) • nährt Wasser (durch Verflüssigung)	• kontrolliert Holz (durch Axt, Säge) • wird kontrolliert von Feuer (durch Schmelzen)
Wasser	• wird genährt von Metall (durch Verflüssigung) • nährt Holz als Wachstumselement	• es kontrolliert Feuer (durch Löschen) • wird kontrolliert von Erde (durch Aufsaugen)

Ein Beispiel: Ist die Wasserenergie zu stark, kann sie von ihrem »Kind«, dem Holz, nicht mehr aufgenommen werden. Stattdessen gibt das Wasser den Überschuss nun an das Feuer ab, das jedoch von der Wasserenergie im »Überfluss« gelöscht wird. Um den destruktiven Zyklus wieder in den harmonischen Schöpfungszyklus zu verwandeln, muss das vermittelnde Element, in diesem Fall Holz, gestärkt werden. Dann kann es das Wasser aufnehmen, es in Holzenergie transformieren und für das nächstfolgende Element, das Feuer, vorbereiten und schließlich abgeben.

Wissen wir um die Eigenschaften und Beziehungen der Elemente zueinander, können wir die auf ein Gebäude und damit auch auf die Bewohner wirkenden Einflüsse (Umgebung, Einrichtung, Farbgestaltung und so weiter) erkennen und eventuelle Disharmonien ausgleichen. Sie entstehen, wenn die einzelnen Elemente nicht ausgewogen vertreten sind und deshalb der Kontrollzyklus einsetzt. Indem das vermittelnde Element (es steht im Schöpfungszyklus zwischen ihnen) eingebracht wird, kann die energetische Balance wieder hergestellt werden.

Die fünfte Jahreszeit

Die Chinesen kennen eine fünfte Jahreszeit. Es ist der Spätsommer, der dem Element Erde zugeordnet wird. Das Element Erde steht für die energetische Mitte. In einigen alten Abbildungen wurde es auch in der Mitte dargestellt. Als energetische Waage erscheint es auch zwischen den Jahreszeiten, genauer gesagt jeweils 21 Tage bevor eine neue Jahreszeit beginnt. Und so lautet auch eine Empfehlung der chinesischen Medizin, durch bewusste Ernährung in dieser Zeit die Organe Magen und Milz zu stärken, sie sind nämlich die körperlichen Entsprechungen des Elementes Erde.

Analyse der Elemente in der Praxis

Wie erkennen wir nun beispielsweise, welche Elementareigenschaften ein Gebäude bestimmen? Worauf sollten wir unser Hauptaugenmerk legen, wenn es doch so viele Entsprechungen der Elemente gibt? Hier nun die Prioritätenliste:

1. ***Form***
2. ***Farbe***
3. ***Material***

Zu 1.: Bei der Formenbestimmung sollten Sie immer die Gesamtumrisse eines Objektes betrachten. Siehe dazu auch die Abbildungen auf der Seite 140ff.

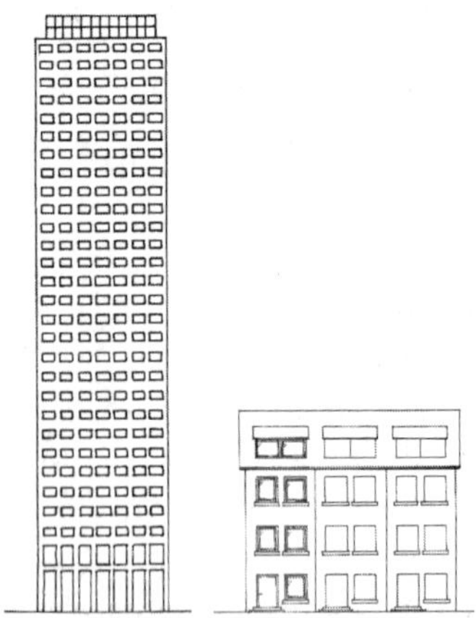

Ein typischer Vertreter des Holzelements ist das Hochhaus.

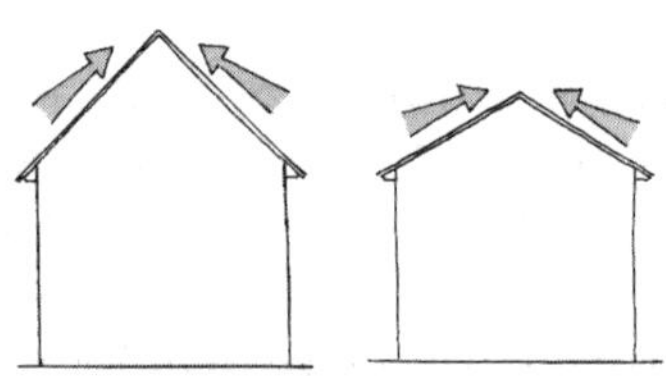

Mit zunehmendem Neigungswinkel wird die Energie immer mehr nach oben gesogen.

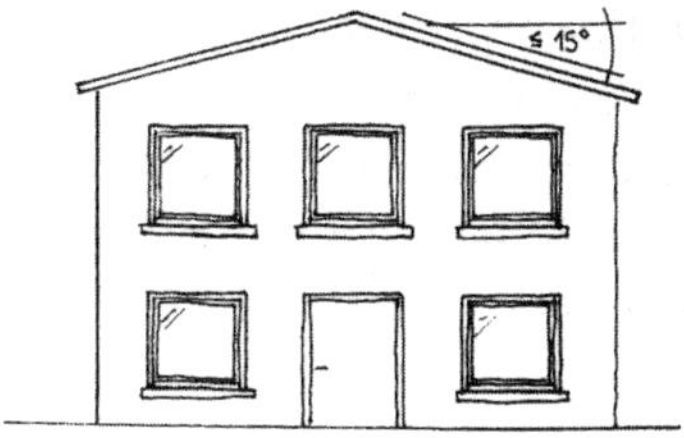

Satteldächer mit einem Neigungswinkel von 15° gehören zum Element Erde.

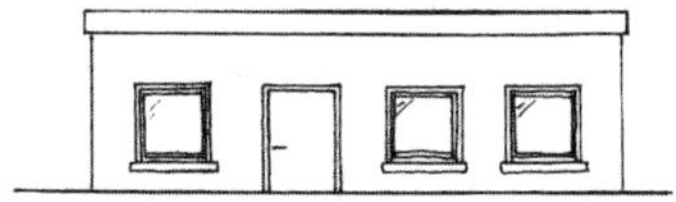

Bungalows mit Flachdächern sind typische Vertreter der Erdenergie.

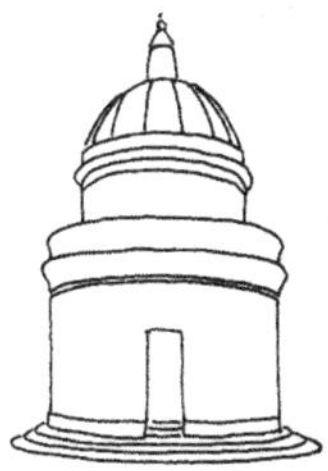

Rechts: Ein Kuppeldach wird die Energie im Haus sammeln, das bietet den Bewohnern ein Mehr an Energie, Kraft und Möglichkeiten.
Links: Analog tritt dieser Effekt auch bei Bogenformen jeder Art auf.

Zu 2.: Die zweite Priorität bei der Elementaranalyse ist die Farbe. Hier wird jeweils nur diejenige zur Analyse herangezogen, die für das Objekt maßgeblich bestimmend ist. Ein Blautürkis zum Beispiel enthält zwar einen Anteil Grün, ist aber von der Grundfarbe eher dem Blau zugeordnet.

Zu 3.: Das Material steht bei der Bewertung der Elementareigenschaften in der Prioritätenliste ganz unten, denn wie ein Objekt auf uns wirkt und sich auswirkt, wird tatsächlich zunächst von seiner Grundform bestimmt. Nehmen wir als Beispiel einen Schulungsraum, in dem viele Holztische in U-Form angeordnet stehen. Der Eindruck, den der Raum ausstrahlt, würde durch die starken horizontalen Grundlinien der niedrigen nebeneinander stehenden Tisch bestimmt. Nicht das Aufstrebende, also die für das Holz typische Energiebewegung ist entscheidend, sondern die starken waagerechten, dem Erdelement zuzuordnenden Strukturen sind raumbestimmend. Das Material ist in diesem Zusammenhang die innere Struktur, das Innere einer Form und damit der Form zugeordnet.

Beachten Sie:
An diesem Beispiel wird wieder deutlich, wie wichtig es ist, im Feng Shui immer auf die ursprüngliche Energieebene, in diesem Fall auf die Energieflüsse der Elemente zu gehen. Sie sind die Basis, die körperlichen Elemente stellen nur Verkörperungen dar, die in ihrer natürlichen Form dem gleichen Energieflussprinzip entsprechen.

So arbeiten Sie mit den Fünf Elementen
Der Grundsatz bei der Elementaranalyse lautet:
- fehlende Elemente einbringen,
- schwache Elemente stärken,
- zu stark vertretene Elemente mindern.

Die Entsprechungen des Holzelements

Farbe: Grün und Grüntöne
Form: hoch, aufrecht, säulenförmig, stehendes Rechteck
Energiebewegung: nach oben/außen

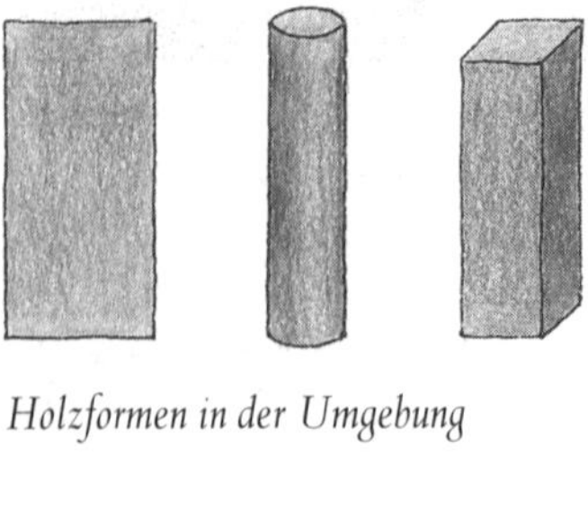

Holzformen in der Umgebung

Die Entsprechungen des Feuerelements

Farbe: Rot und Rottöne

Form: Dreieck, Spitzen

Energiebewegung: spitz nach oben

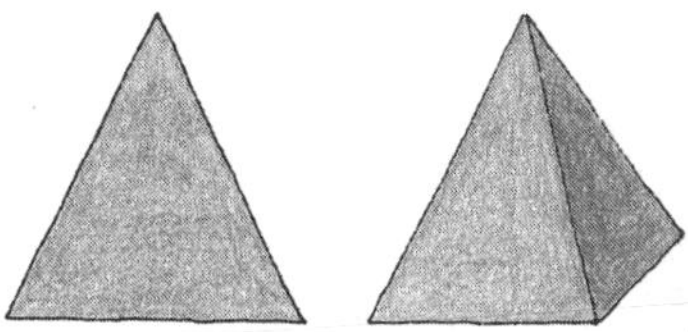

Feuerformen in der Umgebung

Die Entsprechungen des Erdelements

Farbe: Gelb, Orange, Braun, Beige

Form: flach, quadratisch, liegendes Rechteck

Energiebewegung: waagerecht, horizontal

Erdformen in der Umgebung

Die Entsprechungen des Metallelements

Farbe: Weiß, Grau, Silber, Gold
Form: kuppelförmig, kreisförmig, oval
Energiebewegung: nach innen, sich verdichtend

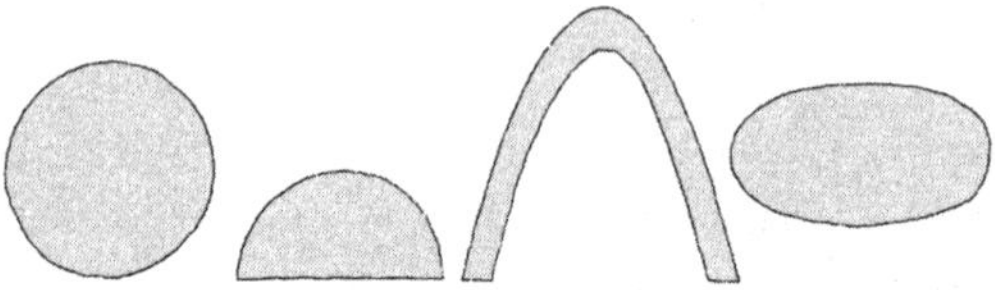

Metallformen in der Umgebung

Die Entsprechungen des Wasserelements

Farbe: Blau und Schwarz
Form: unregelmäßige Formen, wellenförmig
Energiebewegung: nach unten fließend

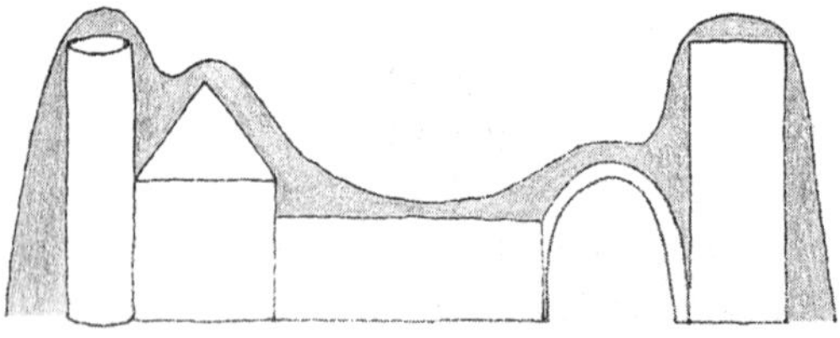

Wasserformen in der Umgebung

Das I Ging und seine Trigramme

Mit den Trigrammen schließen wir nun unseren kleinen philosophischen Grundlagenkurs ab, denn mit ihnen nähern wir uns in großen Schritten einem praktischen Analyseinstrument im Feng Shui, dem Bagua.

Bagua (oder auch: Pa Kua) heißt »Acht Trigramme«. Und so müssen wir, wollen wir das Bagua im Kern verstehen, uns mit den Eigenschaften der Trigramme auseinander setzen.

Alle Erscheinungen der sichtbaren und unsichtbaren Welt bewegen sich zwischen den beiden Polen Yin und Yang. Deshalb lassen sich die Veränderungen, die durch die Trigramme beschrieben werden, auf diese beiden Polaritäten zurückführen. Folgen wir diesem Gedanken, so lässt sich das gesamte Universum in verschiedenen Wandlungsphasen von Yin und Yang darstellen. Das ist auch das Grundthema des I Ging (siehe auch Kasten S. 144), das alle Veränderungen in der Welt anhand der sich ewig wandelnden Energie zwischen den Polen Yin und Yang beschreibt.

Grundbausteine der Trigramme sind diese beiden Linien:

– eine geschlossene Linie für Yang: 
– eine offene Linie für Yin: 

Diese Linien werden kombiniert, und zwar zu jeweils drei Linien, damit wird jedes Zeichen zu einem Trigramm.

Die Wandlungen des Chi lassen sich anhand der Zusammensetzung des Trigramms, also seiner Kombination von offenen Yin- und geschlossenen Yang-Linien bestimmen. Zwei Grundeigenschaften können Sie aufgrund Ihres bisherigen Wissens schon jetzt erkennen:

– Ch'ien steht für das stärkste Yang, da es aus drei geschlossenen Yang-Linien besteht.

– K'un dagegen mit seinen drei offenen Linien symbolisiert die Yin-Energie.

Alle anderen Zeichen zeigen Wandlungsphasen zwischen diesen Polaritäten auf und bewegen sich energetisch zwischen Ch'ien und K'un, also zwischen dem stärksten Yang- und Yin-Aspekt.

Das I Ging

Zu den ältesten Weisheitsbüchern der Welt zählt das I Ging. Grundthema dieses Buches der Wandlungen, wie das I Ging auch genannt wird, sind die Acht Trigramme, die die immerwährende Veränderung der Energie beschreiben. Das I Ging bespricht alle möglichen Kombinationen der Trigramme, so dass 8 × 8, also 64 Kombinationen entstehen. Auf diese Weise werden aus den Trigrammen (drei übereinander liegende Linien) die Hexagramme (2 Trigramme übereinander, also 6 Linien).

Jedes der acht Trigramme steht für jeweils eine Wandlungsphase der Lebensenergie Chi und symbolisiert spezielle Energiequalitäten. Ihre Beschreibungen sind tiefgründig und philosophisch, können aber, da sie grundlegende Muster beschreiben, auf jeden Bereich des Lebens übertragen werden. Um das energetisch Abstrakte zu konkretisieren und anschaulich werden zu lassen, wurden sie auf verschiedene Erklärungsebenen übertragen. So werden ihre Eigenschaften zum Beispiel über (substantivierte) Adjektive beschrieben (das Abgründige, das Sanfte und so weiter). Eine andere Ebene ist die der Naturerscheinungen (Berg, See, Sonne, Mond …) und eine weitere das Erklärungsmodell der Familie und ihrer Beziehungen untereinander (Vater, Mutter, jüngste, mittlere und älteste Tochter und analog dazu die Söhne). Eine Aufstellung dieser Verknüpfungen finden Sie in der Tabelle: »Die wichtigsten Analogien der Trigramme«, auf Seite 148 f.

Ch'ien verkörpert mit seinen drei durchgezogenen Linien das stärkste Yang und findet deshalb seine Entsprechung in der Figur des Vaters, der schöpferischen Kraft der Natur und dem Himmel.	☰
K'un mit seinen drei Yin-Linien wird mit der Mutter, der Erde, in Verbindung gebracht. Das Trigramm symbolisiert das Nährende und Empfangende.	☷
K'an, der mittlere Sohn, wird von einer Yang-Linie, die von zwei Yin-Linien umschlossen wird, dargestellt. Er repräsentiert das Wasser und das »Abgründige«.	☵
Ken – eine starke Yang-Linie ruht auf zwei Yin-Linien. Deshalb wird dieses Trigramm auch der Berg genannt und steht für Beständigkeit und den jüngsten Sohn.	☶
Chen – zwei Yin-Linien über einer Yang-Linie verkörpern Chen, den ältesten Sohn. In der Natur steht dieses Trigramm für den Donner.	☳
Sun wird dargestellt durch zwei Yang-Linien über einer Yin-Linie. Sie stehen für die sanfte Kraft des Windes, in der Familienhierarchie ist Sun die älteste Tochter.	☴
Li, die mittlere Tochter, verkörpert die Hitze und das Haftende. Zwei starke Yang-Linien umschließen eine Yin-Linie.	☲
Tui, das Heitere, ist die jüngste Tochter. Als Naturerscheinung beschreibt es den See, symbolisiert durch eine Yin-Linie, die auf zwei Yang-Linien ruht.	☱

Vor- und nachhimmlische Zuordnungen der Trigramme

Darüber hinaus werden die Trigramme auch mit den Himmelsrichtungen verknüpft. Die Zuordnungen der Trigramme zu den jeweiligen Kompasspunkten sind jedoch nicht fest. Im Feng Shui kennt man zwei Anordnungen, die man als »Sequenz des frühen Himmels« und als »Sequenz des späten Himmels« bezeichnet.

Die Sequenz des frühen Himmels

Diese Zuordnung nach der Sequenz des frühen Himmels symbolisiert das ideale Universum. Die gegensätzlichen Trigramme

Ch'ien (drei Yang-Linien) und K'un (drei Yin-Linien) liegen einander genau gegenüber, wodurch ein perfektes Gleichgewicht der Kräfte entsteht.

Die Sequenz des vorgeburtlichen Himmels ist für das Feng Shui auf der Erde nicht geeignet. Sie steht für das T'ien Chi, das Himmelsglück und hat im so genannten »Yin Feng Shui« eine tiefe Bedeutung. So werden mit der »vorgeburtlichen Sequenz« – wie die Anordnung des frühen Himmels auch genannt wird – Totenstätten geplant und ausgerichtet. Typischerweise findet man diese Trigrammanordnung auch auf Talismanen und den Bagua-Spiegeln, die dem Besitzer helfen sollen, schädliche Einflüsse abzuwenden und den Schutz des Himmels zu empfangen.

Die Sequenz des späten Himmels

Obwohl die Sequenz des frühen Himmels eine sinnvolle energetische Balance ergibt, entspricht sie nicht der dynamischen Natur der Erde, denn wir leben in einem Spannungsfeld der Pole und damit inmitten der Dualität. Für unser »irdisch weltliches« Feng Shui wird ein Bezugssystem gewählt, das durch mehr Spannung

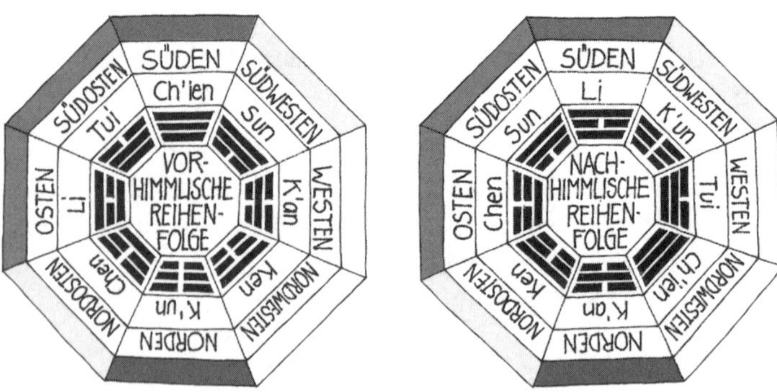

Bitte beachten Sie, dass die Basis der Trigramme (untere Linie) jeweils im Kreisinnern liegt.

und durch mehr Bewegung gekennzeichnet ist. Dies zeigt sich in der zweiten Anordnung: der »Sequenz des späten Himmels«, die auch als postnataler oder nachgeburtlicher Himmel bezeichnet wird. Hier sind die Trigramme so angeordnet, wie sie auf der Erde in unser aller Leben in Erscheinung treten. Typisch für die postnatale Sequenz ist, dass sich nun die entgegengesetzten Trigramme nicht mehr direkt gegenüberliegen. Auf diese Weise entsteht Bewegung, die Energien arbeiten. Diese Anordnung ist ein lebendiges Modell der ständigen Wandlung und Entwicklung.

Die Anordnung der Sequenz des späten Himmels ist für das Yang Feng Shui, also das von Wohn- und Arbeitsstätten, von entscheidender Bedeutung.

Analogien	K'an-Bereich	Ken-Bereich	Chen-Bereich	Sun-Bereich
Himmelsrichtung/ Jahreszeiten/ Tageszeit	Norden, Winter, Nacht. Die Naturenergien ziehen sich in sich zurück.	Nordosten, Vorfrühling, früher Morgen. Die Nacht erwacht und bereitet sich auf einen Neubeginn vor.	Osten, Frühling, später Morgen. Die Naturenergien dringen nach oben, außen, an die Oberfläche.	Südosten, Frühsommer, Vormittag. Die Naturenergien weiten sich, breiten sich aus.
Element	Wasser. Fließt natürlicherweise nach unten.	Kleine Erde. Gibt uns Halt und Stabilität. Horizontal ausgerichtete Energie.	Großes Holz. Energie des Durchbruchs und Neubeginns.	Kleines Holz. Energie der Expansion.
Trigrammeigenschaften/Naturerscheinung	Das Abgründige, das Meer.	Das Beständige, der Berg.	Das Erregende, der Donner.	Das Sanfte, der Wind.
Naturzyklus/ Pflanzenleben	Pflanzensamen ruht in der Erde, volles Potential. Was wird aus ihm werden?	Erste Kontaktaufnahme mit der unmittelbaren Umgebung, der Same nimmt Nährstoffe auf.	Die Pflanze hat Energie gesammelt, sie drängt mit gebündelter Kraft an die Oberfläche.	Die Pflanze ist fest verwurzelt und breitet ihre Äste aus.
Mensch	Ich gehe tief in mich. Wer bin ich? Wohin will ich gehen?	Welche Fähigkeiten und Kenntnisse brauche ich?	Gesammelte Energien, Durchbruch, Neubeginn, Tatendrang und Vitalität.	Ich öffne mich der Fülle des Lebens.
Lebenswunsch Bagua (Privat)	Lebensreise und Beruf (Berufung)	Wissen und Fähigkeiten. Ich nehme auf, was mir noch fehlt.	Familie und Gesundheit. Quellen der Kraft auf meinem Weg.	Reichtum und Wohlstand. Ich genieße den Wohlstand.
Lebenswunsch Bagua (Geschäft)	Berufliche Orientierung & Karriere. Eine Geschäftsidee wird geboren.	Planung und Wissen. Die Vorbereitungsphase.	Start und Markttauftritt. Das Unternehmen, Unternehmung (Produkt) geht auf den Markt.	Erfolg und Reichtum. Das Unternehmen expandiert, weitet sich aus.

Analogien	Li-Bereich	K'un-Bereich	Tui-Bereich	Ch'ien-Bereich
Himmelsrichtung/ Jahreszeiten/ Tageszeit	Süden, Sommer, Mittag. Die Natur befindet sich auf dem »Höhe«-Punkt der Entwicklung.	Südwesten, Spätsommer, Nachmittag. Nach dem Höhepunkt der Aufwärtsbewegung ziehen sich die Kräfte wieder zurück. Beginn des Abwärts.	Westen, Herbst, früher Abend. Die Natur zieht ihre Kräfte zunehmend nach innen zurück.	Nordwesten, Spätherbst, später Abend. Die Natur atmet aus, gibt ab. Ein neuer Zyklus beginnt (oder kann beginnen)
Element	Feuer.	Große Erde. Energie der Stabilität, horizontale Ausrichtung.	Kleines Metall. Zunehmende Konzentration der Energie. Verdichtung in der Erde = Metall.	Großes Metall. Absolute Zentrierung der Energie zur Mitte hin.
Trigrammeigenschaften/Naturerscheinung	Das Haftende, die Sonne.	Das Empfangende, die Erde.	Das Heitere, der See.	Das Schöpferische, der Himmel.
Naturzyklus/ Pflanzenleben	Die Pflanze steht in voller Blüte. Der Höhepunkt der Entwicklung ist erreicht.	Die Früchte der Pflanze sind angelegt, die Reifezeit beginnt.	Die Früchte sind reif, es ist Erntezeit.	Die Pflanze schenkt der Erde ihren Samen. Ein neuer Kreislauf beginnt.
Mensch	Ich werde wahrgenommen und respektiert.	Das Miteinander gewinnt an Bedeutung.	Ich komme in den Genuss dessen, was ich bisher getan habe; die Ernte aus der Saat.	Nachdem der Zyklus der Wandlung vollendet ist, hat man Erfahrungen gesammelt, um sie weiterzugeben.
Lebenswunsch Bagua (Privat)	Ruhm und Anerkennung.	Beziehung und Partnerschaft. Mit wem möchte ich meinen Weg gehen?	Kinder und Kreativität. Meine leiblichen und geistigen Kinder.	Hilfreiche Freunde und Mentoren. Unterstützung geben und bekommen.
Lebenswunsch Bagua (Geschäft)	Popularität und Ansehen. Das Unternehmen ist bekannt und anerkannt.	Beziehungen und Kooperationen. Das Unternehmen klärt und stärkt Beziehungen nach innen und außen.	Genuss und Innovation. Erfolge werden gefeiert, neue Projekte angeschoben.	Mentoren, Förderung. Erfahrung, Wissen und Potentiale werden an die nächste Generation weitergegeben.

Die Feng Shui-Praxis

Das Bagua

Nach diesem Ausflug in die chinesische Philosophie und die Grundlagen des Feng Shui wollen wir dieses Wissen nun mit Leben füllen. Fügen wir nämlich das in den Grundlagen Gelernte zusammen, wird das unsichtbare Netzwerk deutlich, das die einzelnen Ebenen des Feng Shui verbindet. Und übertragen wir die einzelnen Trigrammenergien des späten Himmels auf die Lebenswünsche von uns Menschen und damit dann auch auf den Raum, sind wir auch schon beim Bagua angelangt. Jetzt erfahren Sie, was die Acht Trigramme mit den acht Bagua-Bereichen zu tun haben und in welchem ursächlichen Zusammenhang das Bagua wiederum mit den uns umgebenden Naturzyklen steht.

Räume als Resonanzraum – die Entstehung der Bagua-Sektoren

Räume sind Resonanzräume für das, was in ihnen geschieht, denn es existiert eine Wechselwirkung zwischen Mensch und Raum. Jedes Gefühl, jeder Gedanke, jedes Ereignis sind Ausdrucksformen von Energien, die wir permanent aussenden und empfangen, ob wir uns dessen bewusst sind oder nicht. Und – sie verschwinden nicht einfach, nur weil wir sie nicht sehen können. Räume nehmen diese Schwingungen auf und werden zum Resonanzraum für diese. Möglich wird das durch »Chi«, die Energie, die alles unsichtbar miteinander verbindet.

Doch nicht nur zwischen Raum und Mensch besteht eine Wechselwirkung. Jeder Raum ist ein Mikrokosmos im Makrokosmos der Umgebung und wird damit auch von dem Umfeld beeinflusst, in dem er steht. So wird zum Beispiel ein Zimmer mit Südfenster allein durch seine Sonneneinstrahlung vitalisierend und wärmend auf uns wirken, eines mit Nordausrichtung, in das die Sonne niemals scheint, wirkt dunkel, ruhig und weniger lebendig.

Feng Shui betrachtet jedoch nicht nur das Offensichtliche – hier den Sonnenlauf –, sondern auch die damit verbundenen Energien und deren Wirkungen. Dies gelingt über die zahlreichen Feng Shui-Analyseebenen (Chi, Yin und Yang, Fünf Elemente, Acht Trigramme), die wir nun analog miteinander verknüpfen.

Auch die Himmelsrichtungen haben einen konkreten Bezug zu den Fünf Elementen. So steht der Süden mit dem heißen und vitalisierenden Element Feuer in Verbindung, der Norden mit dem kühlen Wasser. Auf einer tieferen Ebene betrachtet man die für die Elemente typischen Energiebewegungen. Da das Feuer als Flamme spitz nach oben strebt, entsteht die Grundform des Dreiecks, die analog mit dem Feuer verknüpft wird.

Ein unsichtbares Geflecht wird sichtbar

Was also haben das Trigramm K'an, die Eigenschaft »Das Abgründige«, das Element Wasser und der Norden gemeinsam? Was verbindet sie im Feng Shui?

Wasser ist in sich formlos, fließt nach unten und passt sich der Umgebung an. Deshalb gehören unregelmäßige, fließende Formen dem Wasserelement an. Verbunden wird das Wasserelement mit der Himmelsrichtung Norden, der Nacht und der Jahreszeit Winter, der Zeit, in der sich auch die Natur in sich zurückzieht.

Deshalb auch hat aus Feng Shui-Sicht der Norden eine Qualität, die uns dafür sensibilisieren kann, in uns zu schauen, über unser Leben nachzudenken und unsere Berufung zu finden. »Lebensreise« ist der Bagua-Begriff, den Sie im Nordsegment Ihres

COS finden, denn genau hier ist der Bereich in Ihren Räumen, der in Resonanz mit dieser tiefgründigen Energie steht.

Das Bagua – logische Folge der zyklischen Wandlung in der Natur

Nun wird deutlich: Alle Begriffe eines Themas sind unsichtbar verwoben durch eine grundlegende Eigenschaft des Chi, die allen gemeinsam ist. Mehr noch: Durch die einfließenden Energien aus der Umwelt erhält jeder Raum durch seine Lage eine bestimmte Grundausrichtung. Ähnlich einem Lebewesen, bei dem jedes Organ, jeder Körperteil bestimmte Aufgaben und Wirkungen hat, besitzen also auch Räume oder Grundstücke energetische Qualitäten. Das Bagua (wörtlich »Acht Trigramme«) ordnet nun jedem Bereich Ihres Lebensumfelds eine spezielle Bedeutung zu, denn es steht für insgesamt acht Themen, von denen jedes auf einen Aspekt unseres Lebens wirkt.

Die Herleitung aller acht Trigramm-Energien in die Bagua-Bereiche finden Sie in der Tabelle auf Seite 156 ff.
Hier sind die wichtigsten Analogien des Feng Shui dargestellt, die wir teilweise aus dem COS übernommen haben. Wir haben sie für jeden Bagua-Bereich untereinander geschrieben, um den senkrecht-analogen Charakter der Herleitungskette zu verdeutlichen. Bewusst haben wir Begriffe gewählt, die einen intuitiven Zugang ermöglichen und innere Verbindungen zwischen den einzelnen Ebenen entstehen lassen.

Die Bagua-Bereiche und ihre Eigenschaften

Lebensreise & Beruf

Dieser Bereich steht im Feng Shui für Möglichkeiten und Talente, die in uns liegen, und die Freiheit, das uns Entsprechende auch zu tun. Da die tägliche Arbeit unseren Lebensweg entscheidend bestimmt, wird dieser Bereich auch dem Beruf zugeordnet. Die Energie dieses Sektors unterstützt uns dabei, unseren Platz in der Gesellschaft zu finden und den wichtigen Schritt vom Beruf zur Berufung zu gehen.

Wissen & Fähigkeiten

Die Energie dieses Sektors ist vom Streben nach Wissen gekennzeichnet und bezieht sich nicht nur auf das äußere Wissen, sondern auch auf die innere Weisheit. Die Energie, die in diesem Bereich wirksam wird, begünstigt das Aufnehmen und Verinnerlichen von Informationen jeglicher Art. In diesem Sinn ist es die Voraussetzung für das Nach-außen-Treten in die Welt und steht für die notwendige Vorbereitungsphase. Der Bereich Wissen unterstützt Lernende und Prüflinge ebenso wie Menschen, die in stiller Kontemplation zu mehr Selbsterkenntnis gelangen wollen.

Familie & Gesundheit

Die vom Bereich »Familie und Gesundheit« symbolisierte Energie ist zielgerichtet und aktiv. Traditionell war es die Aufgabe des ältesten Sohnes, für die Familie zu sorgen – und aus diesem Blickwinkel steht er für ihre Zukunft. Alle familiären Belange, das Zusammenwirken und Wachsen der Familie können hier gezielt gefördert werden. Die Energie dieses Bereiches wird mit neuer Vitalität und dem Willen zum Neubeginn assoziiert. Damit kann der geschäftliche Neubeginn ebenso gemeint sein wie das Wiedererwachen und Kräftesammeln nach Zeiten der Dunkelheit und Krankheit. Die östliche Energie steht für zukunftsorientiertes Denken und Handeln.

Fülle & Reichtum

In diesem Teil des Hauses herrscht eine geschäftige und aktive Energie, die wir mit Beharrlichkeit und großer Kraft verbinden.

Unsere Aktivitäten beginnen Früchte zu tragen, das Wachstum setzt sich fort, Fülle entsteht. Alles, was wir begonnen haben, entwickelt sich harmonisch und wohl geordnet. Die Energie des Aufstiegs ist deshalb auch besonders förderlich für Arbeitswechsel oder – wie die des Ostens auch – den Schritt in die berufliche Selbständigkeit.

Ruhm & Anerkennung

Dieser Bereich steht mit dem Feuer in Verbindung. Wie eine Kerze in der Nacht das Dunkel erhellt, so kann diese Energie Anerkennung und Ruhm bringen. Talente, die vorher noch im Dunkel lagen, kommen nun ans Licht. Deshalb unterstützt dieser Sektor gute Kontakte und ist von gesellschaftlicher Anerkennung gekennzeichnet. Nach Zeiten des Aufbaus ist nun der Höhepunkt erreicht, wir kommen in den Genuss des Erfolges.

Beziehungen & Partnerschaft

Hier reifen Beziehungen, es herrscht eine harmonische, fürsorgliche Atmosphäre. Es ist die Energie der Bindung, des Austauschs und des liebevollen Miteinander-Teilens, die diesen Sektor des Hauses für die Partnerschaft so Glück bringend macht. Aber auch andere Beziehungen werden gestärkt, so die zu Arbeitskollegen, Freunden oder Nachbarn.

Kinder & Kreativität

Dies ist der Ort der Manifestation, der Ernte. Nachdem die Früchte über das Jahr gereift sind, wird nun geerntet. Gleichzeitig steht die Metallenergie für Konzentration und Verdichtung. Alles, was wir in die Welt bringen und was in die Zukunft reicht, wird von der hier wirkenden Energiequalität gefördert. Deshalb ist dieser Bereich für unsere leiblichen und geistigen Kinder, die ja auch Früchte unseres Tuns sind, besonders bedeutsam.

Bagua-Bereiche	Lebensreise & Beruf	Wissen & Fähigkeiten	Familie & Gesundheit	Fülle & Reichtum	Ruhm & Anerkennung	Beziehungen & Partnerschaft	Kinder & Kreativität	Hilfreiche Freunde & Mentoren
Himmelsrichtung	Norden	Nordosten	Osten	Südosten	Süden	Südwesten	Westen	Nordwesten
Elemente	Wasser	Kleine Erde	Großes Holz	Kleines Holz	Feuer	Große Erde	Kleines Metall	Großes Metall
Energiebewegungen	unregelmäßig, wellig, nach unten	waagerecht, horizontal um die Achse	gerade nach oben	nach oben außen	spitz, nach oben	waagerecht, horizontal um die Achse	nach innen, sich verdichtend	nach innen, sich verdichtend
Form	formlos, wellenförmig, fließend, unregelmäßig	flach, quadratisch, liegende Rechtecke	hoch, aufrecht, zylindrisch, stehende Rechtecke	hoch, aufrecht, zylindrisch, stehende Rechtecke	spitz, dreieckig	flach, quadratisch, liegende Rechtecke	rund und oval, halbrund, kuppelförmig	rund und oval, halbrund, kuppelförmig
Möbel, Einrichtungsaccessoires	formlos, das heißt: Möbel, die in ihrer Grundform jedem Element angehören, wellenförmige Konturen	Bänke, Tische, Truhen, flache Schränke und Regale, Kommoden	Hohe Schränke, hohe Regale, säulenförmige Möbel und Accessoires	Hohe Schränke, hohe Regale, säulenförmige Möbel und Accessoires	Möbel mit dreieckigen Grundformen, z. B. pyramidenförmige Möbel, Dreiecksvitrinen und Schränke	Bänke, Tische, Truhen, flache Schränke und Regale, Kommoden	Schränke, Vitrinen und Regale mit »Bogendach«	Schränke, Vitrinen und Regale mit »Bogendach«
Muster	wellenförmig, wenn alle Elementarmuster in einem vorhanden sind	horizontale Streifen, karierte Designs, Würfel, liegende Rechtecke	Vertikale Streifen, Säulenformen	Vertikale Streifen, Säulenformen	Dreiecksdekorationen, Zackenlinien, Pyramiden	Horizontale Streifen, karierte Designs, Würfel, liegende Rechtecke	Kreisformen, Punkte, Kuppeln, Kugeln, Halbkugeln, Bögen	Kreisformen, Punkte, Kuppeln, Kugeln, Halbkugeln, Bögen

Bagua-Bereiche	Lebensreise & Beruf	Wissen & Fähigkeiten	Familie & Gesundheit	Fülle & Reichtum	Ruhm & Anerkennung	Beziehungen & Partnerschaft	Kinder & Kreativität	Hilfreiche Freunde & Mentoren
Farben der Elemente	Blau, Schwarz	Gelb, Gelbtöne, Orange, Braun, Beige	Grün und Grüntöne, Blaugrün	Grün und Grüntöne, Blaugrün	Rot und Rottöne	Gelb, Gelbtöne, Orange, Braun, Beige	Weiß, Grau, Silber, Gold	Weiß, Grau, Silber, Gold
Materialien	Glas, Wasserobjekte	Terrakotta, Keramik, Steine (z. B. Granit und Marmor), Leder, Porzellan	Holz, Korbwaren, Bambus, Kork, Papierwaren	Holz, Korbwaren, Bambus, Kork, Papierwaren	Kunstleder, Kunststoffe, Plastik (sie sind dem Element zugeordnet, wird aber nicht empfohlen)	Terrakotta, Keramik, Steine (z. B. Granit und Marmor), Leder, Porzellan	Gold, Silber, Kupfer, Messing, Eisen sowie alles Metallische	
Pflanzenwuchsformen	unregelmäßig, nach unten hängend, wellige Wuchsformen, blaue Blütenfarben	Flache, lagernde Wuchsformen, die sich horizontal ausdehnen. Gelbe Blüten und/oder Blattfarben	nach oben sprießend, hohe, schlanke Pflanzen, Hochstämme	nach oben sprießend, hohe, schlanke Pflanzen, Hochstämme	Blühpflanzen, spitzblättrige Pflanzen, Blüten und/oder Blätter in Rottönen	Flache, lagernde Wuchsformen, die sich horizontal ausdehnen. Gelbe Blüten- und/oder Blattfarben	rundblättrige Pflanzen, kugelförmig geschnittene Pflanzen, weiße und graue Blüten- und Blattfarben	rundblättrige Pflanzen, kugelförmig geschnittene Pflanzen, weiße und graue Blüten- und Blattfarben
Düfte	beruhigend, entspannend (z. B. Lavendel), Duft- und Räuchermischung »Wasser«	erdig, ausgleichend, sinnlich (Rosenholz), Duft- und Räuchermischung »Erde«	frisch, grasig, energetisierend (z. B. Lemongrass), Duft- und Räuchermischung »Holz«	frisch, grasig, energetisierend (z. B. Lemongrass), Duft- und Räuchermischung »Holz«	wärmend, feurig, magisch (z. B. Zimt), Duft- und Räuchermischung »Feuer«	erdig, ausgleichend, sinnlich (Rosenholz), Duft- und Räuchermischung »Erde«	zusammenziehend, konzentrierend (z. B. Fenchel), Duft- und Räuchermischung »Metall«	beruhigend, entspannend (z. B. Lavendel), Duft- und Räuchermischung »Metall«

Bagua-Bereiche	Lebensreise & Beruf	Wissen & Fähigkeiten	Familie & Gesundheit	Fülle & Reichtum	Ruhm & Anerkennung	Beziehungen & Partnerschaft	Kinder & Kreativität	Hilfreiche Freunde & Mentoren
Musikstücke	Musikstück »Element Wasser«	Musikstück »Element Erde«	Musikstück »Element Holz«	Musikstück »Element Holz«	Musikstück »Element Feuer«	Musikstück »Element Erde«	Musikstück »Element Metall«	Musikstück »Element Metall«
Klänge (Urprinzipien)	Klangschale Merkur, Klangspiel: Luna	Klangspiel Saturn, Klangspiel Erde, Klangschale Saturn	Klangspiel Jupiter, Klangschale Jupiter	Klangspiel Jupiter, Klangschale Jupiter	Klangspiel Mars, Klangspiel Sonnenton, Klangschale Sonnenton	Klangspiel Saturn, Klangspiel Erde, Klangschale Saturn	Klangschale Venus, Klangspiel Venus	Klangschale Venus, Klangspiel Venus
Katma-Edelstein-Essenzen	Lapislazuli-Essenz, Mondstein-Essenz, Malachit-Essenz, Aquamarin-Essenz, Herkimer Diamant-Essenz	Goldtopas-Essenz, Rosenquarz-Essenz, Smaragd-Essenz, Bergkristall-Essenz, Citrin-Essenz, Chrysokoll-Essenz	Turmalin-Essenz, Smaragd-Essenz, Citrin-Essenz, Amethyst-Essenz, Bergkristall-Essenz, Chrysokoll-Essenz	Turmalin-Essenz, Smaragd-Essenz, Citrin-Essenz, Amethyst-Essenz, Bergkristall-Essenz, Chrysokoll-Essenz	Rubin-Essenz, Amethyst-Essenz, Bergkristall-Essenz, Herkimer Essenz	Goldtopas-Essenz, Rosenquarz-Essenz, Smaragd-Essenz, Bergkristall-Essenz, Citrin-Essenz, Chrysokoll-Essenz	Smaragd-Essenz, Bergkristall-Essenz, Herkimer Diamant-Essenz, Amethyst-Essenz, Chrysokoll-Essenz	Smaragd-Essenz, Bergkristall-Essenz, Herkimer Diamant-Essenz, Amethyst-Essenz, Chrysokoll-Essenz

Hilfreiche Freunde & Mentoren

Die Energie dieses Sektors wird mit Führung, Organisation und vorausschauender Planung in Verbindung gebracht. Das Trigramm symbolisiert den Vater, der seine Weisheit und Würde nach außen trägt. Die Hilfreichen Freunde stehen für Unterstützung in allen Lebenslagen und unter dem Einfluss des Trigramms Ch'ien scheint sich alles von allein zum Besten zu entwickeln. Die Unterstützung zeigt sich in Form von Lehrern, Mentoren, Freunden oder einfach in der Situation, dass wir zum richtigen Zeitpunkt am richtigen Ort sind.

Tai Chi – die Mitte

Dieser Mittelpunkt des Hauses oder des Raumes birgt die größte Kraft in sich. Er steht als Zentrum für die Vielfalt der Möglichkeiten, da alles aus ihm entstehen kann. Hier ist der Ort, in dem Chi sich sammelt und regeneriert. In der Praxis sollte dieser Bereich möglichst frei, zumindest aber nicht vollständig zugestellt sein. Günstig für die Stärkung der Mitte sind immer sammelnde, zentrierende Objekte an Decke oder Boden, die zum Beispiel über die Boden- (Verlegeart oder Teppich) oder Lichtführung (Lampen) eingebracht werden können. Bei Häusern oder Wohnungen über mehrere Etagen wird das Zentrum jeder Ebene betont. Ideal (aber nicht notwendig!) ist es, wenn dies mit den gleichen Objekten geschieht. Denn: Zwischen solchen Gestaltungsobjekten besteht eine unsichtbare Verbindung, die wir jetzt bewusst nutzen können, um das Haus in der Mitte zu verbinden und zu zentrieren.

Die Bagua-Zonen – Akupunkturkarte im Feng Shui

Die Wirkungsweisen, die diese acht Raumzonen im Feng Shui auf unser Leben haben, wirken auf den ersten Blick vielleicht willkürlich, doch das sind sie nicht. Sie entstammen dem uralten Erfahrungswissen dieser Harmonielehre, die wiederum auf den Schöpfungsgesetzen der Natur beruhen. Ebenso wie man in der Akupunktur durch jahrtausendelange Beobachtungen weiß, dass bestimmte Punkte zum Beispiel auf den Funktionskreis Herz wirken, so hat man im Feng Shui beobachtet, dass bestimmte Raumsektoren einen Einfluss auf Partnerschaft, Karriere oder Reichtum haben. In diesem Sinn können wir das Bagua als eine Art Akupunkturkarte für die Harmonisierung des Wohn- und Arbeitsumfeldes sehen.

Schritt für Schritt zum Kompass-Bagua

Bei der Analyse mit dem Kompass verknüpfen wir jeden Bagua-Bereich mit der entsprechenden Himmelsrichtung. Grundlage ist, da es sich um Yang-Wohnstätten handelt, die Sequenz des späten Himmels.

Die Kompassmethode wählt also als Ausgangsbasis die Himmelsrichtungen, eine jede steht für eine Energiequalität, die das Haus beeinflusst. Je nach Ausrichtung des Objektes (Gebäude, Raum, Grundstück) und der Eingangstür werden die Bagua-Zonen nun bestimmten Raumbereichen zugeordnet. Der Ansatzpunkt der Analyse mit dem Kompass ist also die von außen kommende, uns beeinflussende Energie mit ihren verschiedenen Richtungsqualitäten. Die wiederum sind darüber hinaus verknüpft mit allen anderen Ebenen im Feng Shui.

Damit Sie nun sehen können, wo in Ihrem Heim die einzelnen Bagua-Bereiche liegen, geht es in drei Schritten weiter:

1. Zuallererst muss der **Grundriss für die Analyse vorbereitet** werden.
2. Danach ist es wichtig, wie Ihr Haus, Ihre Wohnung als Mikrokosmos im Makrokosmos der Umwelt liegt. Ausgangspunkt für diese Orientierung ist die **Kompass-Messung**.

3. Im dritten Schritt geht es um die ***Übertragung des Messergebnisses auf Ihren Grundriss***.

Diese Utensilien brauchen Sie für Ihre Bagua-Analyse mit dem COS:

- Ihren maßstabsgetreuen Grundriss
- Lineal, Bleistift, Bunt- oder Filzstifte
- einen Kompass
- einen Winkelmesser für die Gradeinteilung oder – sofern vorhanden – den Circle of Success (COS)

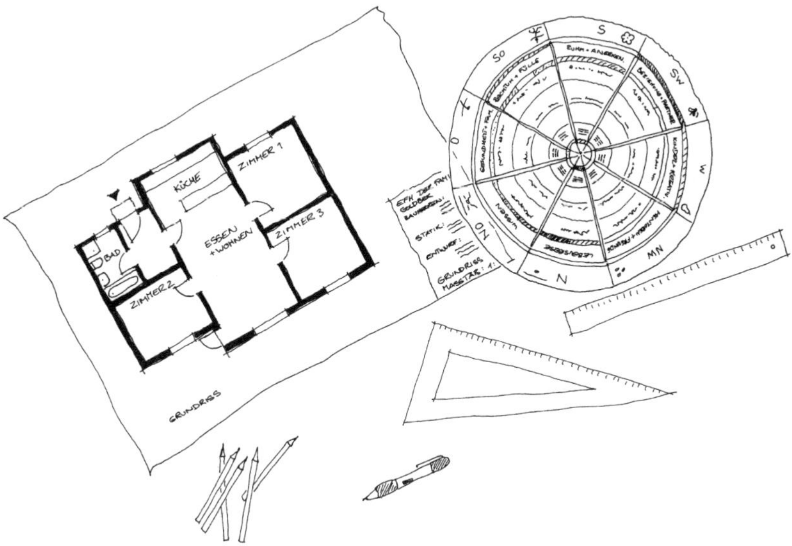

Falls Sie einen Winkelmesser benutzen, brauchen Sie noch die Angaben, welche Bagua-Bereiche mit welchen Kompassgraden verbunden sind. Sie finden diese Informationen in der Abbildung auf Seite 108/109.

1. Die Vorbereitung des Grundrisses

– Kopieren Sie sich den Grundriss Ihres Hauses beziehungsweise Ihrer Wohnung. Achten Sie darauf, dass auch Anbauten, die eventuell nachträglich dazugekommen sind, maßstabsgetreu eingezeichnet sind.
– Damit ein Grundriss alle Bagua-Bereiche beinhaltet, muss er entweder regelmäßig rechteckig oder quadratisch sein. Betrachten Sie die äußeren Grundrisslinien Ihres Hauses bzw. Ihrer Wohnung. Es ergeben sich zwei Möglichkeiten:

Regelmäßige Grundrisse

Sind die Grundrisskonturen regelmäßig, entsprechen also einem Rechteck oder Quadrat, entfallen für Sie die nun folgenden Schritte. Sie können direkt mit Punkt 2 »Die Kompass-Messung« beginnen.

Unregelmäßige Grundrisse

Grundrisse mit Einbuchtungen und unregelmäßigen Konturen müssen vor der Analyse harmonisiert werden. Stellen Sie zuvor fest, wodurch die Unregelmäßigkeiten verursacht werden, denn nicht jeder Bereich eines Hauses wird in die Analyse mit einbezogen.

Bitte beachten Sie:
Viele Häuser erhalten durch Nachbarwohnungen Einschnitte, verfügen über Anbauten, Erker, Balkone oder Garagen. Ob Sie diese Abweichungen bei Ihrer Analyse berücksichtigen, hängt davon ab, wie groß sie im Verhältnis zum Gesamtgrundriss sind. Haben Sie also zum Beispiel eine in die Außenwand inte-

grierte Loggia, zählt sie mit zur Wohnfläche, im Gegensatz zu einem an die Fassade angebauten Balkon. Garagen dagegen sind das »Zuhause der Autos« und zählen nicht zum bewohnten Lebensraum, das ändert sich selbstverständlich, wenn die Garage zum Büro umgebaut wird. Auch der Geräteschuppen wird bei Ihrer Grundrissanalyse nicht mit einbezogen, da er ebenfalls unbewohnt ist.

Aus den Unregelmäßigkeiten im Grundriss ergeben sich entweder *Erweiterungen* oder *Fehlbereiche*. Ob Ihr Grundriss nun über Erweiterungen oder Fehlbereiche verfügt, hängt von den Größenverhältnissen ab.

Erweiterungen

Ist die Grundrissunregelmäßigkeit kleiner als 50 Prozent des Bereiches, aus dem sie hervorgeht, so handelt es sich um eine Erweiterung. In diesem Fall steht Ihnen für dieses Lebensziel mehr

Energie als gewöhnlich zur Verfügung. Eine Erweiterung liegt – wie der Name schon sagt – immer außerhalb des Bagua.

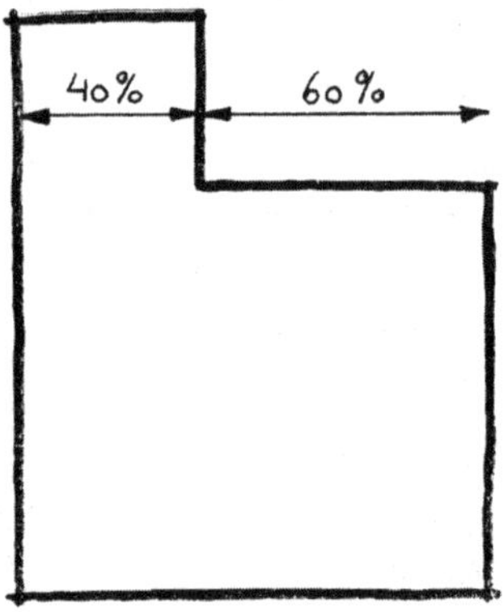

Erweiterung

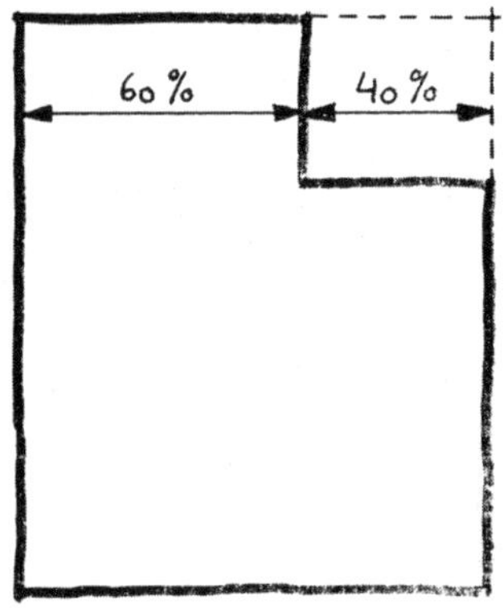

Fehlbereich

Fehlbereich

Ist die Unregelmäßigkeit größer als 50 Prozent des Bereiches, aus dem sie hervorgeht, so handelt es sich um einen Fehlbereich. Hier steht dem Menschen nicht die volle Energie zur Verfügung, was sich in Schwierigkeiten im entsprechenden Lebensbereich äußern kann. Ein Fehlbereich ist eine Energieleere und befindet sich deshalb immer innerhalb des Bagua.

Auf den beiden folgenden Seiten finden Sie einige Grundrisse, die für die Bagua-Analyse schon harmonisiert wurden.

Welche Auswirkungen Fehlbereiche oder Raumerweiterungen in den einzelnen Bagua-Sektoren haben können, lesen Sie bitte in der Tabelle auf Seite 167 nach.

Harmonisierte Grundrisse

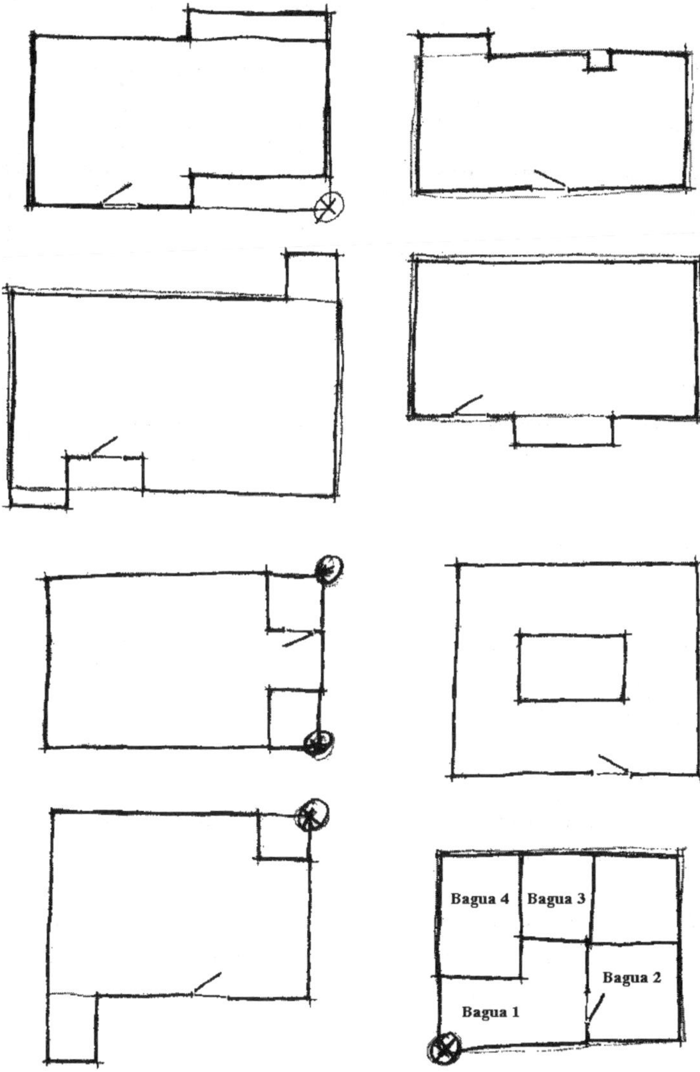

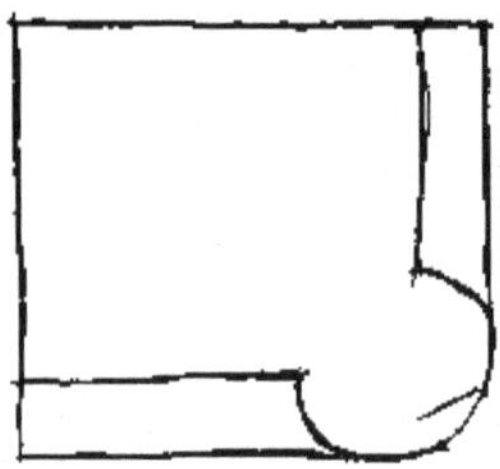

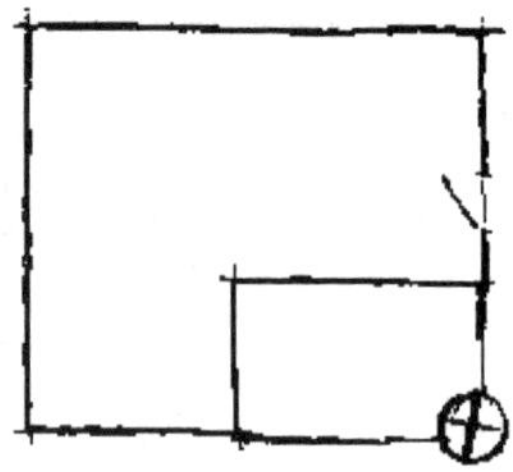

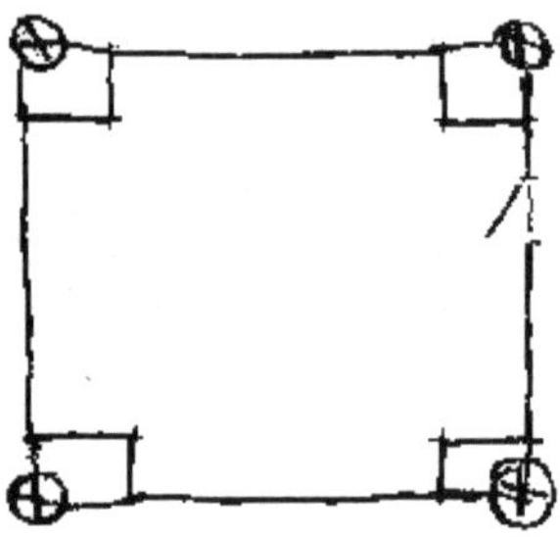

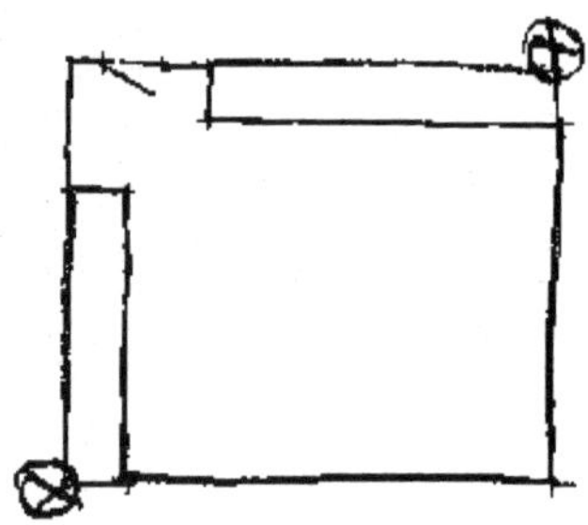

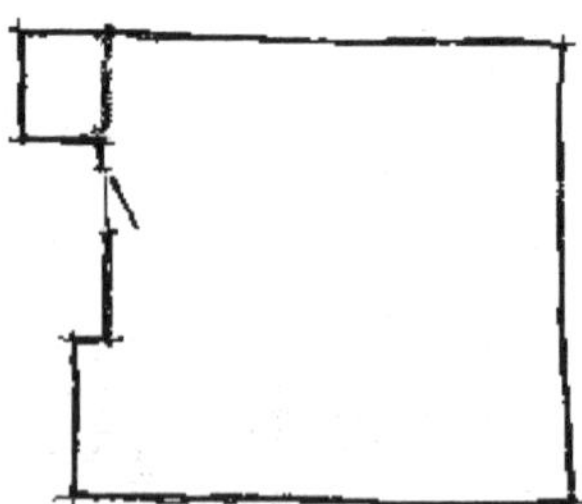

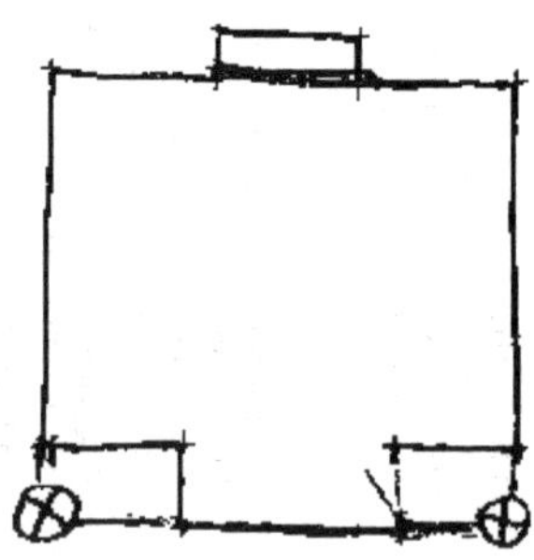

Bagua-Bereich	Fehlbereiche	Erweiterungen
Lebensreise & Beruf	**Fehlbereiche** können zur Stagnation im beruflichen Werden führen. In der Regel müssen wir mehr Energie als andere aufwenden und erreichen trotzdem weniger als sie.	**Erweiterungen** können dazu führen, dass sich uns eine Fülle von Chancen bietet und wir in der Lage sind, das für uns richtige herauszugreifen.
Wissen & Fähigkeiten	**Fehlbereiche** spiegeln sich häufig darin, dass Wissen nicht verinnerlicht und verarbeitet wird. Es bleibt damit an der Oberfläche und man redet (zu viel) über Dinge, von denen man nur wenig versteht.	**Erweiterungen** können vor allem geistig Tätige wie Wissenschaftler und Forscher zu großen Leistungen befähigen.
Familie & Gesundheit	**Fehlbereiche** können dazu führen, dass wir zu sehr an der Vergangenheit hängen und Angst vor einem Neuanfang haben.	**Erweiterungen** bringen ein Vielfaches an vitaler Energie, so dass wir dem Leben und den Menschen kraftvoll gegenübertreten können. Nichts wird uns so leicht zu viel.
Fülle & Reichtum	**Fehlbereiche** in diesem Sektor können Gefühle von Armut hervorbringen, man klammert an allem und jedem.	**Erweiterungen** fördern eine »Antenne« für finanzielle Angelegenheiten und lassen uns geistig und finanziell die Fülle des Lebens auskosten.
Ruhm & Anerkennung	**Fehlbereiche** können mangelndes Selbstwertgefühl mit sich bringen. Wir trauen uns nicht zu, verantwortungsvolle und mit gesellschaftlichem Ansehen verbundene Posten zu übernehmen.	**Erweiterungen** können dazu führen, dass wir beruflich wie auch privat im Mittelpunkt des Interesses stehen. Was immer wir anpacken gelingt und wird beachtet.
Beziehungen & Partnerschaft	**Fehlbereiche** können zur Bindungslosigkeit führen, weil wir nicht bereit sind, uns einer Partnerschaft wirklich zu öffnen.	**Erweiterungen** können in diesem Sektor helfen, insbesondere unsere Beziehungsfähigkeit zu entfalten. Wir entwickeln ein Gefühl der Fürsorge und Hingabe.
Kreativität & Kinder	**Fehlbereiche** können einer Tendenz Vorschub leisten, sich selbst nichts »gönnen zu können«. Man ist zu starr und ernsthaft, kommt nicht aus sich heraus.	**Erweiterungen** helfen, die kreative Seite unseres Seins zu entfalten. Wir gehen spielerisch und leichten Herzens an unsere Aufgaben, gönnen uns Entspannung und Freude.
Hilfreiche Freunde & Mentoren	**Fehlbereiche** in diesem Sektor zeigen sich häufig in mangelnder Unterstützung. Wir müssen uns, mehr als andere, allein durchkämpfen.	**Erweiterungen** fördern die Bereitschaft, anderen Menschen selbstlos unter die Arme zu greifen, ohne sich deshalb zu verausgaben.

Besondere Grundrisse:

U- und L-förmige Grundrisse sollten immer zunächst mit einem Bagua »behandelt« werden. Danach können weitere Teilbagua aufgelegt werden, in denen die Energie besonders gestärkt wird, die im ersten, dem Gesamtbagua fehlt.

Beispiel: L-förmige Grundrisse

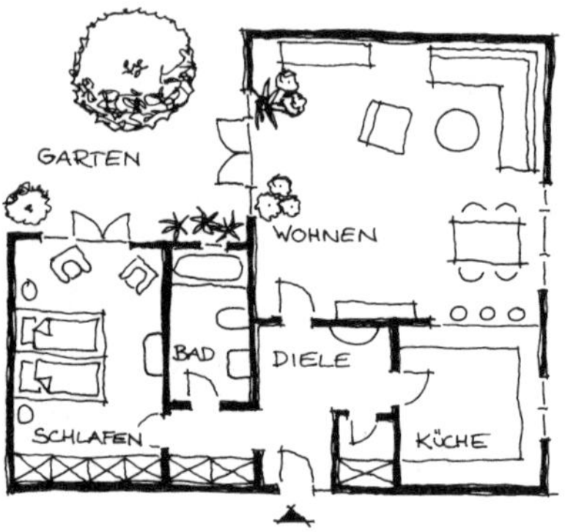

L-Grundriss

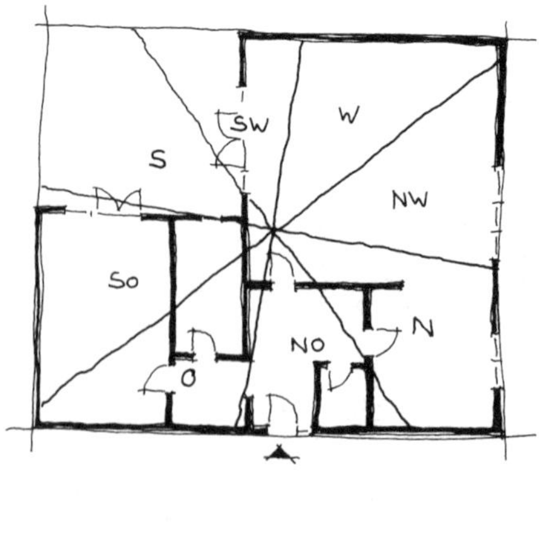

L-Grundriss – Gesamtbagua

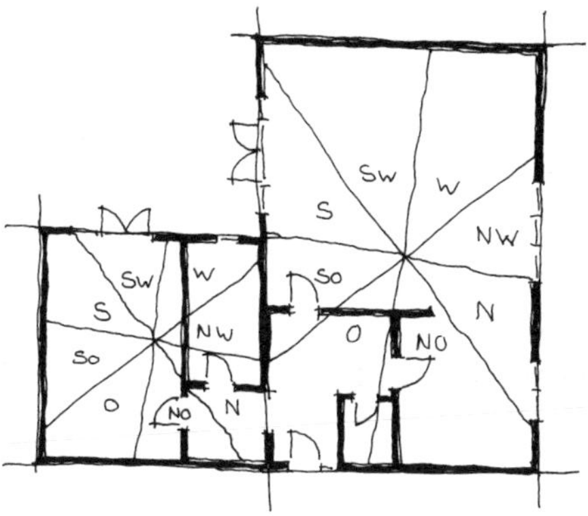

L-Grundriss – Teilbaguas

Nachdem der L-Grundriss im zweiten Analyseschritt in zwei Unterbaguas aufgeteilt wurde, können nun stellvertretend auch die im Gesamtmaßstab fehlenden Sektoren eingebracht werden.

Beispiel: U-förmige Grundrisse

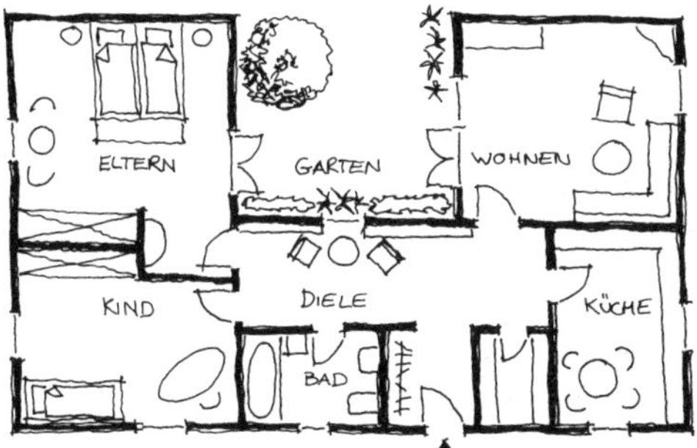

U-Grundriss

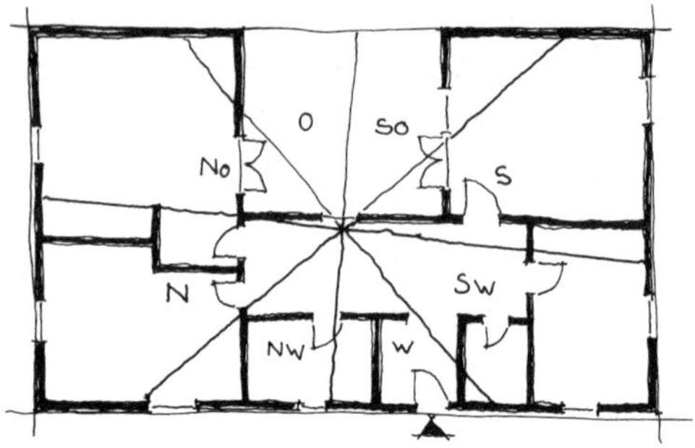

U-Grundriss – Gesamtbagua

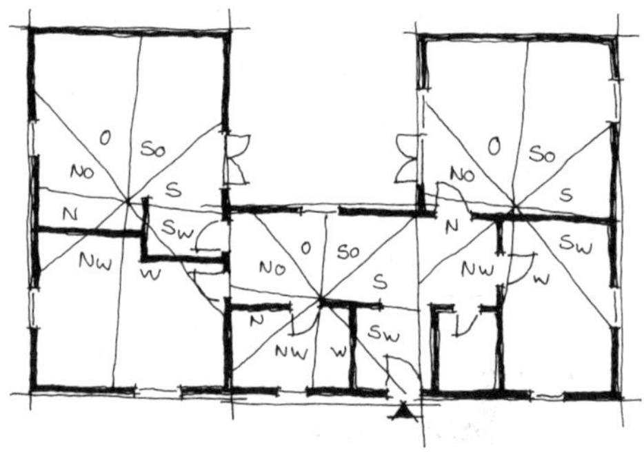

U-Grundriss – Teilbaguas

U-förmige Grundrisse können in zwei Unterbaguas geteilt werden. Ansatz für die Baguagrenzen sind bereits vorhandene trennende Strukturen wie Wände, Türen usw.

2. Die Kompass-Messung

– Nun geht es darum, die geographische Ausrichtung Ihres Hauses über den Kompass festzustellen. Ausgangspunkt dafür ist die Orientierung der Haustür. Damit ist immer die Tür gemeint, die zu Ihrem Wohn- oder Arbeitsbereich führt, also die, die in Ihren Bereich führt und Ihre Räume von der Außenwelt trennt. In einem Haus ist es die Haustür, in einem Mehrfamilienhaus die Wohnungstür.

– Um die Orientierung eines Gebäudes oder Raumes zu ermitteln, stellen Sie sich mit dem Kompass in der Hand in die geöffnete Haupteingangstür, und zwar so, dass Sie von innen nach außen schauen. Die Tür liegt nun parallel hinter Ihnen. Achten Sie darauf, dass keine Metallrahmen in unmittelbarer Nähe sind, da sie die Genauigkeit der Kompassmessung beeinflussen (siehe Abb. 1).

Abb. 1

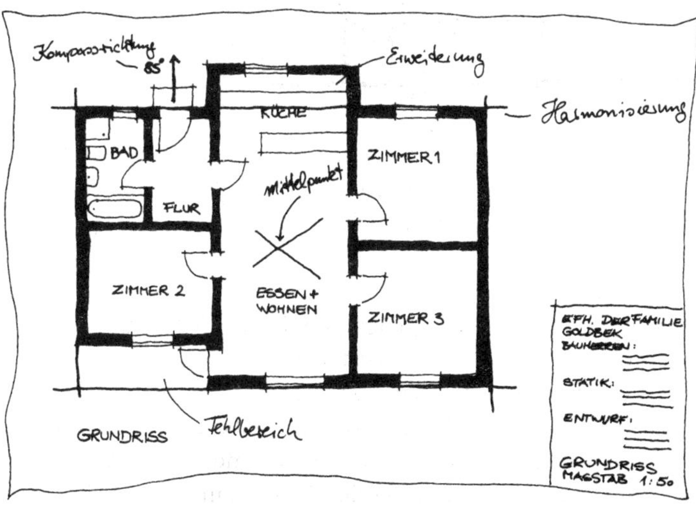

Abb. 2

– Messen Sie die Richtung, in die Sie jetzt schauen. Die Gradzahl, die auf Ihrem Kompass nun zu erkennen ist, entspricht der Orientierung, also der Himmelsrichtung, die durch die Haustür in das Haus hineinfließt. Notieren Sie sich die entsprechende Gradzahl, sie ist wichtig für die weitere Analyse.

3. Die Übertragung der Messergebnisse auf den Grundriss

– Suchen Sie auf dem Grundriss die Tür, an der Sie die Kompassmessung vorgenommen haben. Tragen Sie dort im rechten Winkel die Richtungsachse ein und die mit dem Kompass gemessene Gradzahl, der diese entspricht.
– Finden Sie den Mittelpunkt des Grundrisses, indem Sie die Diagonalen ziehen (siehe Abb. 2).
– Legen Sie nun den Mittelpunkt der COS-Scheibe auf den Mittelpunkt des Grundrisses. Drehen Sie den COS so lange, bis die

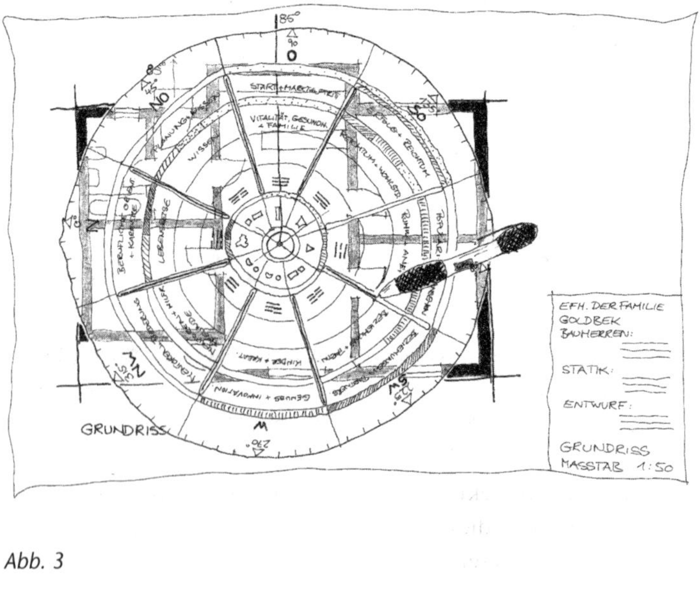

Abb. 3

Gradzahl auf dem COS mit der Gradzahl auf dem Grundriss übereinstimmt. Überprüfen Sie, ob die Richtungsachse durch den Mittelpunkt des Grundrisses verläuft (siehe Abb. 3). Ist dies nicht der Fall, so verschieben Sie diese Achse mit einer Parallelverschiebung solange, bis sie durch den Grundrissmittelpunkt verläuft (siehe Abb. 4).

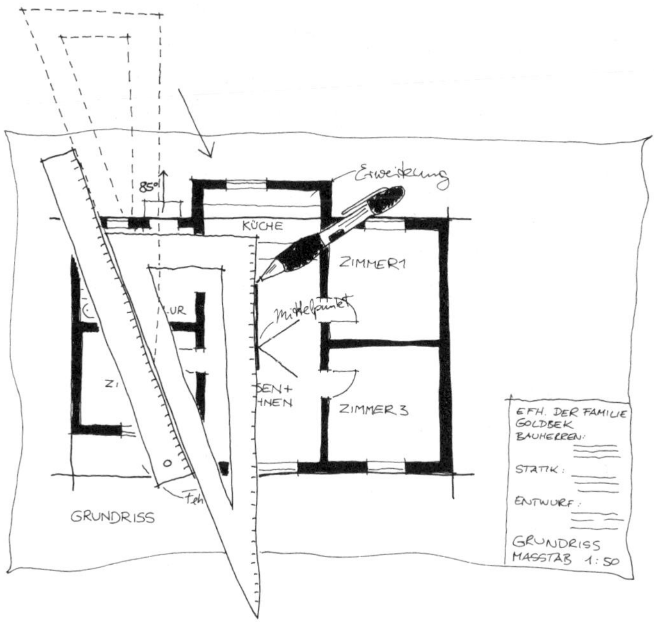

Abb. 4

– Übertragen Sie nun die einzelnen Bereiche des COS auf Ihren Grundriss, indem Sie die auf dem COS sichtbaren Trennungslinien auf den Grundriss verlängern und verbinden.

Nun sind die acht Sektoren des Bagua auf Ihrem Grundriss sichtbar. Beschriften Sie die einzelnen Segmente, damit Sie die Lebensbereiche direkt ablesen können (siehe Abb. 5).

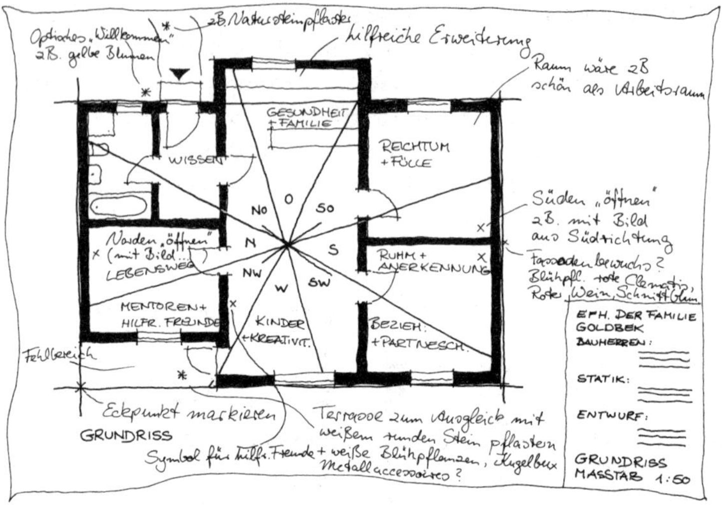

Abb. 5

Besonderheiten, die man kennen sollte

Staffelgeschosse: Bei Wohnhäusern mit Staffelgeschossen ist der Energiefluss aufgrund der horizontal wechselnden Geschossebenen sehr instabil. Hier werden dann immer zwei Ebenen für eine Bagua-Grundfläche zusammengefasst.

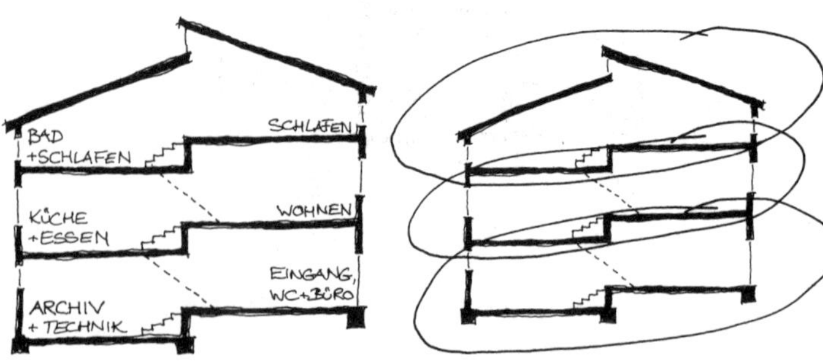

Unterschiedliche Mittelpunkte: Manchmal können sich aufgrund verschiedener Grundflächengrößen unterschiedliche Mittelpunkte ergeben. Um das Haus zu stabilisieren und zu zentrieren, sollten dann die Mittelpunkte auf jeder Geschossebene vertikal miteinander verbunden werden. Das gelingt dann über Feng Shui-Hilfsmittel (zum Beispiel Kristalle) oder andere Gestaltungsmittel (zum Beispiel Lampen).

2.OG

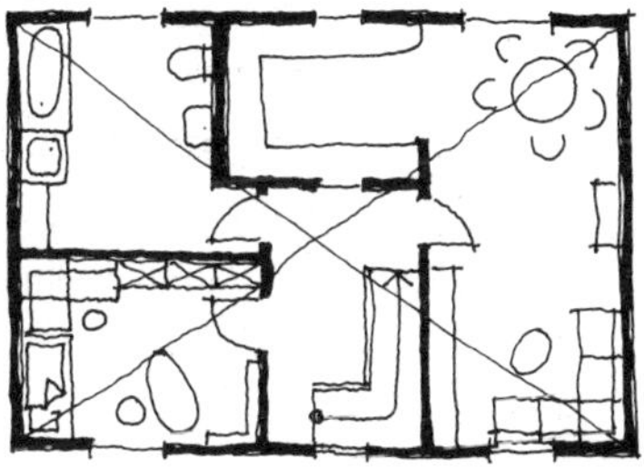

1.OG

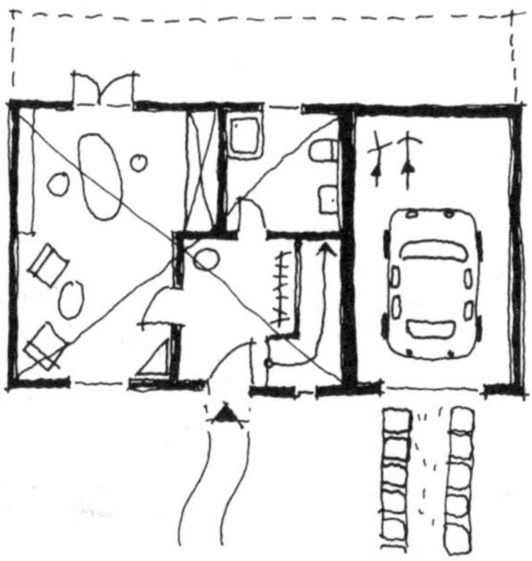

EG

Die Wohnung mit Feng Shui-Augen betrachten

Nachdem Sie nun wissen, wo sich die einzelnen Bagua-Bereiche in Ihrer Wohnung befinden, können Sie schon einen ersten Eindruck über die energetische Situation Ihrer Räume gewinnen. Überlegen Sie, welche Bagua-Bereiche im Verhältnis zu den anderen klein ausfallen oder sogar über einen Fehlbereich verfügen. Laut Feng Shui haben Sie für diese Lebensthemen weniger Energie zur Verfügung, weshalb Sie genau diese Raumbereiche stärken sollten. Dies gelingt Ihnen, wenn Sie Farben, Formen oder Symbole einbringen, die dem jeweiligen Bagua-Bereich entsprechen.

Ein Beispiel: Fällt bei Ihnen der Ostsektor sehr klein aus, so können Sie hier hohe, aufrechte Formen, Grüntöne oder Symbole einbringen, da diese mit dem Ostsektor und damit mit dem Bagua-Bereich »Vitalität, Gesundheit und Familie« in Verbindung stehen.

Haben Sie den Grundriss ausgeglichen, können Sie darüber hinaus auch gezielt Lebenswünsche in den entsprechenden Bagua-Bereichen stärken. Gehen Sie dann ebenso vor, wie gerade beschrieben.

Zum Abschluss noch ein wichtiger Hinweis:
Feng Shui-Profis betrachten die unterschiedlichen Beziehungen der einzelnen Bagua-Bereiche untereinander, die sich zum Beispiel auf der Raum- und Gestaltungsebene ergeben. Und natürlich ist für eine umfassende Analyse auch der Energiezufluss wichtig, der sich aus der Raumform und der Lage und Anordnung von Türen und Fenstern ergibt. Vor diesem Hintergrund ist es von Bedeutung, welche Bereiche über Fenster mit der Außenwelt verbunden sind oder auch welche zum Beispiel durch eine Wand vom äußeren Energiezufluss abgeschnitten sind. Da diese ganzheitlichen Analysen sehr vielschichtig und umfassend bearbeitet werden, können sie nur von Feng Shui-Profis durchge-

führt werden, die über Erfahrung und langjähriges Wissen in der Harmonielehre verfügen.

Nun aber zu Ihrem Analyse-Instrument, dem COS. Wie Sie mit ihm arbeiten, haben Sie ja gelernt. Jetzt geht es darum, ihn auch richtig zu »lesen«.

Die Analysescheibe für das Kompass-Bagua – der COS

Auf dem COS finden Sie die wichtigsten Ebenen und Verknüpfungen des Feng Shui dargestellt. Jede einzelne Ebene wird in einem Ring des Circle of Success dargestellt. Die einzelnen Ringe finden Sie hier noch einmal einzeln aufgeführt.

Betrachten wir die sich von außen nach innen verjüngenden Bagua-Segmente, finden wir hier die Begriffe und Analogien, die in Resonanz zu diesem Bagua-Bereich stehen. Charakteristisch für Analogien ist, dass sie immer verschiedene Ebenen miteinander verbinden, in unserem Beispiel also alle Ringe des COS umfassen.

Die Ringe des COS

1. Ring: Die Fünf Elemente mit den dazugehörigen Energieflüssen und ihren Formentsprechungen

Hier erfahren Sie, welches der Fünf Elemente jedem Bagua-Bereich entspricht. Die Pfeile in diesem Ring beschreiben die Energieflussrichtung jedes Elements, aus ihnen entstehen dann die Grundformen, die ebenfalls auf dem COS abgebildet sind. Sie sind als weitere Analogieebene jedem Element zugeordnet. Die Elemente Holz, Metall und Erde sind je zweimal zu finden und werden mit dem Zusatz »groß« oder »klein« unterschieden.

2. Ring: Die Farben der Fünf Elemente

Dieser Ring zeigt die Farbzuordnungen nach der Fünf-Elemente-Theorie. Er hilft dabei festzustellen, welche Farbe welchem Bereich Ihrer Wohnung entspricht und diesen auf dieser Ebene fördern kann. Die Farben der Fünf Elemente haben Sie ja schon im entsprechenden Kapitel kennen gelernt.

3. Ring: Die Trigramme der nachhimmlischen Sequenz, ihre Namen, Bezeichnungen und Naturerscheinungen

Dieser Ring ist den acht Trigrammen mit den jeweiligen Namen, den Strichcodes aus Yin- und Yang-Linien gewidmet. Darunter finden Sie die Familienmitglieder, die Eigenschaftsbezeichnung und die dazugehörige Naturerscheinung.

4. Ring: Die Organentsprechungen der Fünf-Elemente-Theorie, ihre Sinnesorgane, Geschmacksrichtungen und Emotionen

Hier wird die Ebene der TCM erfasst, die für die fortgeschrittene Feng Shui-Analyse von Bedeutung ist. So kann man etwa besonders günstige Zeitqualitäten im Laufe eines Tages für Veränderungen in bestimmten Bagua-Bereichen ermitteln. Der Hintergrund: Die Traditionelle Chinesische Medizin arbeitet unter anderem mit der Organuhr, die die energetische Aktivität der Organsysteme nach der Fünf-Elemente-Theorie beschreibt. Da diese Organsysteme über die Fünf-Elemente-Theorie auch mit den jeweiligen Bagua-Bereichen korrespondieren, kann dieses Wissen im Feng Shui von hohem Nutzen sein und die Effektivität der Maßnahmen zusätzlich erhöhen.

5. Ring: Die Lebenswünsche des Bagua im privaten Lebensumfeld

Für Privatanalysen wesentlich ist dieser Ring. Er zeigt die Acht Lebenswünsche des Bagua im jeweiligen Segment.

6. Ring: Die Farbentsprechungen des Drei-Türen-Bagua

Das Drei-Türen-Bagua stellt eine eigene Form des Bagua dar und verfügt auch über ein spezielles Farbsystem. Mehr zum Drei-Türen-Bagua lesen Sie auf der Seite 45 ff.

COS Ring 6: Die Farbentsprechungen des Drei-Türen-Bagua

Bagua-bereich	Lebens-weise & Beruf	Wissen & Fähigkeiten	Familie & Gesund-heit	Fülle & Reichtum	Ruhm & Anerken-nung	Beziehun-gen & Partner-schaft	Kinder & Kreativität	Hilfreiche Freunde & Mentoren
Farbe	Blau/ Schwarz	Blaugrün, Türkis	Grün	Grün, Blau, Rot, Purpurrot (Gelb*)	Rot	Rosa (auch Mischungen mit Erdfarben, z. B. Rosenholz)	Weiß	Grau, Hell-blau

* Gelb wird üblicherweise auch als Farbe für den Reichtum eingesetzt. Wir allerdings verwenden sie in diesem Sektor selten.

COS Ring 8: Die Trigrammfarben

Rich-tung	Osten	Südosten	Süden	Südwesten	Westen	Nord-westen	Norden	Nordosten
Tri-gramm	Chen	Sun	Li	K'un	Tui	Ch'ien	K'an	Ken
Farbe	Hellgrün	Dunkel-grün, Blau	Violett	Schwarz	Rot	Silberweiß	Gebroche-nes Weiß, eierscha-lenfarben	Weiß

7. Ring: Die Trigrammenergien, übertragen auf die Bagua-Bereiche im Business- und Berufsleben

Hier wurden die Bagua-Energien auf das Geschäfts- und Berufsleben übertragen. Sie sind – wie im privaten Bereich auch – sowohl auf der Raum- als auch auf der Prozessebene (zum Beispiel als Produktzyklus von der Idee, über die Entstehung bis hin zur Vermarktung und deren Erfolgen) von Bedeutung.

8. Ring: Die Trigrammfarben

Ein weiteres Farbsystem im Feng Shui ist das der Trigrammfarben. Es wird in Kombination mit den Farbentsprechungen der Fünf Elemente beim Kompass-Bagua verwendet.

9. Ring: Der Naturzyklus mit den Wachstumsphasen einer Pflanze, die Jahreszeiten, die dazugehörigen Himmelsrichtungen und die Kompass-Gradeinteilung

Ganz außen, am Rand dieses Ringes, finden Sie die 360-Grad-Einteilung. Wie bei einem Kompass auch, so sind den Gradzahlen die dazugehörigen Himmelsrichtungen zugeordnet. Diese Kompasseinteilung benötigen Sie, um den COS auf Ihrem Grundriss für das Kompass-Bagua auszurichten. Sie finden die genauen Grad-

Himmelsrichtungen und Kompass-Grade

Nord:	Lebensreise & Beruf	337,5 – 22,5°
Nord-Ost:	Wissen & Fähigkeiten	22,5 – 67,5°
Ost:	Familie & Gesundheit	67,5 – 112,5°
Süd-Ost:	Fülle & Reichtum	112,5 – 157,5°
Süd:	Ruhm & Anerkennung	157,5 – 202,5°
Süd-West:	Beziehungen & Partnerschaft	202,5 – 247,5°
West:	Kinder & Kreativität	247,5 – 292,5°
Nord-West:	Hilfreiche Freunde & Mentoren	292,5 – 337,5°

bereiche jeder Himmelsrichtung in der unten stehenden Tabelle. Unmittelbar darunter, ebenfalls in diesem Ring, finden Sie die Jahreszeiten sowie die Schlüsselsätze und Symbole zum Schöpfungszyklus der Natur, hier am Beispiel eines Pflanzenlebens. Sie erlauben einen Einblick in die tieferen Zusammenhänge des ganzheitlichen Ansatzes des DFSI.

Das grosse Praxisbeispiel

»Grau, mein Freund, ist alle Theorie«, schreibt Johann Wolfgang von Goethe zu Recht. Darum wollen wir nun schauen, wie das Gelesene in die Praxis umzusetzen ist. Und das am Beispiel eines Falles, der uns im Frühling 1999 beschäftigte. Am Morgen dieses Tages stellte uns die Sekretärin einen Familienvater durch, der – wie sie uns sagte – schon auf unser Band gesprochen hatte: »Er sagt, es ist sehr dringend, ich stelle durch.«

»Daheim bin ich nur noch schlapp«

Der Mann lebte seit sieben Jahren in einem hessischen Dorf zur Miete in einer Doppelhaushälfte. Hier kam auch das Wunschkind von ihm und seiner Frau zur Welt. Sonst aber lief nichts so recht nach Wunsch in seinem Heim. Die Tochter kränkelte vor allem im ersten Lebensjahr öfter, litt unter Allergien. Diese klangen zwar nach den ersten eineinhalb Jahren etwas ab, doch die Kleine blieb überaus sensibel und dünnhäufig und wurde zur Bettnässerin. In der Schule, die sie seit einem halben Jahr besuchte, hatte sie große Probleme mitzukommen, sich zu konzentrieren. »Eine kleine Zappelphilippina ist sie ja …« wie der Vater zärtlich sagte. Was die Eltern und ihre Beziehung zueinander anbelangte, lief es seit dem Umzug in dieses Haus auch »nicht mehr so prickelnd«.

Der Mann war leitender Angestellter eines großen Verlages, dessen Karriere seit einigen Jahren nach ständigem ungetrübten Aufstieg merklich stagnierte. »Es liegt ein bisschen auch daran, dass ich in den vergangenen Jahren nicht so gut schlafe. Und ich merke – nebenbei genauso wie meine Frau –, dass ich, kaum bin ich daheim, zu nichts mehr in der Lage bin. Ich bin einfach groggy, nur noch schlapp. Die Arbeit, die ich mir mit nach Hause genommen habe, bleibt liegen – das gab es früher einfach nicht für mich. Im Job ackere ich dann umso mehr, komme als Erster, gehe als Letzter, um am Ball zu bleiben. Aber ich habe den Eindruck, dass nicht mehr wie früher anerkannt wird, wie viel ich für meinen Verlag leiste. Vor zwei Jahren wäre ich eigentlich mit einer Beförderung und der damit verbundenen Lohnerhöhung dran gewesen. Aber da passierte gar nichts, und auf meine Nachfrage hin hieß es: wegen der allgemein schlechten wirtschaftlichen Lage. Mein direkter Mitbewerber allerdings bekam mehr Geld, das ist mir jedenfalls zugetragen worden.«

Der Mann am Telefon machte eine kurze Pause und fuhr dann fort: »Privat läuft es auch nicht mehr so recht rund. Ich kann mich abends nicht einmal mehr dazu aufraffen, mit meiner Frau auszugehen, mit ihr gemeinsam mal was anderes zu sehen als unsere vier Wände. Und ihr geht es ebenso: Sie hat seit einiger Zeit eine Halbtagsstelle, die ihr viel Freude macht. Und sie meint immer, dass es ihr da draußen richtig gut gehe, aber kaum ist sie daheim, fällt sie in sich zusammen.«

Natürlich machte sich das Ehepaar seit einiger Zeit schon Gedanken darüber, warum es nicht mehr so gut lief wie all die Jahre zuvor, in denen beiden alles so leicht von der Hand ging. Warum die beiden sich ein wenig fremd geworden, das Feuer und der Spaß verloren gegangen waren. Aber sie fanden die Lösung einfach nicht. Und darum entschlossen sie sich zu einem Neuanfang: Sie kauften ein Grundstück in der Nachbarschaft und beauftragten einen Architekten mit der Hausplanung.

Die ganze Familie freute sich auf den Neubeginn – dann brachte eine Freundin des Paares ein Einrichtungsbuch vorbei. »Das könntet ihr vielleicht bei der Einrichtung nutzen«, sagte sie. »Ich habe jedenfalls eine Menge mitgenommen.« Das Paar las das

Buch »wirklich, in einer Nacht« und griff gleich am nächsten Morgen in aller Frühe zum Telefon, um bei den Autoren anzurufen und um Rat zu fragen. Das Buch war *Feng Shui heute*, und wir die Autoren.

»Gleich beim ersten Durchblättern hat uns eine Stelle gepackt«, sagte der Mann. »Da haben Sie eine Analyse beschrieben, in deren Mittelpunkt ein kränkliches Kind stand. Und die Ursache lag darin, dass die Eltern ihr Babyphon stets neben sein Köpfchen gelegt hatten. Und sehen Sie, genau das haben wir in unserer Ahnungslosigkeit damals bei unserer Kleinen auch gemacht. Und heute denke ich: Vielleicht war sie darum früher so oft krank und von Allergien geplagt – und schleppt diese damalige Elektrosmogbelastung noch heute irgendwie mit sich rum. Und je mehr ich gelesen habe, desto mehr fiel mir auf, was die Gründe sein könnten, warum wir in diesem Haus nie heimisch wurden. Und dann haben wir gedacht: Hoffentlich haben wir mit unserem neuen Haus, das wir geplant haben, nichts falsch gemacht. Ich meine, wir haben unsere ganzen Ersparnisse in dieses Haus investiert, da darf nichts schief gehen. Bitte, kommen Sie! Wir werden ja noch rund ein Jahr hier leben, bis unser neues Haus fertig ist. Wenn wir es denn so wie geplant wirklich bauen sollen … – Bis es so weit ist, werden wir ja hier weiter leben, und auch dafür brauchen wir Ihren fachlichen Rat.«

Ein Gärtchen im Schatten

Bei der Standortanalyse und einer intensiven Besprechung wurde sehr schnell deutlich, aus welchen Gründen die Familie seit ihrem Umzug in dieses Haus mit den erwähnten Schwierigkeiten zu kämpfen hatte. Kommen wir zuerst auf die Lage des Hauses: Das Doppelhaus lag am Hang. Zum Haus hoch schlängelte sich eine schmale Treppe mit 35 Stufen – vorbei an einem Hanggärtchen, das im Schatten lag und in dem so recht nichts wuchs, das

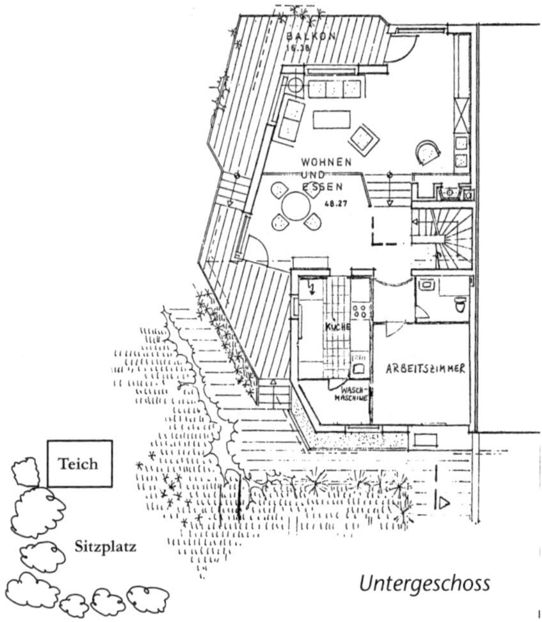

Untergeschoss

dafür aber umso mehr Schnecken beherbergte. Oben angekommen lag rechts oberhalb des »Versteckten Eingangs« ein Teich, der mit Algen überzogen, trüb und leblos war und überdies nicht allzu angenehm roch. Ging man um das Haus herum bis zur Grenze, stieß man direkt auf einen großen Komposthaufen. Er stand nur 3 Meter vom Haus entfernt, direkt hinter ihm ragte eine hohe Betonmauer in den Himmel, die den etwa 5 Meter hohen Hang abstützte. Oben – leicht nach hinten versetzt – standen weitere Häuser, die den Südbereich hinter dem Haus noch mehr verdüsterten. Diese Dunkelheit war auch einem großen Teil des Hauses zu eigen, wie wir später sehen sollten.

Nun arbeiteten wir – wie immer bei der Analyse – erst einmal die baubiologischen Aspekte ab. In 100 Metern Entfernung zogen

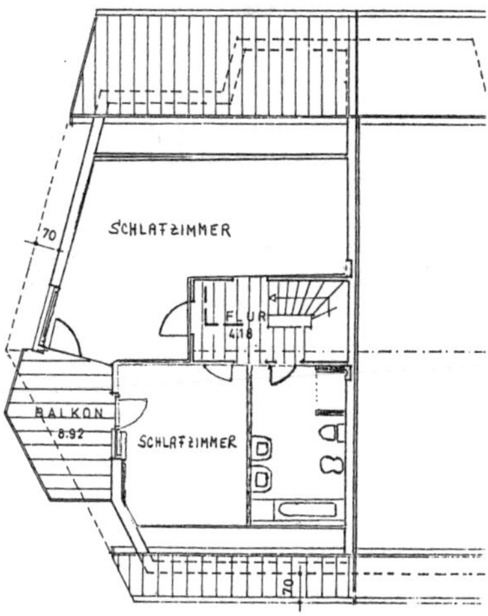

Erdgeschoss

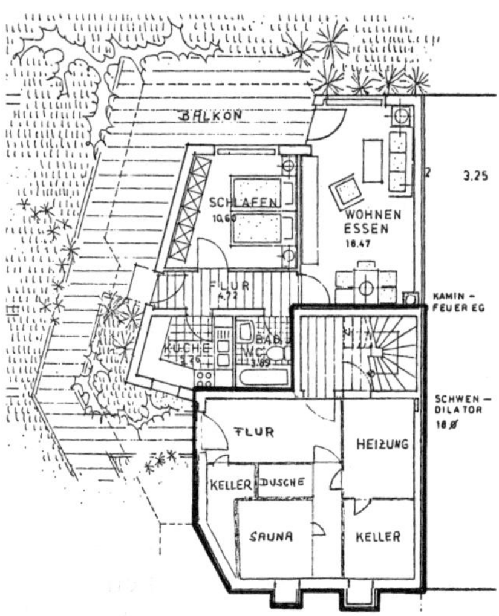

Dachgeschoss

Starkstrommasten am Haus vorbei – doch eine Überprüfung ergab keine Werte, die der Familie hätten gefährlich werden können. Der »selbst gemachte Elektrosmog« erwies sich (auch) hier wieder als sehr viel einschneidender. Wir rieten dem Paar, die Halogenlampen mit den Trafos nicht weiter auf dem Nachttisch zu nutzen und auch den Funkwecker gegen einen mit Batterie, besser noch durch einen mechanischen, zu ersetzen. In der Küche empfahlen wir dem Paar, auf Dauer doch lieber auf den Mikrowellenherd zu verzichten.

Das blaue Zimmer

Als wir dann bei der Tochter unsere Schlafplatzuntersuchung machten, wurde uns einiges sehr klar. Direkt unter ihrem Bett verlief eine Wasserader. Natürlich wussten Kind und Eltern nichts davon. Etwas in ihnen aber muss durchaus diesen Einfluss geahnt haben, denn der massive Wassereinfluss spiegelte sich auch in der Einrichtung. So war die Wand am Kopfende des Bettes von der Mutter in einem strahlenden Blau gestrichen worden. Hinzu kamen ebenfalls blaue Gardinen an den beiden Fenstern, ein blau lasierter Schrank sowie ein türkisfarbener Läufer vor dem Bett. Kein Wunder natürlich, dass auch die Lieblingsfarbe der Kleinen – Blau war. Unterschwellig also hatte die Wasserader sich durchaus bei den Bewohnern »Raum verschafft«, war von ihnen in der Gestaltung des Zimmers manifestiert worden.

Und auch zum Bettnässen des Kindes sollte es eine Verbindung geben. In den vielen Praxisjahren haben wir immer wieder die Erfahrung gemacht, dass »Bettnässer« auffällig oft auf Wasseradern schlafen. Und hier gibt es auch den Zusammenhang zur TCM, in der dem Element »Wasser« die Organsysteme Blase und Nieren zugeordnet werden. Die Organe also, die mit dem Bettnässen unmittelbar zu tun haben. Und noch etwas ist bemerkenswert: In der Medizin und Psychologie weiß man heute, dass unterschwellige Angst eine Ursache für das Bettnässen ist, die der Schläfer dann spontan über Nacht loslassen kann. Interessant ist nun, dass auch in der TCM die dem Wasser zugeordnete Emotion Angst ist.

Mit dem Blick zur Tür

Was also war hier zu allererst zu tun? Zunächst einmal das Bett, das »rein fengshuistisch« durchaus richtig stand, weil es der Kleinen den Blick zur Tür ermöglichte, zu verschieben. Auf einen »zweitbesten Platz«, Hauptsache weg von der Wasserader. Dazu testeten wir später die Tochter und stellten für sie eine individuelle Mischung der »Vital Balance«-Entstörung zusammen. Diese geo- und elektrobiologische Überprüfung also war für uns der erste Schritt. Denn was nutzt uns eine perfekte Feng Shui-Analyse, wenn später ein Bett auf der Wasserader steht?

Weiterhin empfahlen wir, statt des vielen Blaus andere Farbtöne zu wählen, vorzugsweise Beige, Gelb, Orange und ein wenig Rot. Dies spiegelte sich auch in der Bagua-Analyse wider, denn das Kinderzimmer lag im Süd- bzw. Südwestbereich.

Erst nachdem wir das ganze Haus untersucht hatten, legten wir das Bagua auf. Es ergab sich für das Haus und seine Bewohner diese Konstellation:

Der Bagua-Status:

– Orientierung des Hauses: 270 Grad

Gehen wir nun im Uhrzeigersinn (vom Eingang aus) vor, um die einzelnen Segmente zu bewerten.

Westen: »Kinder & Kreativität«, Kleines Metall
UG: Energiezufluss durch Eingang, Verlust durch abschüssigen Garten und Treppe, versteckter Eingang, im EG und DG: minimaler Fehlbereich, Zufluss von außen durch die Fenster möglich.

Nordwesten: »Hilfreiche Freunde & Mentoren«, Großes Metall
Fehlbereich in allen Geschossen, Energiezufluss von außen durch Fenster möglich.
Norden: »Lebensreise & Beruf«, Wasser
Größter Bagua-Bereich im Haus, durch freie Seite des Hauses stärkster Energiezufluss, kleine Erweiterung.
Nordosten: »Wissen & Fähigkeiten«, Kleine Erde
Kleine Erweiterung, blockierter Energiezufluss.
Osten: »Familie & Gesundheit«, Großes Holz
Sehr kleiner Bagua-Bereich, unruhig durch Treppenhaus, blockiert durch die Wand zum Nachbarhaus.
Südosten: »Fülle & Reichtum«, Kleines Holz
Relativ großer Bagua-Bereich, aber blockierter Energiezufluss durch Wand des Nachbarhauses.
Süden: »Ruhm & Anerkennung«, Feuer
Relativ großer Bagua-Bereich, aber dunkel, sehr Yin-lastig, massiv blockierter Zufluss durch die Mauer hinter dem Haus, Blockade, Komposthaufen.
Südwesten: »Beziehungen & Partnerschaft«, Große Erde
Sehr großer Fehlbereich, kleiner Bagua-Bereich, Außenanbindung ja, aber sehr schattig, Teich mindert Erdenergie

Bagua-Status – Kurzcharakteristik
Zusammenfassend kann man Folgendes feststellen: Am stärksten wird dieses Haus vom Nordsektor beeinflusst, und zwar auf der Raumebene, die sich in der vorhandenen Grundfläche des Bereiches zeigt, sowie durch den starken Energiezufluss.

Sehr schwach im Energiezufluss sind dagegen die Bereiche »Familie & Gesundheit« und »Fülle & Reichtum«. Da sie unmittelbar an das Nachbarhaus grenzen, verfügen sie über keinerlei Anbindung nach außen. Das heißt: Die Richtungsenergie aus Ost und Südost ist blockiert, kann also diese Bagua-Segmente nicht unmittelbar nähren.

Die Bagua-Zone des Südens, die für den Bereich: »Ruhm & Anerkennung« steht, ist zwar räumlich stark ausgeprägt, verfügt aber über keinerlei »Anknüpfung« dieser Energiequalität. Das heißt der ohnehin schon durch die hohe Mauer hinter dem Haus verminderte Zufluss findet keinen »Widerhall« im Lebensbereich der Familie. Wir haben aber die Erfahrung gemacht, dass die einfließende Himmelsrichtung (hier der Süden) den entsprechenden Bagua-Bereich (hier »Ruhm & Anerkennung«) besonders dann nährt, wenn etwas auf der Gestaltungsebene in Resonanz mit ihr steht. Konkret müsste hier also im Außenbereich, am besten auch im Innenbereich, eine Feuerentsprechung eingebracht werden.

Räumlich und energetisch sehr schwach ist der Südwestsektor (Große Erde), der für »Beziehungen & Partnerschaft« steht. Er ist klein und hat einen großen Fehlbereich. Auch hier fehlt die Anknüpfung an die Energie. Hinzu kommt, dass ausgerechnet hier auch der »umgekippte« Teich zu finden ist. Er wirkt zusätzlich schwächend auf die Erde. Deshalb muss der destabilisierende Einfluss des Wassers auf das ohnehin schon schwache Erdelement gemindert werden – und zwar im Außen- und Innenbereich. Das ist unter anderem auch ein Grund für die Umgestaltungsempfehlung des Kinderzimmers, das ja in den Farben der Erde (Gelb, Orange) mit ein wenig Rot (für das nährende Feuer) gestrichen werden sollte.

Und jetzt wird deutlich, wie umfassend Feng Shui interpretiert werden muss. Es ist nun nämlich nicht so, dass der Wassersektor sich aufgrund seiner Größe besonders günstig auf den Bereich »Lebensreise & Beruf« auswirkt. Gerade dies aber wird bei oberflächlichen Analysen oft behauptet. Nein, im zyklischen Wechselspiel aller Energien verfügt dieser Bereich über ein massives Übergewicht, das sich aus dem Zusammenwirken von Raum- und Gestaltungsebene, in Kombination mit dem starken Energiezufluss ergibt. Dieses Übergewicht mindert die Kraft der anderen Elemente erheblich. Feng Shui-Experten sagen in solch einem Fall: »Der Elementarkreislauf stockt im Wasser.« Die wirksame Hilfe besteht dann darin, das »übergewichtige Wasser« zu minimieren und die schwachen Elementarstrategien einzufügen.

Ein trüber Teich steht für Stagnation

- In der Feng Shui-Analyse spiegelte sich durchaus die Situation des Ehemannes wider, der von seinen Schwierigkeiten im Beruf sprach. Wir hatten ja vom Komposthaufen hinter dem Haus berichtet – er lag genau im südlichen Segment. Um es drastisch zu sagen: Der Bereich »Ruhm & Anerkennung« befand sich also im dunkelsten Teil des Grundstückes und vermoderte auf dem Kompost …
- Trübe Teiche stehen stets für Stagnation. Denn ein algenbedeckter Teich, der biologisch nicht mehr intakt ist, bringt schlechtes Feng Shui. Hinzu kommt in diesem Fall aber auch der Elementarbedarf, denn der Teich liegt ausgerechnet im Südwesten! Dieser Sektor steht für »Beziehungen und Partnerschaft«. Eine benötigte Grundeigenschaft hier ist Stabilität, was im Feng Shui durch das Element Erde symbolisiert wird. Gibt man nun Wasser in den Südwestsektor, so ist das sehr ungünstig (Wasser weicht Erde auf).

Und: wir haben bei Analysen immer die Erfahrung gemacht, dass Teiche im südwestlichen Sektor – auch gut gepflegte und munter bewegte – nie eine Ehe unterstützen. Überall war das Gegenteil der Fall.

Diese immer wiederkehrenden Erfahrungen haben uns dazu gebracht, als eines der ganz wenigen Patentrezepte des DFSI zu sagen: Legen Sie unter keinen Umständen im Südwesten eines Hauses einen Teich an!

- Dann war natürlich noch zu beachten, dass das kleine Stück Garten im Schatten lag und auch steil bergab ging. Das heißt also in der Sprache des Feng Shui: Da sich das Chi dem Wasser gleich stets abwärts bewegt, wenn die Form dies vorgibt, ging der Familie auch sehr viel Chi-Energie verloren. Bildlich gesprochen: Wenn es oben überhaupt ankam, konnte es sich nicht halten und floss gleich wieder den Hang hinab.
- Außerordentlich wichtig für die Analyse war ebenfalls: Wie das fallende Gärtchen, so lagen auch Teile des Hauses im Schatten. Der Flur hinter der Haustür war ohne ein Fenster, dazu hatte er noch dunkle Fliesen, was diesen Raum noch mehr verdüsterte. Weiterhin hatte der Mann hier links und rechts an den Wänden Bücherregale hochgezogen, was den Flur noch einmal beengte und verdüsterte. Ebenso verfinstert lag die Küche mit ihren grauen Fliesen auf dem Boden und den Wänden da. Durch das einzige Fenster drang nur wenig Licht in den Raum.

Eine Yin-geprägte Umgebung

Im Ganzen war zu bemerken, dass es sich bei diesem Haus um eine stark Yin-geprägte Umgebung für die Familie handelte. Auch darum fühlten sich die Bewohner in ihrem Heim oft so müde und schlapp und fanden nicht mehr den Weg hinaus. Es galt jetzt wirklich »Licht ins Dunkle« zu bringen, dieses Heim zu »yangisieren«, wie wir sagen. Wir fixierten an diesem Tag die oben erwähnten Prioritäten – und sprachen ab, was hier bis zum Umzug zu tun sei.

Der Komposthaufen muss weg

Als Erstes musste der Komposthaufen weg. Es gab in dem »fallenden Gärtchen« keine andere Möglichkeit, ihn unterzubringen

– und im Südbereich war er definitiv am falschen Platz. Dann empfahlen wir, im Süd-, Südwestbereich zwei Gartenlampen und – anstelle des Komposthaufens – eine weiße Holzbank mit roten Auflagen aufzustellen. Deshalb wurden Gartenfackeln platziert, die das Element Feuer stärken und für eine »Anbindung« der Südenergie sorgen. Ziel: Dieser Bereich sollte entsprechend der Elementarenergie belebt werden, die Dunkelheit weichen.

- Der biologisch tote Teich wurde zugeschüttet und mit Pflanzen in Erdfarben bepflanzt. Hinzu kam die Bronze »Die Liebenden«, die die Frau des Hauses erst vor wenigen Tagen in einer Galerie gekauft hatte und die hier – bis zum Umzug – ganz hervorragend passte.
- Im »fallenden Gärtchen« wurden links und rechts helle Gartenlampen aufgestellt, die nach oben leuchteten. Außerdem Töpfe mit Kugelbuchsbäumchen, um die Energie besser zu halten.
- Die Bibliothek im Flur wurde jetzt schon in Kartons verpackt und im Keller gelagert. Hier unten hatten nur Bücher gestanden, die der Herr des Hauses jetzt weder für seinen Beruf benötigte, noch waren seine Lieblingsbücher dabei. Nun konnten ohne Probleme links und rechts an den Wänden helle Leuchten angebracht werden, die nicht nur die Dunkelheit vertrieben, sondern auch die Bewohner und Besucher durch ihre Anordnung ins Haus und nach oben führten. Da der Nachmieter bereits verkündet hatte, er wolle das ganze Haus nach seinem Geschmack von Grund auf renovieren, wurden in der Küche die dunklen Fliesen an den Wänden hell überstrichen – und beim Blick aus dem Fenster sah man nun hinter dem Haus eine einladend schöne Ecke mit der strahlend hellen Holzbank und den Leuchten.

Ganz oben auf der Prioritätenliste

Wir haben aus unserer sehr umfassenden Analyse diese Punkte nur herausgegriffen – noch vieles andere war natürlich zu tun. Aber diese Dinge standen ganz oben auf der Prioritätenliste und waren zentral. Sie galt es zuerst abzuarbeiten. Und – wie immer! – zeigten sie prompt Wirkung. Schon kurz nachdem diese Punkte erledigt waren, empfand sich das Paar auch daheim viel agiler und lebenslustiger als zuvor. Das Haus zog ihnen ihre Energie nicht mehr ab, sondern lud sie auf!

Besonders deutlich waren die Fortschritte der Tochter, sobald sie nicht mehr auf der Wasserader schlief und ihrem »blauen Zimmer« mehr und mehr von dieser Farbe entzogen wurde. Ihre schulischen Leistungen besserten sich, weil sie nun konzentrierter und gesammelter war, und sie musste sich nicht länger schämen, ein Bettnässer zu sein, was das arme Kind lange seelisch belastet hatte.

Es ging für alle beständig aufwärts – privat wie auch beruflich –, so dass uns das Paar kurz vor dem Umzug gestand: »In den vergangenen Monaten ist das Haus für uns ein Glücksheim geworden. Wir fühlen uns so wohl hier und miteinander. Beinahe möchten wir gar nicht mehr umziehen …« Das ist eine schöne Entwicklung: Denn wirklich gehen kann man nur, wenn man das Alte, Blockierende gelöst hat. Und erst dann ist man tatsächlich frei für das Neue.

Doch natürlich war das Neue dann genau das Richtige – zuvor allerdings gab es noch einige Änderungen auf dem Grundriss abzuarbeiten.

Das neue Haus

Wie erwähnt, war das neue Haus bereits vom Architekten geplant worden. Mit den Entwürfen unter dem Arm besuchten wir zuerst einmal gemeinsam mit dem Ehepaar das Grundstück. Auch hier stand nach der ersten Antlitzdiagnose des Platzes und seiner Umgebung die geo- und elektrobiologische Untersuchung des Grundstücks an. Wir stellten fest, dass sich in dem Baufenster, wo das neue Doppelhaus geplant war, eine Wasserader befand, die wir sogleich auf den Plänen einzeichneten. Zusätzlich wurden Gitter und Kreuzungen auf dem Lageplan vermerkt.

Die ersten Änderungen auf den Architektenplänen ergaben sich also aus unseren Untersuchungsergebnissen. Denn – das muss man immer wieder betonen – diese Untersuchungen sind die Basis für unsere Analysearbeit. Haben wir die »Erdeinflüsse« (aus elektrobiologischer Sicht war der Platz in Ordnung) bedacht, kommt im zweiten Schritt die Überprüfung der Pläne aus fengshuistischer Sicht.

Wir haben für Sie die ursprüngliche Planung des Architekten Stockwerk für Stockwerk festgehalten, und im Anschluss finden Sie jeweils unsere Überarbeitung. Aus diesem »Vorher-Nachher« können Sie sehr genau die Prioritäten einer DFSI-Analyse für sich herausfiltern – auch wenn natürlich die Arbeit vor Ort und die schriftliche Nachbereitung hier im Institut so umfangreich sind, dass sie den Rahmen dieses Buches sprengen würden. Was jedoch für Sie von Bedeutung ist, haben wir in diesem Abschnitt, der Sie vom »Ist«- zum »Soll«-Zustand führt, festgehalten.

Veränderungen nach der DFSI-Analyse

Durch die Einbeziehung der geo- und elektrobiologischen Ergebnisse in die Planung wurde folgendes verändert:

1. Die Lage der Hauseinführung für Wasser und Elektrizität wurde verändert, weil sie sich im geplanten Grundriss auf einer Gitterkreuzung befand. Damit das Wasser in seiner Qualität durch die Elektroinstallation nicht beeinflusst wird, wurde darauf geachtet, dass Elektro- und Wassereinspeisung im Haus nicht unmittelbar nebeneinander liegen, sondern über einen

Mindestabstand von zwei Metern verfügen. Zusätzlich wurde an der Haupteinleitung das Wasser energetisch aufgewertet und vitalisiert. Durch den Eingriff an dieser zentralen Verteilerposition profitieren die Bewohner überall von vitalem Wasser.

2. Einige der bereits geplanten Sicherungskästen wurden versetzt, denn sie befanden sich an angrenzenden Wänden von Wohn- und Schlafräumen. Sie wurden an Stellen – zum Beispiel ins Treppenhaus – verlegt, wo die permanent vorhandene Strahlung keinen Schaden anrichten kann.
3. Die energetisch ableitende Schwelle an der Haustür wurde stabilisiert und energetisiert. Dies gelang durch die auf den Ort und Bewohner angepasste Frequenzmischung (Vital Balance Door), die im Podest vor dem Eingang platziert wurde.
4. Auf die Halogenbeleuchtung über der Herdabhängung wurde verzichtet, da diese sich genau unter dem Schlafraum befindet und permanent elektromagnetische Strahlungen verursacht hätte. Stattdessen wurden Hochvoltlampen verwendet, die keinen Trafo benötigen.
5. Die geplante Bettposition wurde wegen der Wasserader, die bei der geplanten Bettposition unter dem Bett verlaufen wäre, verändert.
6. Im Wohn- und Schlafbereich wurde ein Netzfreischalter installiert. Da der Netzfreischalter sich nur einschaltet, wenn sich kein aktiver Stromverbraucher mehr im Schaltkreis befindet, wurden alle Standby-Geräte mit einer Steckerleiste mit Schalter versehen. Der Schalter an der Leiste ermöglicht dann bei Nichtgebrauch die komplette Abschaltung.
7. Der Weg zum Haus hinauf wurde mit Natursteinen gepflastert, die vorab polarisiert wurden. Wir arbeiten sehr gerne mit diesem alten Prinzip, mit dem es gelingt, Steine so zu setzen, dass ihre Oberfläche vermehrt Energie abstrahlt. Dieser Effekt wurde übrigens schon von unseren Vorfahren bewusst einge-

setzt. So polarisierten die beschlagenen Pferdehufe die Landstraßen automatisch. Wanderer, die auf solchen polarisierten Straßen gehen, sind nachweislich länger fit und vital, weil sie über die Füße die durch die Polarisation abgestrahlte Energie der Steine aufnehmen.

Außenbereich: das Haus, der Eingangsbereich

1. Nach der geomantischen Umgebungsanalyse ergab sich eine Blockade durch die gegenüberliegenden Berge. Um diese Richtungsqualitäten aber trotzdem zu stärken, wurden die Ecken des Hauses an der Vorderfront abgerundet und in diesem Bereich Fenster eingesetzt. Die runde Form wurde auch mit der Terrasse im Obergeschoss aufgenommen.
2. Für das Haus wurde ein sanfter Beige-Gelb-Ton gewählt, der die Gebäudeform ebenso wie die Ausrichtung des Hauses nach Feng Shui aufnimmt und stärkt.
3. Ein wichtiges Gestaltungselement sind die Segmentbogenfenster in Weiß, die durch ihre Formensprache zusätzlich Energie anziehen.
4. Aufgenommen werden diese Bogenformen auch von der Haustür, die sich mit ihren halbhoch verglasten Seitenteiler über die gesamte Breite des Windfangs erstreckt.
5. Da die Eingangstür sich in den Südwesten orientiert, wurde sie dunkelrot, mit einem Hauch Purpur, gestrichen. Im Feng Shui ist das die Farbe für Erfolg und Anerkennung, zugleich aber stärkt sie auch die Beziehungen (Südwestenergie) der Bewohner untereinander (Feuer = Rot nährt Erde = Partnerschaftsenergie). Auf diese Weise werden beide Aspekte, der berufliche und der private, auf ideale Weise miteinander verbunden.
6. Zusätzliche Energie erhält der Eingangsbereich auch durch das segmentbogenförmig verlegte Eingangspodest, das in seinem Mittelpunkt durch eine Kreisform zentriert wurde.

Lageplan

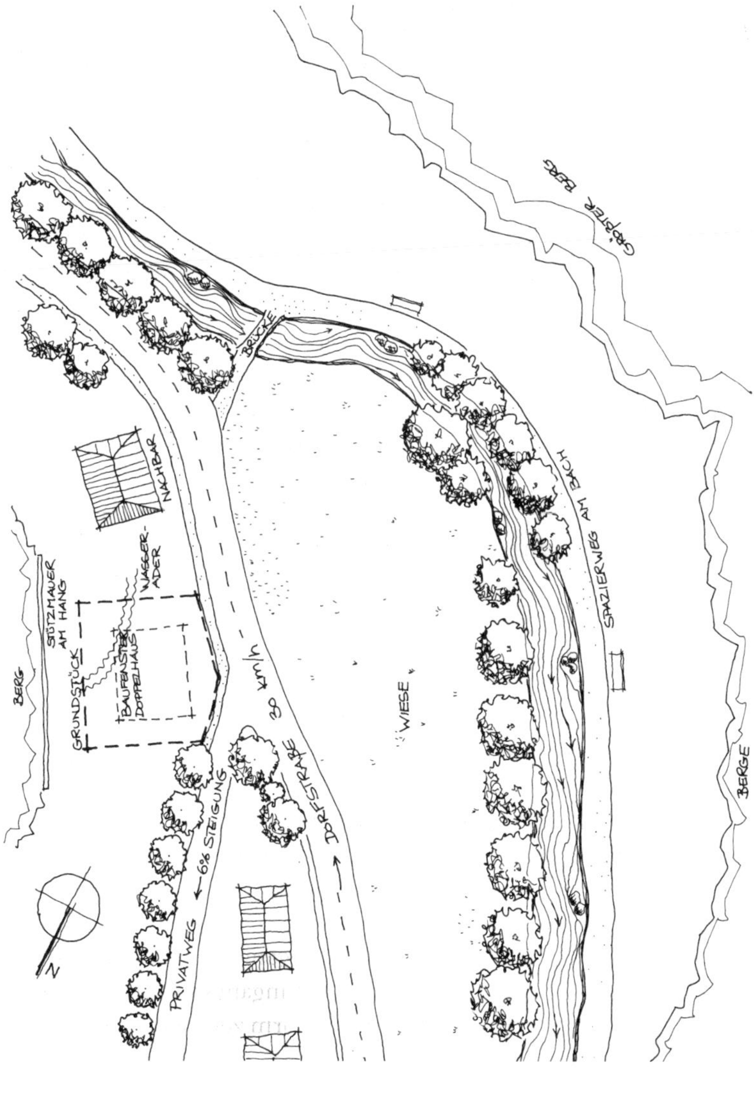
GRÖßTER BERG
BRÜCKE
NACHBAR
WASSER-ADER
STÜTZMAUER AM HANG
BERG
GRUNDSTÜCK
BAUFENSTER DOPPELHAUS
30 km/h
WIESE
SPAZIERWEG AM BACH
DORFSTRAßE
6% STEIGUNG
PRIVATWEG
N
BERGE

Der Bagua-Status:
– Orientierung des Hauses: 240°

Südwesten: »Beziehungen & Partnerschaft«, Große Erde
Sehr großes sonnenbeschienenes Segment, Zufluss durch die Haustür aus südwestlicher Richtung.
Westen: »Kinder & Kreativität«, Kleines Metall
Sehr großes Segment, sonnenbeschienen, sehr guter Energiezufluss durch den Eingang, starke Anknüpfung durch Metall- und Erdentsprechungen (weiße und halbrunde Tische, gelbe Wände).
Nordwesten: »Hilfreiche Freunde & Mentoren«, Großes Metall
Gut ausgeprägte Bagua-Segmentgröße, wenig Zufluss durch den Windfang, keine direkte Außenanknüpfung durch Wand zum Nachbarhaus.
Norden: »Lebensreise & Beruf«, Wasser
In der Größe recht gut ausgeprägtes Segment, keine direkte Außenanbindung, Energiezufluss ist blockiert durch Nachbarhaus, instabil durch Auf-und-Ab-Energie der Treppe.
Nordosten: »Wissen & Fähigkeiten«, Kleine Erde.
Großes Segment, Energiezufluss durch Fenster möglich, aber durch Hanglage minimiert.
Osten: »Familie & Gesundheit«, Großes Holz
Großes Segment, Energiezufluss durch Fenster möglich, aber durch Hanglage minimiert.
Südosten: »Fülle & Reichtum«, Kleines Holz
Größter Bagua-Bereich nach der Fläche, am meisten Energiezufluss durch Fenster, aufgrund der Lage im Grundriss energetisch sehr stark.
Süden: »Ruhm & Anerkennung«, Feuer
Gut ausgeprägter Bagua-Bereich; Energiezufluss durch die Fenster ist gut.

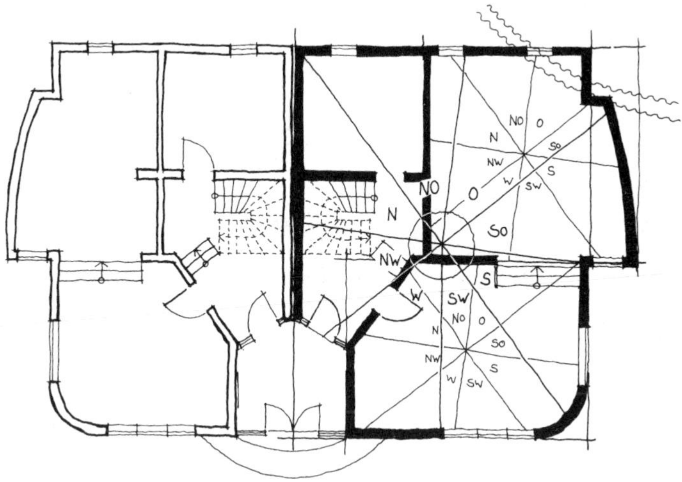

UG Bagua mit Wasserader und zwei Teilbagua

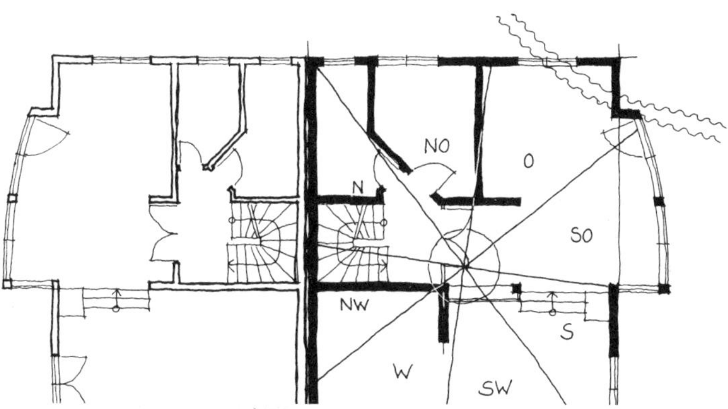

EG Bagua

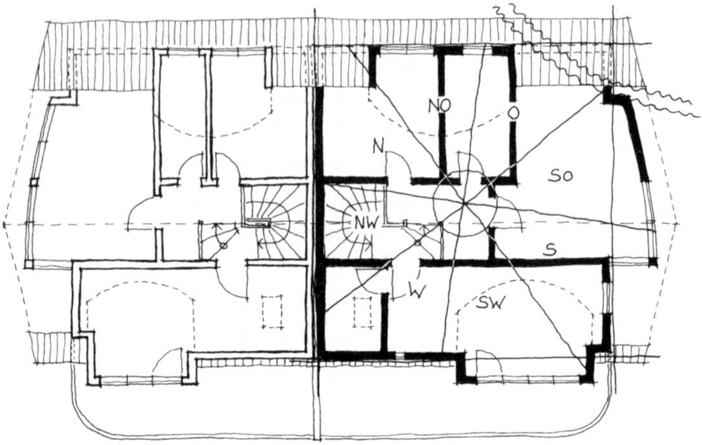

DG Bagua: Die Wasserader ist deutlich zu sehen.

Bagua-Status Kurzcharakteristik

Interessant beim ersten Hinsehen ist, dass die Familie einen tatsächlichen Neuanfang macht. Denn dieses Haus – wir hatten zu dieser Doppelhaushälfte geraten – wird nun von den Energien besonders beeinflusst (Ost, Südost, Süd), die zuvor im anderen Haus eher schwach ausgeprägt waren.

Zudem liegt das neue Haus der Familie optisch sehr exponiert, so dass die Vorübergehenden häufig stehen bleiben und sich die interessante Formensprache des Gebäudes ebenso wie die ungewöhnliche Farbkombination (beigegelb = Fassade, dunkelrot = Tür, weiß = Segmentbogenfenster) anschauen. Diese Aufmerksamkeit (Aufmerksamkeitsenergie ist bewusst gelenkte Energie) stärkt das Haus in der ohnehin günstigen Lage zusätzlich.

Im östlichen Bereich der Terrasse wurde ein kleiner Wasserfall so angelegt, dass seine Strömungsenergie direkt in den Essbereich des Hauses fließt. Dies wird die Holzbereiche und die damit verbundenen Lebensthemen (Vitalität & Gesundheit, Fülle & Reichtum) stärken. Damit die Anerkennung nicht länger auf sich warten lässt, wurden rote Kissen auf das weiße Sofa gelegt und das Wohnzimmer mit roten Accessoires dekoriert.

Da der Familienvater nun auch häufig im Haus arbeiten würde, war wichtig, dass das Büro ein eigenes Bagua bekommt. Der Grund: Das berufliche Leben entspricht einem eigenen Zyklus der Wandlung. Ein separates Bagua hat nun den Vorteil, dass im Büro alle Bagua-Themen wirksam sein können und sich die berufliche Laufbahn entsprechend entwickeln kann. Den Zyklus mit den Themen des Berufs-Bagua finden Sie auf dem COS beziehungsweise in der Tabelle auf Seite 156 ff.

Feng Shui-Veränderungen im Untergeschoss

Der Windfang

U 1: Die Windfangelemente wurden schräg eingebaut, um den Energiefluss in die einzelnen Wohnungen zu erhöhen. Die Wand dazwischen wurde so verputzt, dass sie nahtlos in die Windfangelemente übergeht. Das Ergebnis: Eine Optik, die die Rundung aufnimmt und sich äußerst positiv auf den Energiefluss auswirkt.

U 2: Weiterhin entstand statt der normalen, die ganze Fläche umfassenden Deckenabhängung eine trichterförmige, die durch ihre Form die Energie von der Haustür in den Windfang und dann in die einzelnen Wohnungen leitet. Diese Deckenführung (Energie folgt der Aufmerksamkeit) wurde durch Lichter in Schattenfuge und Abhängung verstärkt.

U 3: Als nächster Schritt wurde das Zentrum des Windfangs durch ein rundes Bodenmotiv aktiviert. Die (Metall-)Form wirkt energetisierend und entspricht außerdem dem Westsegment. Die Lenkung der Aufmerksamkeit über den Boden (zum Beispiel durch die Verlegetechnik) nennen wir Bodenführung. Dieses Zentrieren in Räumen stärkt darüber hinaus Energiefluss und Qualität im jeweiligen Raum.

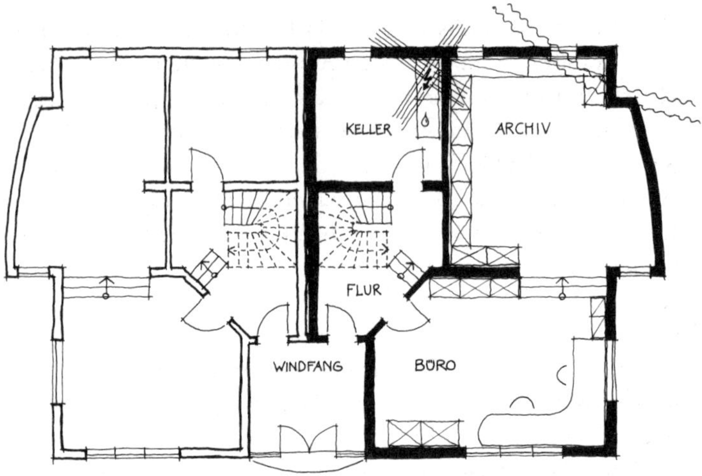

UG mit der ursprünglichen Wasser- und Elektroplanung

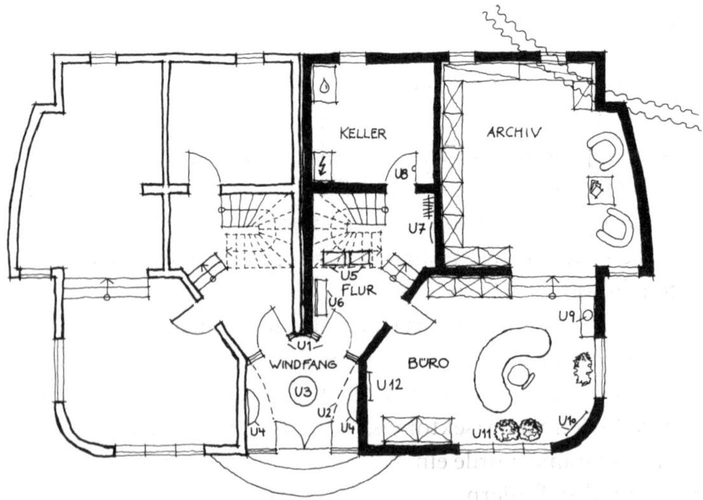

UG mit der neuen Planung

U 4: Rechts und links an den Wänden stehen halbrunde, weiß lasierte Wandtische mit gleichen Blumenobjekten. Dies zaubert nicht nur Harmonie in den Windfang, sondern verbindet darüber hinaus durch die Paarsymbolik beide Haushälften und bringt das Chi ideal zum Fließen.

Ein paar Steine, auf die ein einladender Duft aus natürlichen ätherischen Ölen gegeben wurde, begrüßen Bewohner und Besucher gleichermaßen.

Der Flur

U 5, U 6: Unter der Treppe wurden Rollschränke für die Schuhe eingebaut, links eine Bank hingestellt, damit das An- und Ausziehen der Schuhe erleichtert wird.

U 7: Im oberen Teil des Flurs, links an der Wand zum Archiv, bekamen eine Garderobe und ein Spiegel ihren Platz.

U 8: Um den Chi-Abfluss in den Keller zugunsten des Flurs zu verändern, wurde ein Halbkristall auf die äußere Kellertür geklebt.

Arbeitszimmer und Archiv

Für das Büro sowie das Archiv wurden – weil sie einen eigenen Lebensbereich, die Karriere, spiegeln – separate Bagua-Analysen erstellt. So erhalten beide Räume einen eigenen Zyklus der Wandlung nach Feng Shui und damit alle Bagua-Bereiche, in denen die Ziele und deren Verwirklichung auf der Raumebene eingebracht werden können.

Das zentrale Objekt im Arbeitszimmer war der Schreibtisch, der nun entsprechend den Gesetzen des Feng Shui in die starke Position mit dem Blick zur Tür gestellt wurde.

U 9: In den Südostsektor des Arbeitszimmers, auf einem halbhohen Schrank, wurde ein Brunnen gestellt, um Wachstum und Wohlstand zu fördern.

U 10: Weiterhin wurde der Rückenschutz aktiviert. Dazu hat

sich der Herr des Hauses ein Bild von seinem Lieblingstier, dem Elefanten, auf Leinwand drucken lassen. Der Elefant symbolisiert für ihn Stärke, Klugheit, und ein wenig fühlt er sich auch von der sprichwörtlich dicken Haut angezogen, die er sich im Geschäftsleben auch mehr und mehr zulegen möchte.

U 11: In den Partnerschaftsbereich seines Arbeitszimmers hat der Herr des Hauses sich zwei gleiche Pflanzen nebeneinander gestellt. Sie schließen energetisch nun auch die Fenster und vermindern den Energieabzug durch die raumhohen Fenster.

U 12: An der Wand rechts neben der Tür, im Bereich »Hilfreiche Freunde & Mentoren« hängt nun ein Kalender mit Zen-Motiven. Vom Schreibtisch aus kann er ihn gut sehen. Die Einfachheit und Schlichtheit der Fotos zentrieren ihn, wann immer er sie anschaut. Dieser Bereich steht auch für das Glück der Fügung und damit dafür, zum richtigen Zeitpunkt am richtigen Ort zu sein. Diese Symbolik findet ihre Resonanz in dem Kalender, der ja den gesamten Zeitlauf eines Jahres umfasst.

Das Archiv blieb so wie geplant, einzig zwei Sessel und ein Tisch zum Ablegen der Bücher wurden mit eingeplant.

Veränderungen im Erdgeschoss

E 1: Im Treppenaufgang wurden zur Stabilisierung der Energie versetzt quadratische Lampen aufgehängt. Als Farbe wurde ein Weiß gewählt, das mit einer Silber- und Goldlasur überstrichen wurde. Diese feinen Pigmente erhöhen durch ihre Reflexion das Chi-Niveau und stärken die durch das Nachbarhaus blockierten Metall-Bereiche.

E 2: Um die das Nachbarhaus begrenzende Wand energetisch zu öffnen, wurde hier eine Fotografie aufgehängt, die die Landschaft aus dieser Richtung zeigt. Auf diese Weise entsteht eine feinstoffliche Verbindung zwischen Außen und Innen, die den sonst nicht vorhandenen Energiezustrom (keine Öffnung nach außen durch geschlossene Wand) ausgleicht.

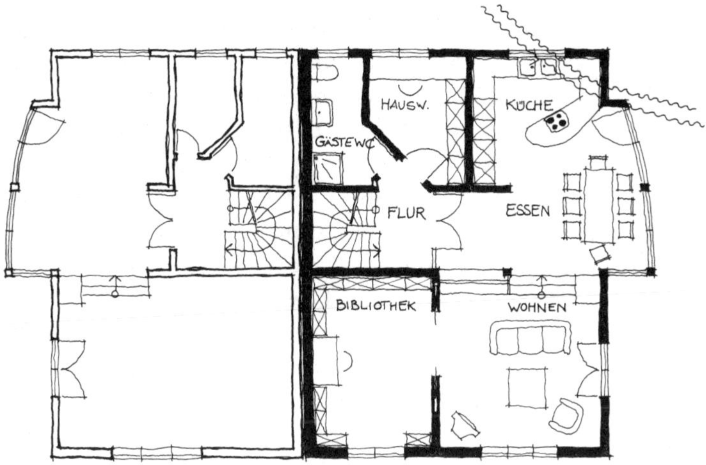

EG ursprünglich

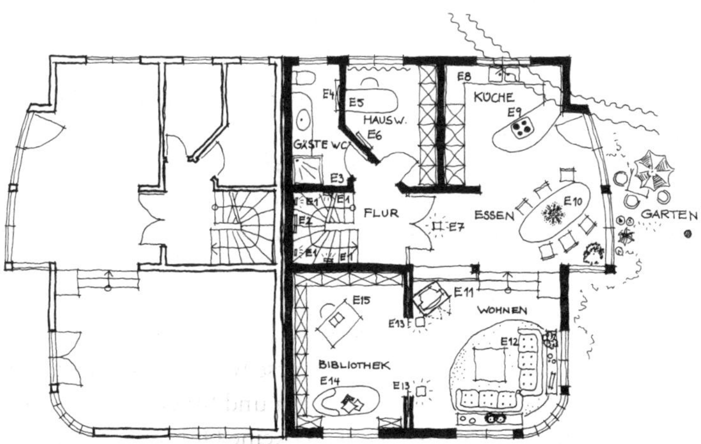

EG neu

E 3: Das Gäste-WC wurde in einem sanften Cremeton gestrichen. Als »erdiges« Gestaltungsmittel wurde über die halbhoch angebrachten Fliesen ein Wandfries aus Marmorkieseln geklebt.

E 4: Ein im Querformat aufgehängter Holzspiegel öffnet den Raum optisch, unter ihm befindet sich eine Borte mit Haken, an der die Handtücher und Steine auf einer Kordel aufgereiht sind. Sie werden regelmäßig mit ätherischen Ölen getränkt und tauchen diesen Raum in einen angenehm frischen Duft.

E 5: Da die Frau des Hauses gerne malt, näht und dekoriert, wird dieser Raum über die reine Hauswirtschaft hinaus auch als Hobbyraum genutzt. Eine gute und entspannte Arbeitsposition mit Rückenschutz und Blick zur Tür war deshalb besonders wichtig. Die Türen des Aufbewahrungsschrankes wurden ganz zart in den Farben der Elemente, also in zartblau, hellgrün, hellrot, gelb und weißgrau, gewischt.

E 6: Um die Enge durch die schräge Wandführung aufzulockern, hat die Familie hier ein Hologramm gehängt, das eine optische Raumtiefe erzeugt.

E 7: Um die Haushälfte zu zentrieren, strahlt im Tai Chi des Bagua an prägnanter Stelle ein im Boden installiertes *Uplight.*

E 8: Die Küche wurde in einem zarten Türkis gestrichen. Damit sie den offenen Wohn- und Essbereich nicht dominiert, wählte die Familie eine weiß lasierte Holzküche. Nur der Auszugsschrank (E 9) unter dem Herd bekam eine türkis lasierte Holzfront. Er soll – ebenso wie die Wandfarbe – die Energie aus dem Osten ins Haus holen, damit dadurch der Bereich »Familie & Gesundheit« stimuliert wird.

E 10: Für den Essbereich hat die Familie einen ovalen Tisch gewählt. Über dem eher robusten Naturholztisch hängt ein üppiger Kronleuchter. Er steht für die Fülle des Lebens – ein perfektes Symbol für Wohlstand und Nahrung. Gleichzeitig stärkt er den folgenden Bagua-Bereich »Ruhm & Anerkennung«. Durch die Kristallprismen reflektiert er das Tageslicht im Raum und erhöht damit noch einmal wirkungsvoll das Energieniveau in diesem Bereich.

E 11: Im Wohnzimmer bekam der Fernseher einen anderen, nicht so dominanten Platz. Er verbirgt sich jetzt, zusammen mit der HiFi-Anlage, in einem leicht schräg gestellten roten China-Schrank, der durch seine Feuer-Farbentsprechung den Bereich »Beziehungen & Partnerschaft« stärkt.

E 12: Die Sitzgruppe wurde durch einen Teppich zusammengefasst. Sie steht nun nicht mehr so frei im Raum, sondern bekommt – soweit dies möglich ist – einen Rückenschutz. Hinter beiden Sofas stehen nun Anrichten, auf denen attraktive Dekorationsobjekte, üppige Pflanzen und Lampen ihren Platz gefunden haben. Am Abend verbreiten hier einige Windlichter warmen Glanz und verleihen dem Südsektor zusätzliche Energie.

E 13: Der Durchgang zur Bibliothek wird von zwei Stehleuchten links und rechts eingerahmt, was beiden Räumen eine harmonisch ausgeglichene Atmosphäre verleiht und sie optisch verbindet.

E 14: Für die ruhigen Stunden wurde eine Récamiere in die Bibliothek gestellt. Hier lässt sich gut lesen oder träumen. Denn traumhaft ist der Blick, der sich von hier aus auf den wunderschön angelegten Garten mit dem Wasserfall bietet.

E 15: Der kleine Holzsekretär, ein vom Hausherrn heiß geliebtes Familienerbstück, steht nun in einer optimalen Feng Shui-Position. Hier – mit den Buchkostbarkeiten im Rücken – wird die Familienpost erledigt oder einfach in den wunderschönen alten Büchern geblättert.

Veränderungen im Dachgeschoss

D 1: Im Schlafzimmer wurde das Bett umgestellt. Auch wenn diese Position aus Feng Shui-Sicht nicht ideal ist, so steht es jetzt doch nicht mehr über der Wasserader und in der Schräge. Richtig verstandenes Feng Shui bedeutet auch, dass Ergebnisse einer geo- und elektrobiologischen Analyse höchste Priorität haben.

D 2: Weiterhin wurde der massive Kleiderschrank mit den Spiegelfronten schon vor dem Umzug verkauft. An seiner Stelle steht nun eine weiß lasierte Kommode, darauf drei zartviolette Orchideen in passenden Übertöpfen. Diese bewusst sehr schlichte und entspannte Raumgestaltung tut dem Ehepaar nach den langen arbeitsreichen Tagen immer ganz besonders gut.

D 3: Da sich das Schlafzimmer unter einer Schräge im Dachgeschoss befindet, wurde ein Betthimmel aus weißer Seide eingezogen. Er schützt das Paar in der Nacht vor dem Einfluss der Dachbalken.

D 4: Zu guter Letzt wurde die vorspringende Kante im Schlafzimmer entschärft. Sie wurde in der Bauphase abgerundet verputzt, so dass keine versteckten Pfeile die Ruhe der Schlafenden stören können.

D 5: Auch im Kinderzimmer haben wir umgeräumt. Den alten Kinderschrank, der zuerst hinter das Kinderbett kommen sollte, haben wir mit Einverständnis der Eltern ausrangiert und statt dessen einen Einbauschrank empfohlen, der sich nun auch viel harmonischer in den Grundriss einfügt.

D 6: Die Schreibtischposition haben wir ebenfalls verändert. Nach den Architektenplänen saß das Kind bisher mit dem Rücken zur Tür, was seine Position schwächt – ein Teil der Aufmerksamkeit ist dann stets nach hinten gerichtet – und die Konzentrationsfähigkeit mindert. Nun sitzt es sehr gut mit dem Blick zur Tür, und um ihm noch mehr Stabilität und Halt zu verleihen, haben wir unter den Schreibtisch einen halbrunden Teppich gelegt, der noch einmal das sichere und zentrierende »Insel-Gefühl« verschafft!

D 7: Auch das Bett wurde von uns verschoben. Den alten Plänen nach lag die Tochter ungünstig, hatte nicht den Blick zur Tür. Da sie aber besonderen Schutz und Geborgenheit braucht,

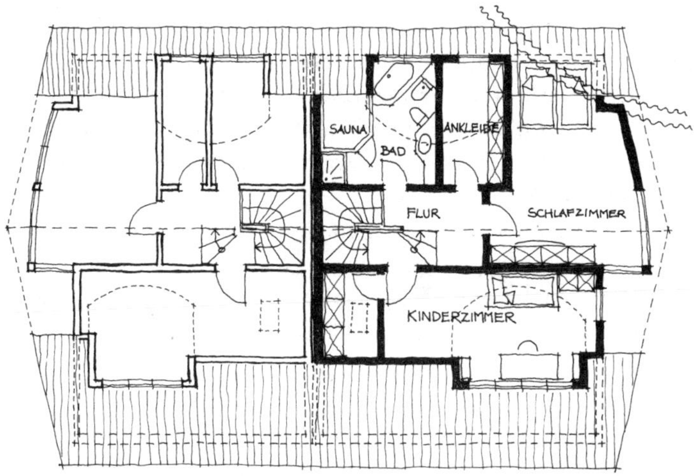

DG ursprünglich

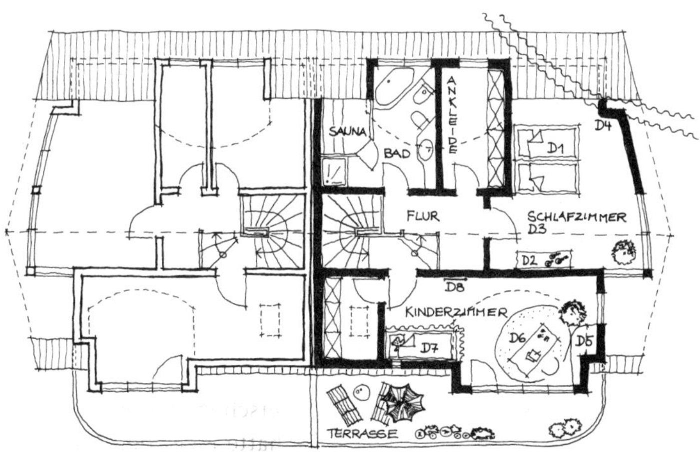

DG neu

haben wir ihr ein Himmelbett empfohlen, dessen Stoff das Bett duftig leicht in einen rosa Farbschleier taucht.

D 8: Wenn die Tochter aufwacht oder einschläft, hat sie noch einen direkten Blick auf ein großes Mandala-Bild, das sie ganz besonders liebt. So schläft sie ein und wacht auf mit einem Anblick, der ihr Herz erwärmt.

Das Bagua ist die Basis

Wir haben jetzt in unserem großen Praxisbeispiel sehr ausführlich die Bagua-Analyse besprochen. Das ist sozusagen der naturwissenschaftliche Rahmen des Feng Shui, innerhalb dessen die Energie fließt. Auf die Fließgesetze des Chi sind wir im Grundlagenkapitel kurz eingegangen. Jetzt soll es darum gehen, den Energiestatus herauszufinden. Deshalb beschäftigen wir uns auf den nächsten Seiten mit gebenden und nehmenden Räumen und mit den wichtigsten Feng-Shui-Hilfsmitteln.

Von gebenden und nehmenden Räumen

Sicher haben Sie das auch einmal erlebt: Sie kommen voller Schwung von der Arbeit nach Hause. Sie haben ganz viel vor: Aufräumen und ein bisschen am Schreibtisch arbeiten, dann abends noch mit Ihrem Partner in die Stadt fahren. Aber kaum sind Sie daheim angekommen, fühlen Sie sich leer und ausgelaugt. Statt loszulegen setzen Sie sich erst mal aufs Sofa, schalten den Fernseher ein – und Stunden später schleppen Sie sich ins Bett. Nichts von alledem, was Sie wollten, haben Sie geschafft.

Der Energiestatus in Räumen

Wie ist dieses Phänomen zu erklären? Sie wissen ja nun schon: Alles ist alles durchzogen von der Lebensenergie Chi, mit der wir in ständiger Verbindung stehen. Und so stellt auch jeder Raum einen Resonanzraum für den Menschen dar, denn er steht in permanenter Wechselwirkung mit ihm. Räume können nähren, uns also mit harmonisierender, vitaler Energie versorgen, oder aber auch unser individuelles Chi vermindern. Der Grund dafür ist das Gesetz des Ausgleichs, das besagt, dass zwei »Orte« mit unterschiedlichem Energieniveau bestrebt sind, sich auszugleichen beziehungsweise anzugleichen. Und genau das passiert auch zwischen Mensch und Raum.

Wie ein Raum auf uns wirkt, hängt von seinem jeweiligen Energiestatus ab. Ein wesentliches Ziel des Feng Shui des DFSI besteht deshalb darin, das Energieniveau von Räumen zu heben. Um diesen Energiestatus zu beschreiben, haben wir zwei Begriffe geprägt: gebende und nehmende Räume.

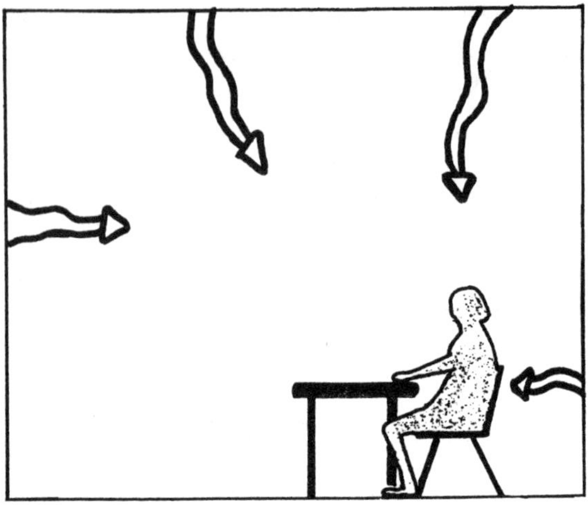

Gebende Räume

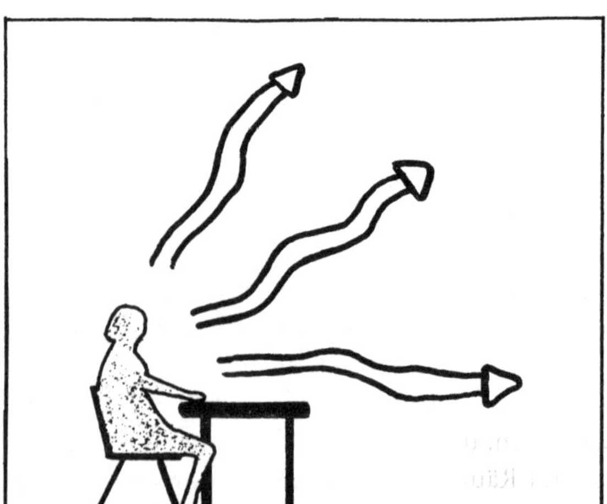

Nehmende Räume

Gebende Räume zeichnen sich dadurch aus, dass ihr Energielevel hoch ist und man in ihnen – im wahrsten Sinne des Wortes – genährt wird.

Nehmende Räume verfügen über einen niedrigen Energiestatus. Befindet man sich in solch einem Raum, zieht er Energie ab. Mit der Folge, dass wir uns nur schwer zu etwas aufraffen können, müde sind oder uns ausgelaugt fühlen.

Ziel von Feng Shui ist, gebende, vitale Räume zu schaffen. Um dies zu erreichen, müssen wir aber zuerst einmal wissen, wodurch nehmende Räume überhaupt entstehen können.

Woran erkennt man nehmende Räume?

Das wichtigste Anzeichen ist stets das persönliche Befinden des Menschen: Fühlt er sich lustlos, matt und erschöpft, so ist das ein Hinweis für Räume, die Energie abziehen. Das Gleiche gilt, wenn man sich trotz angemessener beziehungsweise langer Schlafzeiten immer noch müde und abgespannt fühlt. Natürlich muss dabei berücksichtigt werden, ob die Ursachen eventuell in einem unharmonischen Lebenswandel begründet sind, so dass die Reaktion »Müdigkeit« ein notwendiger Ausgleichsmechanismus des Körpers ist.

Ein weiteres Zeichen sind dunkle Räume, da sie über einen Yin-Überschuss verfügen.

Ein wesentlicher Aspekt, der Räume zu nehmenden machen kann, ist auch in einem verminderten Chi-Zufluss zu sehen. In zu vollen Räumen verlangsamt sich der Energiefluss, da er – bildhaft gesprochen – immer auf Hindernisse stößt.

Wenn sich schon nach zwei, drei Tagen immer neue Staubwölkchen in den Ecken, unter den Schränken und so weiter befinden, deutet es auf Räume hin, die Energie abbauend wirken. Wir kennen immer zwei Prozesse: aufbauende (Yang) und abbauende (Yin). Normalerweise sollten beide in Balance zueinander sein, besser noch, die aufbauenden sollten überwiegen. Hier ist das Gegenteil der Fall. Denn Staub ist absterbende Materie.

Werden die Kanten und Ecken in Ihren Räumen schneller als normal dunkel, lässt das auf einen »schlechten Atem« in der Wohnung, häufig verursacht durch Ausdünstungen (Möbel, Teppiche, Stoff, Bausubstanz) schließen. Besonders betroffen sind dann jene Bereiche, an denen die Wand in die Decke übergeht, und Raumecken.

Ein weiterer Hinweis auf nehmende Räume sind Fensterscheiben, die schneller als normal klebrig, schlierig, matt und unklar werden. Dieses Phänomen erinnert an die typischen Ablagerungen in häufig benutzten Küchen. Haben Sie unverhältnismäßig viele Fliegen und Ungeziefer in der Wohnung? Auch das kann (es sei denn, Sie leben inmitten der Natur) auf nehmende Räume hinweisen. Sollten Sie Ameisen im Haus haben, deutet das dazu noch auf eine erhöhte Strahlenbelastung aus dem Boden hin, denn Ameisen sind Strahlensucher.

Ursachen für nehmende Räume können sein:

- Ungünstige geo- und elektrobiologische Situation,
- mangelhafter Chi-Zufluss in die Räume, die Wohnung, das Haus (blockierter Eingang, ungünstiger Schnitt des Raumes, ableitende Schwellen),
- belastende Materialien (Ausdünstungen von Wohngiften in Teppichen, Möbeln, Stoffen, Bausubstanz).

So schaffen Sie sich Ihren Vital-Raum

1. Lassen Sie durch einen Geo- und Elektrobiologen die Strahlensituation Ihres Hauses prüfen. Lesen Sie dazu mehr im entsprechenden Kapitel.
2. Räumen Sie auf: Befreien Sie sich von allem Überflüssigen und von Dingen, die nicht mehr zu Ihnen gehören. Fragen Sie sich:

»Liebe ich dieses Objekt …?« oder »Brauche ich es?« Wenn Sie beides mit »Nein« beantworten, können Sie getrost darauf verzichten. Sie müssen ja nicht alles gleich wegwerfen – vielleicht finden Sie jemanden, der es gut gebrauchen kann.

3. Klären Sie Ihren Raum: Unsere Räume sind Resonanzräume. Jedes Gefühl, jeder Gedanke, jedes Ereignis sind Ausdruck von Energien, die wir permanent aussenden, ob wir uns dessen bewusst sind oder nicht. Räume nehmen diese Schwingungen auf und werden dadurch zum Resonanzraum. Von Zeit zu Zeit ist es deshalb wichtig, auch eine *energetische Reinigung (Räuchern, Klänge und so weiter)* vorzunehmen.
4. Überprüfen Sie den Grundriss aus Feng Shui-Sicht und harmonisieren Sie – soweit Sie das als Laie können – den Energiefluss.
5. Verwenden Sie vorrangig natürliche Materialien, sie haben noch einen Bezug zur Natur und wirken deshalb aufbauend. Tauschen Sie gegebenenfalls Stück für Stück Ihre Einrichtungs- und Dekorationsgegenstände aus.
6. Gleichen Sie eventuell vorhandene ableitende Schwellen aus. Das ist besonders für die Haustür von Bedeutung.
7. Nun können Sie Objekte mit einer hohen Chi-Ausstrahlung einbringen, dazu gehören zum Beispiel Brunnen, Pflanzen, harmonisierende Klänge (Klangspiele, klassische Musik), natürliche Düfte, Edelsteine, Katma-Edelstein-Essenzen und vieles mehr. Mehr zu diesem Thema finden Sie ab Seite 220.

Über die ersten Punkte, wie Sie einen Vitalraum schaffen können, haben wir in diesem Buch ja schon gesprochen. Nun soll es um die Hilfsmittel gehen, mit denen Sie Ihre Räume in gebende verwandeln können.

Hilfsmittel im Feng Shui

Alle Feng Shui-Hilfsmittel wirken – vereinfacht gesagt – auf zwei Ebenen, nämlich:
- *auf denen des Energieflusses:* durch ihre Form, ihre physikalischen Eigenschaften und den Standort
- *auf denen der Energiequalität:* durch Töne, Düfte, feinstoffliche Informationen (Homöopathie, Katma und so weiter)

Der richtige Einsatz der Heilmittel in Bezug auf den Energiefluss ist in erster Linie zu beachten, die Feinabstimmung der Energiequalität ist der zweite Schritt. Manche Hilfsmittel wirken vorrangig auf den Energiefluss, andere – wie Symbole – eher auf eine Veränderung der Qualität des Chi. Oft aber sind beide Aspekte gleichzeitig wirksam. So wirken zum Beispiel Klangspiele auf den Energiefluss, indem sie etwa Sha-Einflüsse durch Sammlung und Zerstreuung vermindern. Die Energiequalität kann durch die Art der Klänge beeinflusst werden, so zum Beispiel durch die Planetentöne, die für bestimmte Eigenschaften stehen.

Die Wirkung der Hilfs- und Heilmittel auf den Energiefluss

Feng Shui-Hilfsmittel sollen Sha-Einflüsse (vgl. S. 117 ff.) auf diese Weise regulieren:
- Sie bremsen zu schnelles, starkes, geradliniges und schroffes Chi ab und bringen es wieder in den natürlichen Fluss zurück (bei scharfen Ecken und Kanten, Energieautobahnen durch lange Flure, gegenüberliegende Fenster und Türen).
- Sie wirken als Energiemagneten und beleben Bereiche, die gar nicht oder mangelhaft mit Chi versorgt werden, oder halten Energie, die sonst verloren gehen würde.

Energielenkung durch Hilfsmittel

Wie Sie im Kapitel »Die Lebensenergie Chi« schon erfahren haben, gibt es unterschiedliche Energieflüsse, die wir über entsprechende Maßnahmen ausgleichen können. Hier ein paar ganz grundsätzliche Empfehlungen, die das Prinzip verdeutlichen sollen.

Situation: Stagniertes Chi, Chi-Mangel
Wo: in Raumecken, in geschlossenen Räumen ohne ausreichende Belüftung (Abstellkammern, Kellern, oft in Krankenzimmern), auch unter Dachschrägen, in unbewegten und trüben Gewässern (Tümpel, Teiche, auch Vasen mit verwelkten Blumen), defekten Geräten.

Ausgleichsmöglichkeiten mit dem Ziel, Bewegung zu bringen und das Chi anzuziehen: Beleben durch Lampen, Pflanzen, Zimmerbrunnen oder Spiegel, durch ausreichende Belüftung.

Situation: Beschleunigtes Chi
Wo: in langen, schmalen Fluren, auf geraden Straßen, in Raumbereichen direkt zwischen Tür und Fenster, an Ecken und Kanten von Häusern, Tischen, Schränken, Regalen, Deckenbalken.

Ausgleichsmöglichkeiten mit dem Ziel, die Energie abzubremsen und zu zerstreuen: Pflanzen entschärfen versteckte Pfeile, wenn sie vor Kanten oder Ecken platziert werden, Vorhänge, Raumteiler, diagonal gelegte Läufer oder Teppiche, symbolisch »Fenster schließen« durch Pflanzen, Mobiles, Klangspiele und so weiter.

Situation: Energieverlust
Wo: durch Treppen mit offenen Stufen oder nach unten führende Treppen, Kamine ziehen Chi ab, Häuser in Hanglagen.

Ausgleichsmöglichkeiten mit dem Ziel, das Chi zu halten: durch Pflanzen, Lichtquellen, Mobiles, Klangspiele. Im Außenbereich: Mauern halten die Energie, Anpflanzen von Büschen, Bäumen, Sträuchern.

Die wichtigsten Feng Shui-Hilfs- und Heilmittel

Natürlich können wir in diesem Buch nicht alle Hilfsmittel und ihre Anwendung aufführen. Aber wir möchten Ihnen an dieser Stelle die wichtigsten vorstellen.

Spiegel

Ein wichtiges Feng Shui-Element zur Energielenkung ist der Spiegel. Er zieht auf der einen Seite Energie an, gibt sie aber auch durch Reflexion wieder ab. Dieser beiden Eigenschaften sollten wir uns bewusst sein, wenn wir ihn einsetzen möchten. Obwohl wir an dieser Stelle nicht genau auf den Einsatz der Spiegel eingehen können, wollen wir die grundsätzlichen Formen und deren Einsatz kurz zusammenfassen. Für weitere Informationen empfehlen wir unser Buch »Feng Shui heute«.

Denken Sie daran: Ein Spiegel kann ebenso wie andere Metallobjekte störende Erdstrahlungen verstärken. Achten Sie also darauf, dass Ihr Schlafzimmer möglichst frei davon ist.

Unterschiedliche Spiegelarten

Plane Spiegel

Diese gebräuchlichen Spiegel kennen wir alle. In den meisten Fällen setzen wir sie unbewusst sein, ohne zu wissen, welche Wirkung sie besitzen. Sie können Fehlbereiche optisch ausgleichen. Beim Einsatz von Spiegeln sollte man immer darauf achten, dass sie sich niemals direkt gegenüber einer Eingangstür befinden. Hier würden sie das einfließende Chi gleich wieder hinausschicken.

Konvexe Spiegel

Konvexe, also nach außen gewölbte Spiegel zerstreuen durch ihre Oberfläche die Energie. Sie sind daher besonders geeignet, versteckte Pfeile ebenso wie Energieautobahnen auszugleichen. In einigen Feng Shui-Büchern heißt es, dass konvexe Spiegel Glück anziehen. Das ist so pauschal nicht der Fall, denn schon durch ihre Form wird deutlich, dass hier Chi-Energie zerstreut und nicht nur gesammelt wird.

Konkave Spiegel

Konkave, nach innen gewölbte Spiegel sammeln und fokussieren Chi-Energie. Sie füllen Bereiche mit niedrigem Chi-Niveau energetisch auf. Um das Wirkprinzip dieser Spiegel zu verstehen, stellen Sie sich eine Satellitenschüssel vor, die Sendefrequenzen bündelt, damit wir die Programme bei uns zu Hause empfangen können. In ähnlicher Weise sammelt ein konkaver Spiegel Energien.

Wasser

Wasser ist das Symbol für Fülle und Reichtum. Es zieht reichlich Chi an und wird zum Beispiel über Bilder, Zimmerspringbrunnen oder Miniteiche aktiviert. Die Qualität des Wassers spielt eine wichtige Rolle, weshalb das Brunnenwasser regelmäßig ausgetauscht werden sollte (ein- bis zweimal in der Woche).

Wasserobjekte im Garten können mit »Vital-Water-Power«, einer Art Homöopathie mit der Information gesunder Gewässer, vitalisiert werden. Auch Wasserfallbilder sind hervorragende Chi-Träger und können als Poster an der Wand den Geschäftsumsatz und den beruflichen Erfolg fördern. Natürlich nur für den, der in Resonanz zu dieser Art Bilder steht. Wer sie aus ästhetischen Gründen ablehnt oder auch, weil sie nicht zu seiner sonstigen Einrichtung passen, sollte die Hände davon lassen. Wichtig ist bei Postern noch die Flussrichtung des Wassers. Sie sollte auf etwas Positives zufließen.

Kristalle

Kristalle reflektieren das Tageslicht und wirken aktivierend auf das Chi. Je mehr Facetten, desto stärker ist ihre Wirkung durch Lichtbrechung. Es gibt sie in vielen unterschiedlichen Formen und Größen, die je nach Zweck und Größe des Raumes angepasst werden können. Besonderer Beliebtheit erfreuen sich die Halbkristalle, die man außen auf Toilettentüren kleben kann, um den Chi-Verlust in diesen Räume zu minimieren.

Edelsteine

Steine und Edelsteine sind ebenfalls hervorragende Feng Shui-Hilfsmittel. Sie können Chi anziehen und verstärken, nehmen aber auch Sha auf und wandeln es um. Um sie effektiv einzusetzen, sind Form und Farbe der Steine entscheidend.

- Beruhigend und zentrierend wirken runde Formen, also Kugeln, Eier sowie unregelmäßige, sanft geformte Steine. Sie besänftigen den Energiefluss und wandeln versteckte Pfeile in Chi um. Besonders gut eignen sich Steinkugeln und Marmoreier in den Sektoren des Metallelements.
- Grundsätzlich aktivierend wirken spitze Formen, so zum Beispiel auch Kristallspitzen. Sie bündeln das Chi und senden es gesammelt wieder in die Umgebung ab. Achten Sie darauf, dass die ausgestrahlte Energie nicht auf Personen gerichtet ist. Auf der Elementarebene korrespondieren Kristallspitzen mit dem Feuerelement.

Über die Form hinaus wirken Steine auch auf die Energiequalität. Welche mit welchem Bagua-Bereich in Resonanz stehen, sehen Sie in der Tabelle auf Seite 158.

Katma-Edelstein-Essenzen

Schon seit Jahrtausenden sind die Heilkräfte der Edelsteine bekannt. Doch nur ein kleiner Teil dieses Wissens ist bis heute überliefert. Beinahe ganz in Vergessenheit geraten sind die Edelstein-

Essenzen, die als ganzheitliches Harmonisierungsmittel umfassend auf Mensch und Raum wirken. Mit den Katma-Essenzen wird ein verlorenes Wissen wieder ans Licht geholt. Hier geht es nicht mehr »nur« um den Steinkörper, die Materie, sondern um seine feinstofflichen Informationen. Die Essenzen werden mit der Sonnenmethode gewonnen, ein Verfahren, das unter anderem durch die Blütenessenzen des englischen Forschers und Mediziners Edward Bach bekannt ist.

So nutzen Sie die Katma-Edelstein-Essenzen:

- Die Katma-Essenzen werden im Feng Shui zur Harmonisierung und Ausrichtung von Räumen genutzt.
- Die Katma-Essenzen werden in Wasser oder Tee eingenommen. Sie eignen sich für Mensch, Tier und Pflanze. Sie helfen dabei, ungenutzte Potentiale zu entwickeln.
- Die Katma-Essenzen nutzen Sie äußerlich zum Energetisieren, für Bäder und Umschläge.

Was bewirken die Katma-Edelstein-Essenzen?

Die Katma-Edelstein-Essenzen sind vergeistigte Materie, die mit unserem feinstofflichen Energiesystem korrespondiert, oder, wie wir im Feng Shui sagen, mit dem Chi. Sie helfen dabei, zurück zu unseren Wurzeln zu finden. Wir nehmen die Umwelt bewusster wahr und erkennen die Wechselwirkungen zwischen Innen- und Außenwelt. Durch diesen Prozess der Bewusstwerdung können wir uns aus eingefahrenen und einengenden Mustern befreien. Dann sind wir nicht länger Opfer, sondern Schöpfer unseres Lebens.

Der Katma-Kreis

Der Katma-Kreis dient der ersten optischen Orientierung. In ihm werden die durch Katma repräsentierten Eigenschaften dargestellt. Wegweiser zur passenden Essenz ist die momentane Gemütslage oder der Bereich des Hauses, in dem sie eingesetzt werden soll. Welche Katma-Essenzen in welchem Bereich besonders wirksam sind, können Sie dem Katma-Kreis auf der hinteren Umschlaginnenseite entnehmen.

Katma und Feng Shui

Für unser Wohlbefinden ist es wichtig, dass uns ein Haus mit seinen Energiequalitäten versorgt, die wir gerade für unsere Entwicklung benötigen. Mit den Katma-Essenzen gelingt es, Räumen eine Ausrichtung zu verleihen, die uns individuell fördert.

Energetisieren Sie Ihre Räume mit:

- Rubin – für eine liebevolle Atmosphäre,
- Smaragd – für die Zeit der Rekonvaleszenz nach einer Krankheit,
- Goldtopas – für die Reinigung von »dicker Luft« nach einem Streit,
- Turmalin – für die Materialisierung Ihrer Wünsche oder für die Existenzgründung.

Bitte beachten Sie, dass sich die Empfehlungen in der Hilfsmitteltabelle für die Steine und die Katma-Edelstein-Essenzen durchaus unterscheiden können. Der Grund dafür ist, dass die Wirkungsebenen andere sind. Während der Stein noch durch seinen Körper wirkt, strahlen die Katma-Essenzen eine noch feinere, feinstoffliche Schwingung aus, da sie ja bereits der geistigen Essenz des jeweiligen Steines entsprechen.

Klänge

Klassiker im Feng Shui sind Klangspiele. Ihre dezenten Klänge sind im Garten, auf dem Balkon oder in den Innenräumen beliebt. Das Einsatzgebiet von Klangspielen ist fast unbegrenzt. Sie können versteckte Pfeile und Energieautobahnen abbremsen und die Energie aus der Geradlinigkeit wieder zurück in den harmonischen Chi-Fluss lenken. Die Klangqualität und Klangfarbe eines Tones wird wesentlich von den mitschwingenden Obertönen bestimmt, weshalb Oberton-Klangspiele über einen besonders runden, vollen harmonischen Ton verfügen.

Oberton-Klangspiele

Oberton-Klangspiele bezaubern. Durch einen leichten Lufthauch, eine flüchtige Berührung entsteht ein harmonischer Klangteppich sich ständig verändernder Obertöne. Für einen Moment erwachen wir aus dem Alltag und erfahren die verborgene Harmonie des Universums. Viele alte Kulturen hielten die Wissenschaft vom Klang für die wichtigste, da sie durch ihre harmonisierenden Wirkungen einen Einfluss auf das Heilen, Lehren, Sichentwickeln und Vollenden hat.

Das hat seinen Grund: Schon in der pränatalen Entwicklungsphase hört das heranwachsende Baby im Mutterleib ausschließlich über die Vibrationsempfindung, was eine intensive emotionale Verknüpfung mit sich bringt. Und so haben wir von Natur aus ein Urvertrauen zum Klang, können uns leicht auf ihn einlassen, uns fallen lassen. Harmonische Oberton-Klänge wirken durch ihre ursprüngliche, physikalische Schwingung ordnend in unserem Umfeld. Richtig eingesetzt können die feinen Obertonschwingungen heilen und entspannen und die Raumatmosphäre energetisch aufladen.

Was sind Obertöne?

In jedem Ton schwingen unzählige Obertöne mit, die in ihrer Zusammensetzung die Klangfarbe bestimmen. Sie bilden zum Grundton Intervalle in ganzzahligen Frequenzverhältnissen. Diese sind – wie schon Pythagoras in seinen harmonikalen Studien erkannt hatte – psychisch erlebbar und haben einen Einfluss auf das Wohlbefinden des Menschen. Ideal ist es zum Beispiel, ab und zu eine »Klangdusche« zu nehmen, das heißt, sich unter ein schwingendes Klangspiel zu stellen oder legen. Diese energetische Reinigung wirkt ausgleichend und tankt die Aura mit den entsprechenden Schwingungsenergien auf, die nun auf der Informationsebene unser körperlich-geistiges Befinden beeinflussen.

Wie finde ich das richtige Klangspiel für mich?
Sowohl in den mystischen Traditionen der verschiedenen Weltreligionen als auch in der Astrologie und der modernen Psychologie geht man von der Existenz bestimmter »archetypischer Urprinzipien« aus. Man versteht darunter ursprüngliche Grundmuster, gewissermaßen die »Urbausteine« des Lebens, die die Realität auf all ihren Erscheinungsebenen durchziehen. Ihre Qualität ist unveränderbar; lediglich ihre Interpretation oder symbolische Darstellung kann sich – je nach zeitlichem, geistigem oder kulturellem Bezugssystem – wandeln. Diese Planetenenergien lassen sich auch auf Feng Shui übertragen. Welche Planetenenergien mit welchem Bagua-Bereich in Verbindung stehen, lesen Sie bitte in der Tabelle auf S. 156 ff. nach.

Klangschalen

Schon im 8. Jahrhundert war die Kunst der Klangschalenanfertigung in den Tälern des Himalaja beheimatet. Man weiß nicht genau, ob die Schalen zu Anfang schon Kultgegenstände oder reine Gebrauchsgegenstände waren. Die spezielle Legierung, die damals noch aus zehn Metallen (Gold, Silber, Kupfer, Eisen, Zink, Blei und anderen) bestand, ging im Laufe der Zeit verloren. Klangschalen können ebenfalls als Hilfsmittel im Feng Shui angewandt werden.

Düfte

Düfte haben einen direkten Einfluss auf das Wohlbefinden und eignen sich deshalb hervorragend zur Raumharmonisierung und Ausrichtung. Sie wirken ganz unmittelbar auf den Geruchssinn und gelangen von der Nase direkt zum limbischen System, einer Art Schaltzentrale des Gehirns. Je nach Duftreiz werden hier bestimmte Botenstoffe freigesetzt, die unser körperlich-geistiges Wohlbefinden beeinflussen.

Ätherische Öle

Ätherische Öle wirken immer ganzheitlich, das heißt auf allen Ebenen. Diese Wirkungen allerdings erzielen nur echte ätherische Öle. Auf dem Markt sind in der Zwischenzeit viele minderwertige, synthetisch nachgebildete Öle. Ätherische Öle sind Duftstoffe, die durch Einlagerung von winzigen Ölkügelchen in Blüten, Blättern, Stängeln oder Wurzeln entstehen. Die Einlagerung geschieht in den Ölzellen, den Ölgängen oder Öldrüsenhaaren.

Ätherische Öle sind die Hormone der Pflanzen, denn sie regulieren deren gesamten Stoffwechsel. Sie können bremsend oder aktivierend auf ihn wirken. Über diese innere Funktion hinaus sind sie auch die Vermittler der Information nach außen. So locken sie Insekten an oder wehren krankheitserregende Mikroorganismen ab.

Jedes ätherische Öl setzt sich aus einer Vielzahl biochemischer Substanzen zusammen, Rosenöl besteht zum Beispiel aus bis zu 400 einzelnen Inhaltsstoffen.

Ätherische Öle wirken auf zwei Wegen: entweder direkt über die Haut und die Schleimhäute (durch Bäder, Cremes …) oder indirekt über die Lungen (Raumluft als Träger der ätherischen Öle).

Für das Feng Shui ist der zweite Weg von großer Bedeutung. So können Düfte zur Konzentrationssteigerung, zur Stimulierung der Sinnlichkeit, zur Entspannung bewusst eingesetzt werden. Im Business-Feng Shui ist bekannt, dass höhere Umsätze erzielt werden, wenn Kaufhäuser gezielt beduftet werden.

Ätherische Öle und ihre Entsprechungen auf der Elementarebene

Holz		Feuer		Erde		Metall		Wasser	
			Rosmarin			Zitrone		Lavendel	
Lemon-		Ingwer							
grass		Zimt		Ylang-Ylang		Bergamotte		Benzoe	
						Eisenkraut			
	Sandelholz							Galbanum	
				Rose		Eukalyptus			
Basilikum		Weihrauch		Geranie					
				Jasmin		Verbena		Vetiver	
Zypresse		Ginster		Angelika		Ysop			Zeder
Douglasie		Koriander		Eichen-					
				moos					
								Moschus	
Estragon		Nelke		Rosenholz					
Melisse		Thymian		Mimose					
Salbei					Orange				
					Mandarine				
				Patchouli					
				Vanille					

Die zwischen den »Element-Spalten« stehenden Düfte werden nicht einem, sondern zwei Elementen zugeordnet.

Duftmischungen und ätherische Öle für den Wohnbereich

Guten Morgen

Pfefferminze	3 Tropfen
Rosmarin	3 Tropfen
Eisenkraut	3 Tropfen

More Energy

Wacholder	2 Tropfen
Riesentanne	1 Tropfen
Limette	3 Tropfen

Duftmischungen und ätherische Öle für sinnliche Stunden

Romantik

Vanille	3 Tropfen
Cardamon	2 Tropfen
Orange	2 Tropfen

Sinnlichkeit

Sandelholz	2 Tropfen
Vetiver	1 Tropfen
Koriander	1 Tropfen
Muskatellersalbei	2 Tropfen
Neroli	2 Tropfen

Duftmischungen und ätherische Öle zur Meditation und zum Abschalten

Meditation

Weihrauch	3 Tropfen
Zeder	4 Tropfen
Sandelholz	1 Tropfen
Rosenholz	2 Tropfen
Weißtanne	1 Tropfen
Geranie	2 Tropfen

Winterabend

Zitrone	5 Tropfen
Weißtanne	3 Tropfen
Nelkenknospe	1 Tropfen
Zimtrinde	1 Tropfen

Duftmischungen und ätherische Öle zur Entspannung

Abendsonne

Grapefruit	5 Tropfen
Rosenholz	3 Tropfen
Ho-Blätter	3 Tropfen
Rosengeranie	2 Tropfen

Vorfreude

Vanille	2 Tropfen
Orange	5 Tropfen

Duftmischungen und ätherische Öle zur Nervenstärkung und Stressreduktion

Regeneration		*Geburtstagsfest*	
Angelika	2 Tropfen	Vanille	3 Tropfen
Rose	1 – 2 Tropfen	Clementine	3 Tropfen
Jasmin	1 Tropfen	Mandarine	3 Tropfen
Grapefruit	4 Tropfen	Zimt	1 Tropfen

Duftmischungen und ätherische Öle gegen aufdringliche Essens- und Küchengerüche

Küchenklar

Myrte	3 Tropfen
Lemongrass	2 Tropfen

Pflanzen

Wir kennen ein weiteres probates, stets wirksames Mittel, das uns darin unterstützt, nehmende in gebende Räume zu verwandeln – und das sind Pflanzen. Sie beleben jedes Zimmer, stellen Verbindungen nach draußen dar, schenken uns ein kleines Stück Natur in unseren vier Wänden. Aber, so werden viele von Ihnen fragen, wirklich in jedem Zimmer? Da kennen wir doch zumindest eine Ausnahme, oder …?

Was unsere Seele streichelt

Es bleibt erstaunlich, wie sich auch in klugen Köpfen Vorurteile festsetzen, die sich weigern, endlich wieder zu verschwinden. Ein recht krasses Beispiel rankt sich um die ebenso schönen wie hilfreichen Pflanzen, die nicht nur unsere Seele streicheln, sondern auch die Gesundheit erhalten und fördern können. Dazu ein für uns unvergessliches Erlebnis: Ende der 90er Jahre waren wir Gäste in der »Watt is«-Show des ARD-Moderators Jürgen von der Lippe. Unsere Aufgabe war es nun, nicht nur das TV-Studio nach Feng Shui-Kriterien umzugestalten, sondern dem Publikum die auch damals noch gar nicht so bekannten, essentiellen Grundzüge dieser Harmonielehre nahe zu bringen. Das Frage-und-Antwort-Spiel vor der Kamera lief ebenso witzig wie flott ab, bis das Thema auf Pflanzen – und zwar auch solche im Schlafzimmer – kam.

Genau an diesem Punkt begehrte der Moderator auf: Aber das könne ja nun nicht sein, Pflanzen im Schlafzimmer zu halten, das ginge doch nun auf keinen Fall. Es wisse doch jeder, dass diese heimtückischen Grünlinge in der Nacht mit ihren Ausdünstungen dem Schläfer die Luft zum Atmen rauben. Und sich an das Publikum im Saal wendend fragte Jürgen von der Lippe: »Isset nich so?« Und der Beifall bestätigte ihn lautstark. Unrecht hatten sie alle dennoch, der Moderator wie die Zuschauer, auch wenn alle ebendies ganz genau von den Eltern und Großeltern, dem Dorfdoktor und Biolehrer wissen: Es bleibt unwahr. Lassen wir Fakten sprechen, damit endlich die unschuldigen Pflanzen rehabilitiert werden:

Von einigen giftigen Exemplaren abgesehen, reichern grüne Pflanzen die Atmosphäre mit Sauerstoff an. Pflanzen wie etwa die Aralie, der Korallenbaum und die Schefflera, die einen hohen Wasserbedarf haben, »arbeiten« zudem noch als ausgezeichnete Luftbefeuchter. Weiterhin aber sind Zimmerpflanzen mit großer Blattoberfläche – wie etwa die Banane und verschiedene Ficus-Arten – effektive Sauerstoffspender, ja: Sie schlucken dazu noch Raumgifte wie unter anderem die Grünlilie und die Birkenfeige. Wie haben wir uns das Ganze nun vorzustellen?

Naturschönheiten im Licht

Wissenschaftlich gesehen, geschieht dies: Stehen die Naturschönheiten im Licht, läuft die so genannte Photosynthese ab. Das grüne Wunder in unseren vier Wänden nimmt also Kohlendioxyd auf und scheidet Sauerstoff aus – was bewirkt, dass die Pflanzen atmen. Und sie nehmen auch Sauerstoff auf und scheiden CO_2 aus – die im Licht stehenden Pflanzen aber geben bei weitem mehr Sauerstoff ab als CO_2.

In der Nacht – zugegeben – läuft natürlich keine Photosynthese ab, sondern nur noch die Pflanzenatmung. Die Grünlinge holen sich also in der Dunkelheit heimlich, still und leise einen Teil des Sauerstoffs zurück, den sie uns den ganzen Tag über geschenkt haben. Aber der Partner neben Ihnen (oder auch die Katze links, der Hund rechts vom Bett) »rauben« Ihnen, liebe Leserin und lieber Leser, unendlich viel mehr Sauerstoff, da die Atemtätigkeit einer Pflanze deutlich hinter der eines gleichgewichtigen Säugetieres zurückbleibt. Daher unser Rat: Trennen Sie sich weder von dem geliebten Bettgenossen noch von Ihren grünen Freunden im Schlafzimmer. Das tut dann nicht nur – siehe oben – der Seele gut, sondern kann auch Ihren Körper regenerieren.

Die Gefahr in den eigenen vier Wänden

Alle reden heute von den großen Umweltgefahren wie etwa der Luftverschmutzung. Immer wieder wird uns geraten, die Haustüren fest hinter uns zu verschließen, die Fenster abzudichten, wenn diese Art der Gefahr im Verzug ist. Was aber wenige wissen: Umweltforscher haben lange schon die erschreckende Tatsache entdeckt, dass die Luft in unseren Wohnungen und Büros sehr viel höher belastet ist als die draußen – und zwar bis zu zehn Mal! Erwiesen ist längst, dass eben diese »Giftluft« nicht nur zu den gerade in den vergangenen Jahren so massenhaft angestiegenen allergischen Reaktionen auf alles nur Mögliche geführt hat, sondern auch zu chronischen Erkrankungen. Ja, die amerikanische Umweltbehörde sagt sogar, dass unter anderem mit dem Rauchen und dem Alkohol die Schadstoffe in den eigenen vier Wänden zu den fünf größten Bedrohungen für unsere Gesundheit zählen. Und durchschnittlich verbringt der moderne Mensch der westlichen Industriestaaten rund 90 Prozent seiner Zeit in geschlossenen Räumen ...

Angefangen hat das alles einmal mit der Energiekrise von 1973, als ein Erdölembargo gegen die westlichen Industrienationen verhängt wurde. Von nun an hieß das Zauberwort: Energiesparen. Und zwar ging es nicht nur um die Benzin schluckenden Autos, sondern vor allem um den Energieverbrauch in den Häusern. Und so wurde fleißig umgebaut, Fugen mit Dichtungsmasse verstopft und Neubauten so konstruiert, dass sie beinahe schon hermetisch abgeschlossen waren. Weiterhin wurden in jenen Jahren auch noch Baumaterialien genutzt, die unter vielem anderen Formaldehyd, Toluol, Benzol, Chloroform, Ammoniak, Alkohol und Aceton abgeben. Was politisch und wirtschaftlich vielleicht sinnvoll war, erweist sich heute vom gesundheitlichen Standpunkt aus gesehen als eine Katastrophe: Denn wir brauchen in unseren Räumen den Austausch mit frischer Außenluft. In den Geschäftsbauten kommt erschwerend hinzu, dass die Klimaanlagen oft schlecht gewartet sind, was wiederum Auslöser für zahlreiche Erkrankungen nicht nur der Schleimhäute sein kann.

Das »Sick-Building-Syndrom«

Schon 1984 gab die WHO, die Weltgesundheitsorganisation, bekannt, dass bis zu 30 Prozent aller weltweit neuen oder umgebauten Gebäude Probleme mit der Innenluft haben könnten. Darauf ist auch das heute weltweit bekannte Phänomen des »Sick-Building-Syndroms« (SBS) zurückzuführen. Da reagieren Menschen in ihren Häusern und Bürogebäuden mit typischen Symptomen wie etwa Müdigkeit und Kopfschmerzen, Asthma und Hautreizungen, Allergien und Lungenerkrankungen. Kein Mittel half, es sei denn, die Menschen verließen für längere Zeit ihr

Heim oder das Büro. Dann nämlich besserte sich ihr Zustand rapide, um sich wieder zu verschlimmern, wenn sie nach Hause kamen oder wieder zur Arbeit gingen. Damit war klar: Das »kranke Haus« oder die »kranke Firma« machte auch sie krank.

Was ist da zu tun? Natürlich zuerst einmal wieder mehr Austausch zwischen innen und außen zulassen, trotz Knappheit an fossilen Brennstoffen. Weiterhin sollten wir alle den Einsatz von baubiologisch unbedenklichen Baustoffen fordern und fördern. Und genauso wichtig: Holen Sie sich Pflanzen ins Haus! Ja, Pflanzen. Sie nämlich haben sich als eine ganz natürliche und dazu noch wunderschöne Geheimwaffe gegen Wohngifte erwiesen.

Altes Wissen neu entdeckt

Das hat nun auch längst die internationale Wissenschaft (wieder) entdeckt!

Bereits in einem mehr als 100 Jahre (!) alten englischen Gartenbuch, dem »Ladies Floral Cabinet«, haben wir diese Worte gefunden: »Die höchste Aufgabe der Pflanzen ist es nicht allein, unsere Augen durch Farben und unseren Gaumen durch köstliche Früchte zu erfreuen. Sie tun all dies. Doch ebenso leise und gewissenhaft entfernen sie Unreinheiten aus der Luft und aus der Erde. Und jedes Haus, in dem gesunde Pflanzen gedeihen, ist sauberer und gesünder für uns, als wenn sie nicht da wären.« Ein Satz, der heute umso wichtiger für uns ist, da die Umweltbelastungen außerhalb und vor allem innerhalb vieler Gebäude so viel schlimmer geworden sind als zu Zeiten des Autors dieser Zeilen. Dieses uralte Wissen gilt es gerade heute neu zu entdecken.

In dem Buch *Energiepflanzen im Haus* schreibt die Autorin Eva Katharina Hoffmann: »Häufig fördern die Schadstoffe (aus SBS-befallenen Gebäuden) bei hypersensitiven Personen noch zusätzlich Allergien auf Staub, Hausmilben, Schimmelsporen, Pollen und Lebensmittel. Pflanzen sind in der Lage, diese Schadstoffe zu filtern und umzuwandeln und die Luft im Haus zu verbessern. Außerdem befeuchten sie die Luft, vorausgesetzt, wir lassen sie nicht komplett austrocknen. (...) Dass die entweichenden Pflanzendüfte stimulieren, antimykotische (gegen Pilze) und antibakterielle Eigenschaften besitzen, wissen wir aus der Aromatherapie. Nachstehend nun einige Beispiele für Zimmerpflanzen mit großem Abbauerfolg bei einzelnen Schadstoffen:

– Formaldehyd: Schwertfarn, Strauchmargerite, Drachenbaum, Bergpalme, Birkenfeige, Efeu, Einblatt, Strahlenaralie, Dieffenbachie.
– Xylol und Toluol: Dieffenbachie, Schwertfarn, Flamingoblume, Birkenfeige.
– Ammoniak: Flamingoblume, Strauchmargerite, Pfeilwurz, Birkenfeige, Drachenbaum, Azalee.«

Pflanzen im All

Die Chance, die in diesem Wissen liegt, ist klar: Auch in SBS-befallenen Gebäuden können wir die Fähigkeiten von Pflanzen nutzen und die Atmosphäre und Luftqualität erheblich verbessern. Dass dies kein wirrer Gedanke von irgendwelchen Ökofreaks ist, zeigt ein wissenschaftlicher Beweis.

Es war die NASA, die hier forschte. Sie musste nämlich das Problem der Luftqualität in hermetisch abgeriegelten Raumkapseln lösen: Mehr als 300 flüchtige organische Verbindungen wurden während des Aufenthaltes der Astronauten im All aufgespürt. Nach langen Forschungen fand man heraus, wer in der Lage war, diese Substanzen aus der Luft zu filtern: Pflanzen. Im Verlauf neuer wissenschaftlicher Tests konnte bewiesen werden, dass unser »grünes Wunder« sogar in der Lage war, unter anderem Gifte wie Formaldehyd und Benzol aus der Luft zu filtern. Am Ende der theoretischen Untersuchungen stand ein ganz praktischer Test. Die NASA baute ein streng mit Kunststoffen luftisoliertes Haus. Die Besucher des »Plastikheimes« waren

Pflanzentabelle

	allgemein entgiftend	Ammoniak	Benzol	Form-aldehyd	Kohlen-dioxid	Kohlen-monoxid	Nikotin	Toluol u. Xylol	Trichlor-äthylen
Alpenveilchen	x								
Arecapalme								x	
Azalee		x							
Banane						x			
Baumfreund				x					
Bergpalme	x								
Birkenfeige	x	x		x	x		x		
Bogenhanf			x						
Chamaedoria elegans		x							
Chrysantheme		x		x					
Dendrobium		x							
Dieffenbachie	x							x	
Drachenbaum			x	x				x	x
Drazäne		x						x	
Echte Aloe				x					
Efeu			x						
Efeutute			x	x	x		x		
Einblatt		x	x					x	x
Flamingoblume		x						x	
Gerbera				x					

Pflanzentabelle *(Fortsetzung)*

	allgemein entgiftend	Ammoniak	Benzol	Formaldehyd	Kohlendioxid	Kohlenmonoxid	Nikotin	Toluol u. Xylol	Trichloräthylen
Grünblättriger Wein					x				
Grünlilie	x			x	x	x			
Homalomena		x						x	
Kentia-Palme	x								
Kolbenfaden			x						
Korbmarante		x							
Nachtfalterorchidee								x	
Nephrolepis obliterata								x	
Orchidee	x								
Pfeilwurz, Marante	x								
Philodendron	x			x					
Purpurtute		x		x					
Schlangenwurz		x						x	
Schwertfarn	x								
Steckenpalme									
Strahlenaralie	x			x					
Tulpe		x							
Zimmerwein	x								
Zwergdattelpalme								x	
Zwergpfeffer				x					

nicht eben zu beneiden: Nur kurz nach Eintritt durch die Tür klagten sie bereits über Augenbrennen und Atembeschwerden und ein rätselhaftes Jucken am ganzen Körper.

Nun wurden im Haus sechs Philodendren und ein mit Efeututen bestückter Aktivkohle-Pflanzenfilter platziert, der mit seiner Kraft rund 15 Hauspflanzen entsprach. Von nun an – und das war die Sensation – litt kein Besucher mehr im Haus unter SBS. Ein Student wohnte gar einen ganzen Sommer in dem Kunststoffhaus und blieb gesund und munter.

Auch in Deutschland wurde diese spezielle Forschung jetzt vorangetrieben, und das GSF-Forschungszentrum für Umwelt und Gesundheit (Neuherberg bei München) konnte neue Beweise vorlegen, wie und welche Pflanzen etwa Formaldehyd aus der Raumluft in ungiftige Stoffe umwandeln. Die Wissenschaftler untersuchten zehn weit verbreitete Pflanzen. Ihr Ergebnis: In ihren Blättern konnte ein Eiweißstoff nachgewiesen werden, der Formaldehyd in ungiftige Naturstoffe wie Aminosäuren und Zucker umwandelt. Damit war es den GSF-Forschern zum ersten Mal gelungen, den Mechanismus aufzuklären, wie Formaldehyd durch Pflanzen entgiftet wird. Das Forschungszentrum gab weiterhin bekannt: Die Entgiftungsreaktion erfolgt ähnlich wie bei Stoffwechselvorgängen in der menschlichen und tierischen Leber.

Grenzen der lebenden Luftfilter

Nicht alle Zimmerpflanzen entgiften gleich gut. Als besonders effektiv gelten nach den Kriterien der GSF-Forscher unter anderem Birkenfeige (Ficus benjamina), Strahlenaralie (Schefflera arboricola) und Efeutute (Epripremnum pinnatum). Eine Mahnung der Wissenschaftler sollte bei aller Euphorie nicht unerwähnt bleiben: Eine vollständige Entfernung des Giftes können die lebenden Luftfilter auch unter optimalen Bedingungen nicht leisten.

Dennoch bleibt erstaunlich, wie Pflanzen uns helfen können, Raumgifte zu minimieren. Grund genug für uns, für Sie eine Tabelle (siehe Seite 236f.) mit den wichtigsten Giftschluckern unter unseren Zimmerpflanzen anzufertigen – für ein nicht nur schönes, sondern auch gesundes Feng Shui-Heim oder -Büro.

Wie finden Sie Ihren Berater?

Gute Frage: Zur Hilfe nahm vor fünf Jahren die junge »Stern«-Reporterin Silja Ukena die »Gelben Seiten«. Danach veröffentlichte sie ihre Erlebnisse rund um Feng Shui (siehe »Stern«-Ausgabe 43/99). Ein Artikel, der – leider! – nichts an Aktualität verloren hat. Zitieren wir mal kurz: »In den Gelben Seiten steht Feng Shui zwischen den Rubriken Fell und Fenster … Wahllos tippe ich die Nummer einer Beraterin mit einem ›Dipl.‹ vor dem Namen. Sie ist gleich ganz begeistert und beglückwünscht mich zu meiner klugen Entscheidung, endlich etwas für ein besseres, froheres, reicheres Leben zu tun. Wann sie denn kommen solle? So viel Enthusiasmus macht mich misstrauisch. Zu Recht. Ihr Diplom hat die Dame nämlich von der Volkshochschule. Kurs Nr. 67003 ›Der Fluss des Chi‹ .« – Das gibt's leider gar nicht so selten. Bis heute. Und es sträuben sich einem die Haare, dass solche »Experten und Expertinnen« nach ein paar Volkshochschule-Abendstunden in Privatwohnung und Büros einfallen und dort Analysen abliefern, die das Leben und die Arbeit von Bewohnern und Angestellten in neue, positive Bahnen bringen sollen.

Werkeln in der Grauzone

Man kann nun die Reporterin, deren erste Schritte in die bisweilen wirklich sehr wunderbar-merkwürdige Welt des Feng Shui wir weiter verfolgen wollen, verstehen. Sie ist irritiert. Darf frau (und nebenbei auch man) wirklich einfach den Titel »Diplom« nach einer Abendveranstaltung vor den Namen stellen?

Man/frau darf das natürlich nicht. Tut es aber einfach, weil Feng Shui – was seine Präsenz behördlicherseits anbelangt – noch in der Grauzone vor sich hin werkelt. Davon hat jetzt auch die junge Stern-Mitarbeiterin so einiges mitbekommen, versucht's aber weiter (wohl eher im Hinblick auf eine nette Story als darauf, ihre Wohnung und ihr Leben fengshuiistisch zu verändern ...). Sie ruft einen gewissen Gunnar an, der nicht nur intensive Beratung, sondern auch noch meditative Massagen anbietet. Unsere Reporterin lehnt das dankend ab. – Damit tut sie recht, denn Massagen – wie und wo auch immer – gehören auf gar keinen Fall zu einer Feng Shui-Analyse ...

Silja Unkena startet einen neuen Versuch. Und landet bei Detlef. Der darf kommen und interessiert sich zunächst vor allem für die Tür. Er stellt fest, dass der Eingang nicht in die Richtung des Todes schaut (wenigstens das wurde vermieden ...), aber erklärt unserer verwunderten Reporterin, die nur Bahnhof versteht, dass links von der Tür der Glück bringende grüne Drache wohne, rechts der weiße Tiger. Für ein gutes Feng Shui müsse nun die Seite vom grünen Drachen auf alle Fälle höher liegen als die Tigerseite, und er erklärt es Silja Unkena so: »Sonst sammelt sich zu viel schwächelndes Chi. Und das gibt Unglück. Man kann aber schon durch Aufschütten eines kleinen Erdhügels eine ganze Menge korrigieren.«

Künstliche Berge und Maulwurfshügel

Kann man es der jungen Journalistin verdenken, dass sie sich spätestens jetzt sagt: Feng Shui kann nur etwas für »abgedrehte Esos« sein! Ihr »Berater« hat ja Theorie-Bilder aus dem Chinesischen übernommen, ohne die kulturellen Hintergründe bewertet zu haben, geschweige denn die Philosophie für Europäer zu übersetzen. Es stimmt zwar durchaus, dass chinesische Kaiser und Fürsten einst künstliche Berge aufhäufen ließen, um den Fluss des Chi um ihre monumentalen Paläste herum zu leiten; aber das war, bitte sehr, vor vielen hundert Jahren, in einem fernen Land. Und das 1:1 ins Heute übertragen zu wollen, ist natürlich wenig sinnvoll.

Übergehen wird den nun folgenden Tanz des Analysten Detlef durch die Wohnung der zum Glück nicht erschrockenen, sondern nur noch amüsierten »Stern«-Journalistin. Zitieren wir aber da, wo's wieder sehr ärgerlich wird: »Im Schlafzimmer wird er (Detlef) nervös. Schnürt umher wie ein Rauhaardackel auf Fährte. ›Ha! Hier! Eine Wasserader. Fühlen Sie mal.‹ Er deutet auf einen nicht näher zu identifizierenden Fleck in der Luft. Ich halte ratlos die Hand hin. Nichts. ›Und? Merken Sie nicht ein Kribbeln?‹ Na ja, jetzt wo er's sagt. Das ist, wie wenn einer von Flöhen redet, und es fängt an zu jucken. Die Wasserader läuft jedenfalls quer durch mein Bett. ›Das ist ganz schlechtes Feng Shui. Wenn Sie da liegen bleiben, dürfen Sie sich nicht wundern, wenn Sie krank werden.‹ Noch schlimmer seien sich kreuzende Adern. ›Die erhöhen das Krebsrisiko um 90 Prozent.‹ Aber Detlef bietet Abhilfe: Ich könne dämmende Matten aus Spezialkork unter das Bett legen. Die verkaufe er übrigens auch. Mit 298 Mark käme ich wohl hin. Ach, daher weht das Chi ...«

Ein süffiger Verriss

Kann nicht jeder diese Reporterin verstehen, die solche Beratungen zum Anlass für einen süffigen Feng Shui-Verriss nimmt? Wir jedenfalls können das. Und sehen uns, weil wir diesen Bericht aus dem Magazin hier teilweise zitieren, auch nicht als Netzbeschmutzer. Gerade weil uns Feng Shui am Herzen liegt, sind wir für Klarheit und Offenheit und ärgern uns so manches Mal über solch unprofessionelle Beratungen.

Wir haben dieses Kapitel mit einem Negativ-Beispiel beginnen müssen. Was wir nicht gerne tun. Doch solche Beratungen werden seit Jahren unter Feng Shui-Interessierten diskutiert. Sehr viel seltener, so ist das Leben, werden die erfolgreichen Analysen gewürdigt, die das Leben der Klienten wieder positiv in Schwung gebracht haben. Wie also finden Sie Ihren Berater?

Feng Shui ist nicht gleich Feng Shui

Die Verwirrung auf dem Feng Shui-Markt hängt unter anderem damit zusammen, dass der Begriff Feng Shui ganz unterschiedlich definiert wird. Manch einer sieht darin lediglich eine Einrichtungslehre, ein anderer arbeitet nur im Gartenbereich, ein dritter ist vielleicht ein Feng Shui-Badberater geworden. Doch Feng Shui ist mehr als diese Einzelteile. Feng Shui beschreibt Grundgesetze der Natur, deren Auswirkungen wir für unser Leben nutzen können. Gleich in welchem Bereich. Hinzu kommt noch, dass viele Berater einfach nur eine Ergänzung zu ihrem bisherigen Beruf suchen, wogegen natürlich prinzipiell gar nichts zu sagen ist.

Als Ratsuchender, als Klient, muss man sich also darüber im Klaren sein, dass die Feng Shui-Leistungen je nach Berater und dessen Ausbildungshintergrund unterschiedlich definiert und durchgeführt werden.

Die Ausbildung Ihres Beraters

Die wichtigste Voraussetzung für eine gelungene Beratung ist der umfassende und kompetente Ausbildungshintergrund. Welche Ausbildung, welche Schule hat der Berater absolviert, welche Zertifikate kann er oder sie vorweisen? Ein Titel oder der Hinweis auf ein Diplom sagen zunächst gar nichts aus. Auch nicht die Tatsache, dass der Berater in irgendeinem Verband Mitglied ist. Die meisten Verbände nehmen jeden auf, der die Mitgliedsbeiträge zahlt. Schon etwas mehr sagt der Name des Institutes oder des Lehrers aus, weil sie für klare Ansätze, Grundhaltungen und eine Philosophie stehen. Hier kann sich der kritische Verbraucher telefonisch oder gleich vor Ort informieren.

Wissen Sie all dies, brauchen Sie Informationen, wie seriös die Quelle ist, die Ihren Berater gespeist hat. Wie gehen Sie da vor? Jede gute Schule, jeder gute Lehrer wird eine Infomappe mit schriftlichen Quelldaten, Artikelreihen oder Büchern zusammengestellt haben, die dem Interessenten Orientierung über Ansatz und Arbeitsweisen geben können. Lesen Sie sich sorgsam ein – und achten Sie sehr genau darauf, ob das Ganze sich für Sie stimmig anfühlt, aber auch, was Ihr gesunder Menschenverstand dazu sagt.

Reflektiertes Wissen

Ein wichtiges Kompetenzkriterium im Feng Shui ist ebenfalls, ob derjenige, der Sie beraten will, die oft komplizierten Zusammenhänge in einfache Worte und Bilder zu kleiden versteht. Dies ist ein Hinweis darauf, dass die Inhalte auch wirklich reflektiert und tief verstanden wurden. Achten Sie darauf, ob und wann Sie auf Patentrezepte oder unterschwellige Drohungen stoßen – dies läuft einer kompetenten Feng Shui-Beratung zuwider.

Weiterhin ist es wichtig, dass Sie sich im Vorfeld klar darüber werden, was genau Sie sich von Ihrer Feng Shui-Analyse wünschen, was Ihr Ziel ist. Es fällt dann wesentlich leichter, das Passende zu finden. Sollten Sie in der nächsten Zeit verschiedene Themen mit Feng Shui bearbeiten wollen, ist auch die nahtlose Verknüpfung der einzelnen Beratungen wesentlich.

Nahtlose Verknüpfungen der Beratungsmodule

Wenn Sie Ihre Innenräume nach Feng Shui ein- und ausrichten und vielleicht später Ihren Garten ebenfalls nach der Harmonielehre gestalten wollen, sollten Synergien zwischen der Innenraumberatung und der späteren Gartengestaltung bewusst herausgearbeitet werden. Gerade hier aber – an der Schnittstelle zwischen dem einen und dem anderen Angebot – gibt es bei Einzelberatern oft erhebliche Schwierigkeiten, was die Methodik und das daraus resultierende Verständnis für die weiterführende Beratung betrifft. Stellen wir uns vor, Sie haben Ihre Innenraum-Analyse erfolgreich abgeschlossen und entscheiden sich ein halbes Jahr später für die Gartenanalyse, die nun plötzlich nach dem Drei-Türen-Bagua bearbeitet wird. Ein handwerklicher Fehler, der leider häufig begangen wird. Ist der Innenraum Ihres Einfamilienhauses völlig korrekt mit dem Kompass-Bagua analysiert und ausgerichtet worden, entsteht nun ein Bruch, ja, eine Behinderung des Energieflusses zwischen Innen und Außen. Das

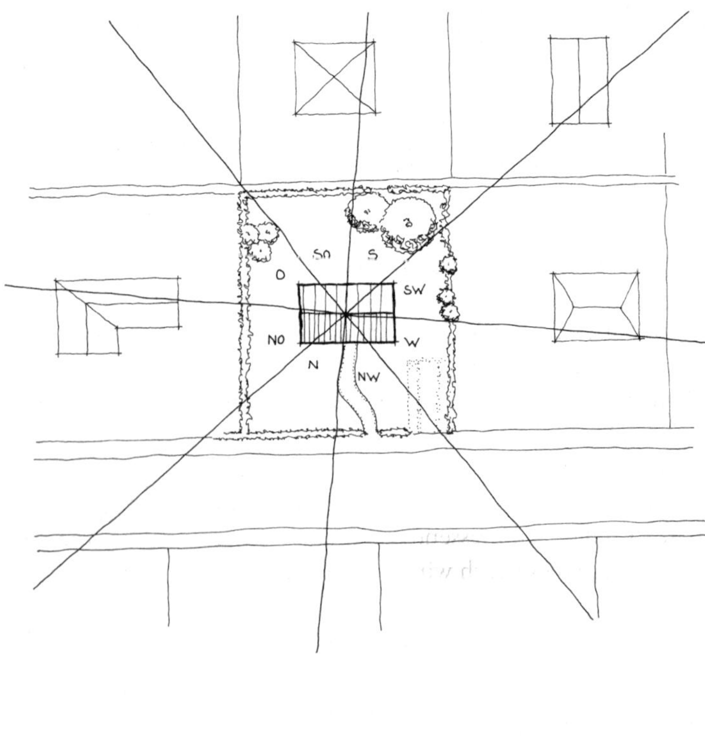

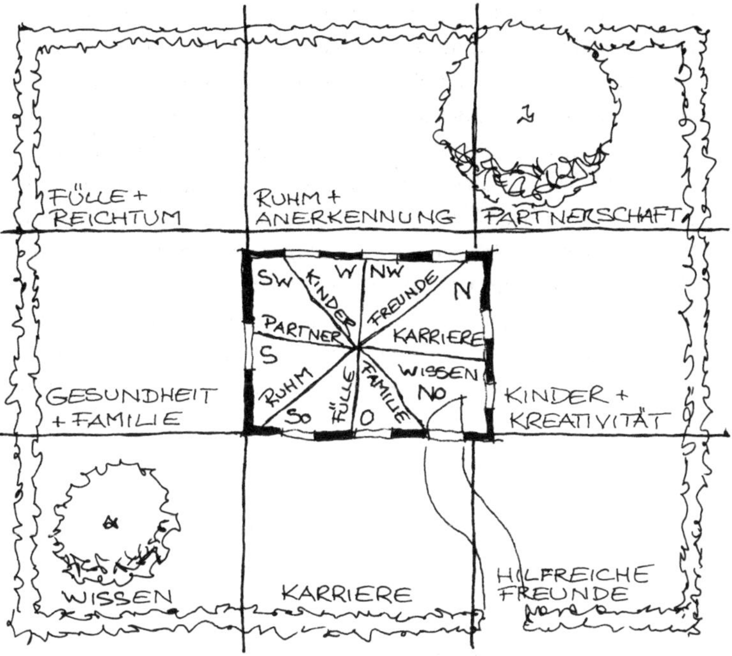

heißt: die von Ihnen beabsichtigten Synergien können gar nicht fließen. In vielen Fällen hat diese »Energieverwirrung« nun sogar negative Rückkopplungen auf Ihr häusliches Umfeld zur Folge. Das bisher gute Feng Shui hat sich verschlechtert.

Im Idealfall also bräuchten Sie einen Fachmann, der alle Bereiche von Feng Shui (von der Geo- und Elektrobiologie über die Gartengestaltung bis hin zur Innenausstattung) beherrscht. Dies jedoch ist in der Praxis schier unmöglich, da jeder Einzelbereich in sich wieder so umfassend ist, dass es viele Jahre der Erfahrung braucht, um diese auch wirklich professionell umzusetzen.

Ihr Beratungsbedarf

Was also können Sie tun, um eine sichere und effiziente Beratung zu bekommen? Was etwa das DFSI von allen anderen Organisationen unterscheidet, ist, dass alle seine Franchisepartner nach einheitlichen Beratungsmodulen arbeiten. Sie verfügen über die gleichen Grundlagenkenntnisse und wissen auch, worauf zu achten ist, wenn einige Zeit nach der Innenraumanalyse die Gartenplanung an der Reihe ist. Das heißt: Ein DFSI-Gartenplaner wird stets nach dem Kompass-Bagua arbeiten und darauf achten, dass eine synergetische Verbindung zwischen Haus und Garten entsteht. Auch wird ein DFSLer im Fachbereich Architektur die geobiologischen Pläne »lesen«, entsprechend umsetzen und verwerten können. Seine Arbeit baut auf der seines Vorgängers auf. Weiterhin können Sie als Klient sicher sein, dass ein Berater im Fachbereich Architektur auch tatsächlich diesen Abschluss hat, weil er erst nach abgeschlossener Ausbildung überhaupt diesen Titel erhält und vom DFSI als Partner für diesen Bereich aufgenommen werden kann. Alles, was auf der Visitenkarte eines DFSI-Beraters steht, ist auch wirklich mit Inhalt gefüllt.

All dies brauchte seine Zeit, egal, ob Feng Shui gerade boomte oder nicht. Für uns und das Deutsche Feng Shui-Institut, das wir 1999 gründeten, kam es darauf an, nicht auf Trends zu reagieren, sondern der Harmonielehre im Westen ein festes Fundament zu geben.

Als unsere Hauptaufgabe erwies es sich, in der bislang sehr unübersichtlichen Welt des Feng Shui, unseren Schülern ein solides Rüstzeug zu verschaffen. Dies ist dann auch die Basis dafür, mehr Klarheit und Sicherheit für den Klienten zu bieten.

Wie finden Sie das richtige Angebot für Ihren Beratungsbedarf?

Häufig werden wir gefragt, welche Beratungen in welcher Situation sinnvoll sind. Diese Frage ist gar nicht so leicht zu beantworten, denn es gibt durch die Vielzahl der Berater unterschiedlicher Schulen eine unübersehbare Fülle an Angeboten, die sich inhaltlich erheblich unterscheiden. Aus diesem Grund hat das DFSI verschiedene Beratungsmodule entwickelt, nach denen die Institutspartner auch arbeiten. Der Vorteil: Jedes Angebot ist klar definiert, damit Sie als Klient wissen, was Sie bekommen. Damit Sie einen Überblick über die vielen Beratungsvarianten gewinnen, haben wir die häufigsten Situationen zum Beratungsbedarf zusammengestellt.

Ihre Situation:
Sie wollen ein Haus bauen, haben ein Grundstück als Kaufoption und möchten dieses auf Strahleneinflüsse untersuchen lassen.
Geeignete Beratungsmodule:
– Geo- und Elektrobiologische Grundstücksanalyse
– Geomantie
Stellen Sie in jedem Fall sicher, dass die Ergebnisse aus den Untersuchungen auch in die Planung Ihres Hauses einfließen.

Ihre Situation:
Sie haben verschiedene Grundrisse von einem Architekten oder einer Hausbaufirma und können sich nicht entscheiden, welcher aus Feng Shui-Sicht zu empfehlen wäre.
Geeignete Beratungsmodule:
– Analyse für Neu- und Umbauten durch DFSI-Architekten
– Fernanalyse nach Zusendung der Grundrisse und Umgebungsfotos
– Expertentelefon

Ihre Situation:
Sie sind morgens nicht ausgeschlafen und erholt, sondern haben das Gefühl, »wie gerädert« zu sein.

Geeignete Beratungsmodule:
– Geo- und Elektrobiologische Schlafplatzuntersuchung

Ihre Situation:
Sie wollen Feng Shui in Ihre Gartenplanung einfließen lassen.
Geeignete Beratungsmodule:
– Gartenanalyse
– Gartenplanung und Gestaltung: Sie möchten zusätzlich Detailfragen klären (Pflanzpläne) und/oder jemanden buchen, der den Garten fachgerecht gestaltet.

Ihre Situation:
Sie möchten Ihr Haus nach Feng Shui optimieren.
Geeignete Beratungsmodule:
– Vorortberatung

Ihre Situation:
Sie haben Fragen zu einem bestimmten Thema und möchten unkomplizierte Unterstützung von einem Fachmann.
Geeignete Beratungsmodule:
– Expertentelefon

Ihre Situation:
Sie fühlen sich matt und müde im Büro, leiden unter Konzentrationsschwäche, Kopfschmerzen. Es fällt Ihnen alles sehr schwer.
Geeignete Beratungsmodule:
– Business-Beratung
– Geo- und Elektrobiologische Businessanalyse

Ihre Situation:
Sie möchten Ihr Firmenlogo optimieren und/oder ein neues entwickeln.

Geeignete Beratungsmodule:
– Logoanalyse

Ihre Situation:
Sie möchten einen Feng Shui-Einrichtungsberater, der Ihnen bei der Innenraumgestaltung behilflich ist.
Geeignete Beratungsmodule:
– Einrichtungsberatung: Hier handelt es sich um eine weiterführende Vorortanalyse, die mit dem Bereich »Inneneinrichtung« kombiniert wurde.

Ihre Situation:
In Ihrem Haus/Ihrer Wohnung haben traumatische Ereignisse stattgefunden, die Sie nicht vergessen können und/oder die Sie belasten.
Geeignete Beratungsmodule:
– Raum-Clearing

Für jeden die passende Beratung

Die Fragen von Klienten und unsere Antworten sollten Ihnen eine Grundüberzeugung von uns nahe bringen: Für jeden Menschen, jede Situation und jeden Geldbeutel gibt es die maßgeschneiderte Beratung. Damit Sie einen Überblick über den Umfang, die Leistungen und Individualität einer Feng Shui-Beratung gewinnen können, haben wir für Sie einige Beratungsmodule zusammengestellt, die das DFSI anbietet. Anhand der Angaben können Sie dann selbst entscheiden, welche Beratung für Sie die richtige ist. Denn Sie allein kennen ja Ihre wahren Bedürfnisse.

Geo- und Elektrobiologische Grundstücksuntersuchung

Hier bieten sich zwei Arten der Beratung an. Die ***Geo- und Elektrobiologische Untersuchung*** bezieht sich auf die Ortung von

Geo-elektrobiologische und geomantische Kenntnisse im Feng Shui

1.
Bauplatz-untersuchung

Störquellen-untersuchung (Raumaufteilung, Installation von Wasser und Elektro, Verteiler…, Türposition)

Geomantie: Energieflussanalyse Energieflussstatus auf das Grundstück bezogen (Türposition, Gebäudeform …)

2.
Garten-untersuchung

Feng Shui-Optimierung durch Verbindung:

Makro-Mikrokosmos,

Vitalitätssteigerung,

Wuchsoptimierung der Pflanzen,

Steinsetzungen (gepolte Steine für Wege, Schwellen, Mauern usw.)

3.
Haus/Wohnung

Raumentstörung (Schlafräume, Büros usw.)

Schwellencheck

4.
FS-Feinabstimmung

Zielgenaue Untersuchung und Aktivierung unter geomantischen Aspekten

Störfeldern, und ***Geomantie*** beschäftigt sich mit der optimalen Planung Ihres Neubaus in der bereits vorhandenen Umgebung für ein ausgewogenes und gutes Feng Shui.

Geo- und Elektrobiologische Grundstücksuntersuchung
- Antlitzdiagnose des Grundstücks
- Bestimmung und Ortung von geomantischen Zonen und Störfeldern
- Eintragung auf dem Lageplan

Geomantie

Umgebungsanalyse nach Feng Shui-Prinzipien

- Energieflussbestimmung
- Status der Energiequalitäten
- Markante Umgebungsmerkmale und ihr Einfluss auf das (zukünftige) Objekt
- Der Einfluss zukünftiger, bereits bekannter Faktoren (z. B. Straßenverläufe …)

Empfehlung für die Grobausrichtung des Hauses

Diese Empfehlungen ergeben sich aus der geomantischen Beratung vor Ort, den Ergebnissen der Umgebungsanalyse und den individuellen Daten.

- Ideale Ausrichtung des Hauses unter Einbeziehung der geomantischen Ergebnisse und der Umgebungsanalyse
- Die Lage der Eingangstür
- Grobverlauf der Zugangswege
- Eintragung auf dem Lageplan

Geo- und elektrobiologische Schlafplatzuntersuchung

- Messung und Einzeichnung der geobiologischen Situation (Wasseradern, Erdbrüche und -verwerfungen, Currynetz, Globalgitter usw.)
- Messung und Feststellung des elektrobiologischen Status (Elektrosmogbelastung aus Funk, elektrischen und elektromagnetischen Feldern, Ankopplung …)
- Bei Bedarf individuell ausgetestete, frequenzangepasste Entstörung

Vorort-Wohnraumberatung für Privatleute

1. Anamnesegespräch und Ortsbegehung

- Anamnesegespräch mit den Bewohnern zur Ermittlung des IST-Status

- Zieldefinition für die Feng Shui-Privat-Beratung
- Ortsbegehung außen und innen

2. ***Bestimmung des Energieflusses und Schlafplatzuntersuchung***
   - Sichtbarmachung des Energieflusses im Umfeld (außen/innen, Zugangswege zum Objekt beziehungsweise Grundstück, im Objekt, Treppen, Fenster, Türen, Ecken und Kanten)
   - Kennzeichnung der zentralen EnergieFlussPunkte (EFP) im Grundriss zur Korrektur und Harmonisierung des Energieflusses. Diese Energieflusspunkte sind die Akupunkturpunkte im Raum und werden zur Energielenkung eingesetzt. Sie bestimmen das *Wo* im Raum. Im Zusammenhang mit der Bagua-Analyse und der Ermittlung der Wandlungsqualitäten bekommen sie dann von Ihrem Berater eine spezifische Qualität zugewiesen, die nun auch die Frage nach dem *Wie* beantwortet.
   - Schlafplatzuntersuchung nach Störfeldern
3. ***Die Bagua-Analyse***
   - Bagua-Analyse, Eintragung auf dem Grundriss (Etagen, bei Bedarf Raumebene)
   - Bestimmung von objektiven und relativen Fehlbereichen und
   - Raum-Erweiterungen
   - Ermittlung des Energiestatus: Welche Energiequalitäten erreichen und nähren das Objekt in besonderem Maße (Orientierung, Umfeld, Zuflussprinzip)?
   - Welche Energiequalitäten werden gemindert, blockiert, welche fließen ab, wodurch?
   - Erarbeitung konkreter Korrekturvorschläge
   - Welche Energiequalitäten können sich nicht manifestieren? Ermittlung und Fixierung von Resonanzankern.

4. *Individual-Analyse*
- Aktivierung des persönlichen Potentials
- Aktivierung und Fokussierung der individuellen Farb- und Formentsprechungen
- Richtungsenergien
- Andere Feng Shui-Mittel

5. *Gemeinsamer Rundgang durch das Haus*
- Umfassende Erläuterung der Ansätze und Analyseinstrumente
- Vorstellung der grundlegenden Harmonisierungsmaßnahmen mit Resonanz-Check
- Anleitung und Erläuterung zur Umsetzung Ihrer Feng Shui-Richtlinien
- Gemeinsame Begehung und praktische Erläuterung
- Klärung individueller Fragen vor Ort

6. *Schriftliche Auswertung der Analyse*

Die Ergebnisse der Analysearbeiten durch das DFSI bekommen Sie schriftlich zusammengefasst in einer Mappe. Darin enthalten sind neben den verschiedenen Grundrissen die Harmonisierungsmaßnahmen sowie zahlreiche Tabellen zur Erklärung der Beratung. Zu jeder Feng Shui-Analyse gehört auch eine Prioritätenliste, die Ihnen der Berater zusammenstellen wird. Für eine erfolgreiche Analyse ist es wesentlich, dass alle Feng Shui-Maßnahmen folgerichtig ablaufen. Denn jede Veränderung hat Einfluss auf alle Faktoren einer Wohnung. Deshalb ist es nicht egal, wo man mit welchen Veränderungen beginnt. Unsere Prioritätenliste wird Ihnen ein Leitfaden für die erfolgreiche Umsetzung Ihrer Feng Shui-Richtlinien sein.

Zu einer umfassenden Analyse gehört auch die Begutachtung des Umfeldes, also des Bereiches, in den Ihre Wohnung oder Ihr Haus eingebettet ist. Nur so lässt sich der Energiestatus exakt bestimmen. Die Umfeldanalyse bezieht auch die Begutachtung von

Gemeinschaftstreppenhäusern, Wohn- und Hauszugängen, Keller- oder Speicherräumen mit ein.

Grundrissanalyse für Neu- und Umbauten

Planen Sie einen Neu- oder Umbau und möchten Sie Ihren Grundriss nach Feng Shui-Kriterien und ganz individuell – unter Einbeziehung Ihrer persönlichen Daten – gestalten?

Die Beratung umfasst folgende Punkte:

- Auf der Grundlage der räumlichen Strukturen (Raumform, Türen- und Fensteranordnung) erarbeiten wir für Sie die Energieflussanalyse für Ihren Grundriss. Sie wird im Plan verzeichnet und entsprechend erklärt. Daraus ergeben sich Vorschläge zur Optimierung des Energieflusses.
- Im zweiten Schritt werden die Bagua-Sektoren bestimmt und Grundrissunregelmäßigkeiten als Erweiterungen oder als objektive oder relative Fehlbereiche kenntlich gemacht.
- Ihrer Auswertung werden Ausgleichsempfehlungen zur Bagua-Harmonisierung beigefügt.
- Ihre Individualanalyse: Auswertung des Analysebogens zur Bestimmung des individuellen Elementarbedarfs, Errechnung Ihrer förderlichen Richtungen und Elementarentsprechungen.
- Damit Sie gut gerüstet sind, erhalten Sie als Zusatzleistung das Merkblatt: »Richtlinien für Bauherren für ein gesundes Leben«.
- Ein kostenfreier Termin mit Ihrem Berater für das Expertentelefon.

Expertentelefon

Haben Sie Fragen rund um Feng Shui und möchten nicht gleich eine komplette Beratung buchen? Dann ist das Expertentelefon das Richtige für Sie.

Hier erhalten Sie fachliche Unterstützung bei Fragen rund um

Feng Shui, Fragen zu Ihrem individuellen Energiestatus sowie schnelle Hilfe bei individuellen Einrichtungs- oder Planungsfragen.

Feng Shui-Fernanalyse

Mit dieser Fernanalyse wird der Beratungswunsch vieler Klienten erfüllt, die eine erste Hilfestellung bei der Umsetzung von Feng Shui benötigen. Einige Aspekte lassen sich bereits aus der Ferne ganz grundlegend bearbeiten.

Wir möchten an dieser Stelle aber noch einmal betonen, dass die Fernanalyse nur einen Ausschnitt von Feng Shui erfassen kann – nämlich die räumliche Dimension, die sich im Grundriss manifestiert. Andere wesentliche Bedingungen, so zum Beispiel das äußere Umfeld, können nicht erfasst und deshalb auch nicht berücksichtigt werden.

Umfang einer Bagua-Fernanalyse:

- Energieflussanalyse
- Fixierung der Ausgleichspunkte auf dem Grundriss zur Optimierung des Chi-Flusses
- Ermittlung der Bagua-Zonen Ihres Objektes
- Ermittlung des Energiestatus (objektive und relative Fehlbereiche)
- Hilfreiche Erweiterungen
- Harmonisierungsvorschläge
- Schriftliche Auswertung

Gartenanalyse

Jedes Gebäude, jedes Haus, jede Wohnung ist ein Mikrokosmos im Makrokosmos der Umwelt. Feng Shui wirkt umso effizienter, je mehr es Ihnen gelingt, die von außen einfließenden Naturenergien im Innenraum zu verankern.

Die Gartenanalyse enthält folgende Schritte:

- Energieflussstatus des Geländes
- Analyse von Energieverlustbereichen und deren Ausgleich
- Ist-Zustand und die Verwandlung zum Soll-Zustand
- Grundsätzliche Gestaltungsempfehlungen im Gelände
- Lo-Pan-Analyse und Bestimmung der Bagua-Sektoren im Garten
- Empfehlungen zu Form und Farbe anhand der Fünf Elemente
- Grundsätzliche Empfehlungen zu den Themen der Trigrammenergien

Gartenplanung und Gestaltung

Zu den oben beschriebenen Leistungen der Gartenanalyse erhalten Sie einen Gartenplan sowie auf Wunsch einen detaillierten Pflanzplan. Zusätzlich können Sie die Umsetzung der Gartengestaltung in unsere Hände geben.

Vorort-Business-Beratung für Ladengeschäfte und Praxen

Ladengeschäfte und Praxen sind in besonderer Weise auf den Kundenzustrom von außen angewiesen. Gutes Feng Shui erkennen Sie daran, dass der potentielle Kunde intuitiv bis zu Ihrem Laden geführt wird und die Schwelle zwischen außen und innen möglichst gering, im besten Fall aufgehoben wird. Knüpfen Sie darüber hinaus auch im Laden an alle menschlichen Wahrnehmungsebenen an, so findet jeder Kunde Resonanz und nimmt Ihre Waren bewusster wahr. Unter diesen Voraussetzungen wird er wesentlich mehr »Ansprechendes« finden und aufgrund des spürbaren »Wohlfühlfaktors« Ihres Geschäftes gerne bei Ihnen einkaufen.

Ähnlich ist die Situation auch in Praxen jeder Art. Da hier aber nicht ein Produkt, sondern der Mensch selbst im Vordergrund steht, ist es umso wichtiger, dass er sich bei Ihnen aufgehoben und geborgen fühlt. Neben den gestalterischen, räumlichen Aspekten betrachten wir auch die geomantischen als Basisebene.

Wussten Sie, dass Sie die Regenerationskraft und Vitalität Ihrer Kunden fördern können, wenn Sie die Massageliege auf aufbauende (rechtsdrehende) geomantische Bereiche stellen, die übrigens in (fast) jeder Praxis vorhanden sind. Mit Feng Shui gelingt es Ihnen also, Raumpotentiale zu nutzen und Synergien auf der Raumebene für Ihre Therapie- und Behandlungserfolge zu schaffen. Ihre Klienten werden es Ihnen danken.

Jede Analyse umfasst weiterhin folgende Bereiche:

- Anamnesegespräch (Individual-, Unternehmens- und Gebäudedaten)
- Individuelle Zieldefinition für Ihre Business-Beratung
- Ermittlung des Energiestatus Ihres Unternehmens (Umgebungsanalyse, Grundstücks- und Gebäudebegehung)
- Energieflussoptimierung zu Ihrem Geschäft (Wegführung, Licht- und Bodenführung, Optimierung Ihres Eingangsbereiches, um unbewusste »Schwellen« aufzulösen)
- Energieflussanalyse auf der Grundlage der Gebäude- und Raumform in Verbindung mit der Gestaltung (Staubereiche, Fluktuationsbereiche)
- Grundrissarbeit zur Bestimmung der Energiesektoren nach der Kompassmethode (Fehlbereiche, objektive und relative Fehlbereiche, Beziehung zu Ihrem Unternehmen)
- Harmonisierungsvorschläge
- Bestimmung und Analyse von Störfeldern innerhalb und außerhalb des Geschäftes, Ausgleichsmöglichkeiten
- Synergetische Gestaltung von Waren- und Produktpräsentationen
- Raumpotentialanalyse zur optimalen Präsentation der Produktwertigkeit
- Energieflussbestimmung auf der Prozessebene Ihres Unter-

nehmens, Klärung der internen Unternehmensprozesse unter energetischen Gesichtspunkten
  - Energieschwund (hohe Außenstände, Fluktuation, hohe Krankenstände)
  - Energieblockaden (gestörter Informationsfluss, allgemeine Stimmungslage)
- Räumliche Ausrichtung Ihres Geschäftes auf Ihre Ziele
- Nach Bedarf: »Horizontale Verbindung« und/oder »Vertikale Verbindung« (über verschiedene Geschossebenen beziehungsweise zwischen räumlich getrennten Geschäftsstellen)

Vorort-Business-Beratung für kleinere und mittlere Unternehmen

Für Handwerksbetriebe, Versicherungen, Anwaltskanzleien und andere Unternehmen gelten natürlich auch die oben beschriebenen Prinzipien. Neben der Raumausrichtung auf das Geschäft und Ihre Ziele geht es hier auch um die Bürogestaltung in Verbindung mit der Art der Tätigkeit.

Die Beratung umfasst folgende Punkte:

- Aufnahme aller Individual-, Unternehmens- und Gebäudedaten
  - Interview der Geschäftsführung
  - Ortsbegehung, Aufnahme der relevanten Daten
  - Individuelle Zieldefinition für Ihre Business-Beratung
- Ermittlung des Energiestatus Ihres Unternehmens
  - Umgebungsanalyse, Grundstücks- und Gebäudebegehung – von außen nach innen
  - Energieflussbestimmung auf der Raumebene durch Formen, Farben, Materialien
  - Energieflussbestimmung im Unternehmensprozess: Klärung der internen Unternehmensprozesse unter energetischen Gesichtspunkten

  - Energieschwund (Krankenstand, Fluktuation, hohe Außenstände)
  - Energieblockaden (Mobbing, gestörter Informationsfluss)
  - Bestimmung und Analyse von Störfeldern innerhalb und außerhalb des Firmengebäudes
- Grundrissarbeit zur Bestimmung der Energiesektoren nach der Kompassmethode
  - Ermittlung von Fehlbereichen, Ermittlung von Raumerweiterungen
  - Beziehung und Einfluss dieser auf das Unternehmensgeschehen
  - Harmonisierung und Aktivierung mit konkreten Vorschlägen
- Energiefluss im Unternehmen auf der Raumebene
  - Türen, Fenster, Raumform und Möblierung als Indikator der Energieversorgung
  - Kennzeichnung von Bereichen mit Energiestau und -stagnation
  - Vorschläge zur optimalen Energieversorgung des Unternehmens (durch gezielte Unternehmensakupunktur)
- Ausrichtung des Unternehmens auf Raumebene als strategisches Element zur Zielerreichung
  - Bestimmung der relevanten und förderlichen Energiequalitäten
  - Aktivierung und Fokussierung dieser Energien durch die Ihrem Interieurdesign entsprechenden Stil- und Gestaltungselemente
- Schriftliche Auswertung Ihrer Analyseergebnisse

Logoanalyse

Das Logo ist das Aushängeschild, der Repräsentant jedes Unternehmens in der Außenwelt. Hier sollten sich alle wichtigen Informationen über die Individualität, das Angebot und die Philosophie des Unternehmens in einem zentralen Symbol bündeln. Denn ob Ihre (potentiellen) Kunden Ihre Visitenkarte aufbewahren oder wegwerfen, hängt entscheidend vom ersten Eindruck und damit auch von der Stärke und Ausstrahlung Ihres Logos ab.

Es ist deshalb von wesentlicher Bedeutung, dass die Aussage des Logos Ihren Zielen und Visionen entspricht und dass diese Kernaussage auch gestalterisch aufbauend für Ihr Unternehmen umgesetzt wird. Das jedoch lernt kein Grafiker in seiner Ausbildung. Nach vorrangig modischen Trends gestaltet, lassen viele Logos Kraft und Klarheit vermissen. Hier setzt die Logoanalyse an. Wir zeigen Ihnen eine andere Ebene der Wahrnehmung, die von Ihren Kunden und von Außenstehenden täglich praktiziert und deshalb mit Ihrem Unternehmen verbunden wird. In der Logoanalyse werden fundamentale Aspekte betrachtet und Fragen beantwortet; zum Beispiel: Wie ist die energetische Grundausrichtung Ihres Logos; von wo kommt die (Aufmerksamkeits-) Energie und wohin fließt sie beim Betrachter; fließt sie zum Unternehmen oder von ihm weg; entstehen Synergien zwischen Proportionen und Material, Form und Farbe in Verbindung mit Ihren Unternehmenszielen?

Unternehmensberatung unter Feng Shui-Aspekten

Jede Unternehmenstätigkeit beruht auf dem permanenten Austausch zwischen Innen- und Außenwelt. Produkte oder Dienstleistungen werden angeboten, der Ausgleich durch den Kunden erfolgt zumeist auf der neutralen finanziellen Ebene. Neben der räumlichen Ebene, die die Synergien zwischen Mikrokosmos (Gebäude) und Makrokosmos (Umwelt) herstellt, geht dieser Ansatz weit darüber hinaus, denn er betrachtet die Unternehmungen Ihres Geschäftes auf einer fundamentalen, ganzheitlichen Ebene: der des Energieflusses. Unter diesem Aspekt lassen sich alle Aktivitäten betrachten, so auch das Verhältnis zwischen dem eingesetzten Energieaufwand (Angebote, Werbung, Mailings) und der erzielten Kundenresonanz. Ist die Differenz zwischen Aufwand und Nutzen zu groß, wird ein Unternehmen auf Dauer geschwächt. Wo liegen die Gründe für diesen Wirkungsverlust?

Häufig sind es Formulierungen in Anzeigen, Mailings oder Angeboten, die Energien zerstreuen, statt sie auf Ihr Unternehmen zu zentrieren und es dadurch zu stärken. Die Folge: Viele Unternehmer geben viel Potential an ihre Konkurrenz, ohne es zu bemerken.

In dieser einzigartigen Beratung finden wir Ihre »Energielöcher«, gleich ob sie nun in Ihrem Logo, in Angeboten, Anzeigen, Prospekten oder ihren Mailings versteckt sind.

Raum-Clearing

Räume sind Resonanzräume für das, was in ihnen geschieht, denn es gibt eine Wechselwirkung zwischen Mensch und Raum. Jedes Gefühl, jeder Gedanke, jedes Ereignis sind Ausdrucksformen von Energien, die wir permanent aussenden, ob wir uns dessen bewusst sind oder nicht. Und sie verschwinden nicht einfach, nur weil wir sie nicht sehen können. Räume nehmen diese Schwingungen auf und werden also zum Resonanzraum. So haben es Unternehmen in Räumen, in denen ein Geschäft zuvor nicht erfolgreich war, besonders schwer. Sie müssen wesentlich mehr Kraft investieren, um ihren Erfolgslevel zu erreichen. Auch im privaten Bereich ist zu beobachten, dass sich die Vitalität der Neubewohner nicht voll entfalten kann, wenn zuvor dort jemand über längere Zeit krank war oder nach einem langen Leidensweg verstorben ist.

Räume wirken demnach stärkend oder schwächend. Kurz: Sie werden zu gebenden oder nehmenden Räumen. Ziel von Feng Shui ist es, »gebende Räume« zu schaffen. Das Raum-Clearing – von Katrin Martin in Jahren entwickelt, trägt dazu wesentlich bei. Beim Clearingprozess unterscheiden wir zwei Stufen: die Reinigung – also das Lösen von belastenden Energien – und das Ausrichten des nun freien, aufnahmebereiten Raumes auf Ihre individuellen Bedürfnisse. Clearing ist für Privatleute ebenso wichtig wie für Unternehmer.

Ein Clearing ist wichtig:
- bei Umzügen, um unbelastet und frei von Vorgängerenergien zu beginnen
- beim Einzug in Neubauten, sie sind besonders aufnahmefähig
- zum »Wiederbeleben« von Räumen nach Leerstand
- bei räumlichen Veränderungen innerhalb der Wohnung (zum Beispiel aus dem Schlafzimmer wird das Arbeitszimmer und umgekehrt)
- nach einschneidenden, traumatischen Erlebnissen (Trennung oder Tod)
- zum Beginn eines neuen Lebensabschnittes
- bei Neugründung und Einzug in neue Geschäftsräume
- bei räumlichen Umstrukturierungen, also wenn Abteilungen umziehen (markantes Beispiel: Buchhaltung und Kreativabteilung)
- zur Prozessoptimierung (Klären des Raumes und Ausrichten auf die neuen Projekte)
- vor wichtigen Verhandlungen
- zur unternehmerischen Ausrichtung auf Raumebene

Klientenfragen

Frage: Neulich war ich in einem Vortrag, der sich mit den Grundsätzen des Feng Shui beschäftigte. Dort haben wir gelernt, wie man die persönlichen Glücksrichtungen ausrechnet, und erfahren, dass diese für den persönlichen und beruflichen Erfolg sehr wichtig sind. Ich habe nun meinen Schreibtisch, so wie die Vortragende es empfohlen hat, mit der Blickrichtung in meine beste Richtung (Sheng Chi) gestellt, aber ich habe nicht das Gefühl, dass mir das etwas bringt. Ich sitze jetzt mit dem Gesicht zur Wand und habe die Tür im Rücken.

Antwort: Was Sie schildern, ist ein häufiges Missverständnis im Feng Shui. Grundsätzlich kann man sagen, es gibt Richtungen, die – je nach Geburtsdatum – günstiger sind als andere. Aber in der praktischen Umsetzung muss man die Prioritäten und die Wirkungshierarchien beachten. Das heißt in Ihrem Fall ganz konkret: Die Aktivierung der Glücksrichtungen darf nicht zur Vernachlässigung anderer wichtigerer Aspekte des Feng Shui führen. Und die heißen: Beachten Sie Ihre Urbedürfnisse nach Geborgenheit, Schutz und Überblick. Konkret bedeutet das: Stellen Sie den Schreibtisch immer so, dass Sie den Überblick über den Raum haben. Keinesfalls sollte die Tür im Rücken sein. Eine Wand direkt vor der Nase bringt ein Gefühl der Blockade und Ihnen fehlen Weitblick und Perspektive. Hinzu kommt, dass Sie ständig – unbewusst – einen Teil Ihrer Energien nach hinten richten, um zu hören, ob jemand in den Raum kommt. Diesem Schutzbedürfnis geht Ihr Körper auch dann nach, wenn Sie allein zu Hause arbeiten. Beachten Sie diese Grundprinzipien, können Sie – falls damit vereinbar – gerne Ihre Glücksrichtungen aktivieren.

Frage: Ich wohne in einem Doppelhaus. Laut Ihres Buches *Feng Shui heute*, müsste ich ja nun mit dem Kompass-Bagua arbeiten. Da aber ein Nachbar nebenan wohnt, ist ja diese Seite komplett blockiert für die Himmelsrichtungen. Wenn ich nun mit dem Drei-Türen-Bagua arbeiten würde, wäre die Situation eine andere, da ich dann die Himmelsrichtungen nicht mit einbeziehe. Wäre das in meinem Fall nicht besser?

Antwort: Nein, das wäre nicht besser, da das Drei-Türen-Bagua nicht zu Ihrer Situation passt. Natürlich haben Sie Recht, dass bei jedem Doppelhaus mindestens eine Wand keine Außenwand ist. Doch diese Aspekte werden in einer fachmännischen Feng Shui-Analyse durchaus berücksichtigt. So kann man zum Beispiel symbolisch die Wände für die Himmelsenergien öffnen, indem man Symbole, Farben oder andere Analogien einbringt, die mit dieser Richtung in Verbindung stehen. Eine andere Möglichkeit besteht darin, Fotos von Orten, die aus Sicht des Hauses in der betreffenden Himmelsrichtung liegen, an diese Wand zu hängen. Auch dadurch öffnet man die Wand symbolisch und verbindet sich wirkungsvoll mit dem Außen. Man nennt dieses Prinzip »Die Horizontale Verbindung«.

Frage: Ich bin sehr verunsichert über die unterschiedlichen Aussagen von Fachleuten über die Gefahren von Elektrosmog – vor allem, was die Abstrahlung von Handys angeht. Auf der einen Seite sprechen die Behörden, ja sogar das Umweltministerium, davon, dass keine Gefährdung vorliegt, wenn die Grenzwerte eingehalten werden; auf der anderen Seite lese ich immer wieder von Wissenschaftlern und Behörden, die im Gegenteil die Grenzwerte für viel zu niedrig halten. Meine Tochter – sie ist eben neun geworden – möchte nun ein Handy haben. Schon damit ich weiß, wo sie ist, und damit sie mich in einem eventuelle Notfall schnell erreichen kann. Eben das hat auch ihr Schulpsychologe empfohlen. Aber ich habe auch irgendwo gelesen, dass Handys der kindlichen Entwicklung eventuell schaden könnten. Wie soll ich reagieren?

Antwort: Die Diskussionen rund um die Handys erinnern uns stets an die der 80er Jahre, als es um Atomkraftwerke ging. Jede Seite – gleich ob sie dafür oder dagegen war – bot Wissenschaftler und Forscher auf, die mit genauem Zahlenwerk beweisen konnten, dass die Gefahr entweder gegen null geht oder aber dass es jeder Zeit zu einem GAU kommen könnte. Wir halten uns stets fern von Extremen, neigen aber im Zweifelsfall immer der Richtung zu, die eher zur Vorsicht rät, wenn es um technische Neuerungen geht, die ein Gefahrenpotential bergen könnten.

Und nun direkt zu Ihrer Frage: Auch im DFSI haben wir ein Handy, allerdings benutzen wir es nur selten und haben unsere spezielle Entstörung am Handy. Sie verfügt über ein natürlich-biologisches Schwingungsfeld, das die den Körper störende Strahlung außerordentlich minimiert. Dennoch tragen wir das Gerät niemals direkt am Körper und schon gar nicht in der Brusttasche.

Was allerdings Handys für Kinder anbelangt, deuten Untersuchungen auf eine noch ungleich größere Gefährdung hin. Bereits vor fünf (!) Jahren bereitete das der Industriefeindlichkeit kaum verdächtige Gesundheitsministerium in Großbritannien die Initiative vor, einen Handy-Warnhinweis für Kinder unter zehn Jahren herauszugeben. Dabei stützte es sich auf den so genannten Steward-Report, der in aller Vorsicht zu dem Fazit kam, dass sich die zwölf mit der Untersuchung beauftragten renommierten Wissenschaftler zumindest darin einig waren, dass es zwar noch keine gesicherten Nachweise über eine schädigende Wirkung gebe, dass sich jedoch subtile biologische Effekte in Zukunft als schädlich erweisen könnten. Diese recht gewundene Erklärung reichte den Briten. Deutlicher erklärte sich Professor Karl Ernst von Mühlendahl von der Deutschen Akademie für Kinderheilkunde und Jugendmedizin, dem Dachverband der deutschen Kinderärzte: »Schon relativ geringe Feldintensitäten haben messbare Auswirkungen auf biologische Funktionen wie die Stabilität von Zellmembranen und die Signalübertragung im Körper. Und ein kindliches Gehirn ist noch im Wachstum, also anfälliger für Störungen.« Auch hier eine genaue Zahl: Kinder haben eine dünnere Schädeldecke als Erwachsene – und daher nimmt etwa ein 5-Jähriger 60 Prozent mehr Strahlungen auf. Schon damals schätzte man trotz dieser Warnungen, dass von den knapp 10 Millionen deutschen Kindern zwischen 6 und 17 Jahren 7 Prozent ein eigenes Handy besitzen. Heute sind es ungleich mehr. Auf klare Signale oder gar Warnungen, auch des deutschen Umwelt- oder Gesundheitsministeriums, wartet man bisher aber vergebens. Uns im DFSI aber reichen die Zahlen und Fakten, die wir längst haben, um extreme Vorsicht gerade bei Kindern walten zu lassen. Und da das DFSI nicht abhängig im Auftrag einer staatlichen Behörde arbeitet, sondern eigenverantwortlich, antworten wir Ihnen sehr deutlich: Wir sind aufgrund der bereits heute vorliegenden, sehr klaren Fakten der Meinung, dass Handys nicht in die Hände von Kindern gehören – und wenn, dann nur in besonderen Ausnahmefällen.

Frage: Wir haben ein Grundstück gekauft und wollen ein Haus darauf bauen, das nach Feng Shui gestaltet ist. Wie gehen wir am besten vor? Und noch eine Zusatzfrage: Kennen Sie Architekten, die bereits Erfahrung im Bau von Feng Shui-Häusern haben?

Antwort: In unseren Basiskursen sind 60 Prozent der Schüler Architekten, Innenarchitekten oder Einrichtungsberater. Hier ist also kein Mangel. Zu der anderen Frage: Vor einer Grundrissplanung nach Feng Shui mit einem DFSI-Architekten steht bei uns stets der baubiologische Check des Grundstücks.

Frage: Ich habe einen Laden mit sehr innovativen Produkten in der Innenstadt gemietet – der aber kaum frequentiert wird. Ich habe nun bei Ihnen in *Feng Shui heute* gelesen, dass eine Möglichkeit dieses geschäftlichen Misserfolges darin liegen könnte, dass der Eingang versteckt liegt (tatsächlich befindet sich der meine »um die Ecke herum«). Können Sie mir sagen, was ich machen soll?

Antwort: Nur die Vorort-Analyse eines ausgebildeten Business-Beraters kann Ihnen die Antwort auf Ihre Frage geben. Aber: Wir haben tatsächlich die Erfahrung gemacht, dass versteckte Eingänge den Geschäftsfluss stark beeinträchtigen können.

Frage: Ich führe ein Internet-Unternehmen, habe in den späten 90er Jahren einen Loft gemietet, sehr frei, sehr großzügig, jeder hat einen Überblick über alles, was geschieht. Doch in den letzten Monaten gewinne ich mehr und mehr den Eindruck, dass die Leute sich nicht wohl fühlen bei der Arbeit, einer meiner besten Mitarbeiter meinte sogar: Man fühlt sich hier ständig beobachtet, hier kann ich nicht kreativ sein. Unser Logo – mit dem ich auch nicht so glücklich bin – spiegelt das ein bisschen wieder. Man sieht unseren Firmennamen vergrößert, wie unter einer Lupe. Kurz gefragt: Wie kann ich meine Räume neu ausrichten, dass mehr – geschützte – Atmosphäre entsteht und meine Leute besser arbeiten können. Und wie finde ich Designer, die nach den Kriterien des Feng Shui arbeiten und mir Vorschläge für eine Fortentwicklung des Logos machen können?

Antwort: Es ist tatsächlich so, dass nach der Internet-Hype vor einigen Jahren und dem damit verbundenen Run auf die Lofts ein Umdenken stattgefunden hat. Die Menschen lieben es nun mal nicht, in Glaskästen zu sitzen, sich ständig beobachtet und kontrolliert zu fühlen. Darum ziehen immer mehr Unternehmen, die geschäftlich überlebt haben, entweder um oder bauen Zwischenwände ein, um ungestörtes Arbeiten zu garantieren. Wie und wo das am besten geschieht, dabei kann Sie ein Feng Shui-Business-Berater gezielt unterstützen.

Zu Ihrer Logo-Frage: Wir haben hier im DFSI Teams aus Designern und Business-Beratern gebildet, die auf Logo-Neu- und Weiterentwicklungen spezialisiert sind.

Frage: Ich habe ein sehr altes Haus gekauft. Seitdem meine kleine Tochter (sechs Jahre alt) ihr Zimmer bezogen hat, wird sie von Alpträumen heimgesucht. Nun habe ich erfahren, dass sich in diesem Zimmer kurz vor unserem Einzug der alte Besitzer das Leben genommen hat. Gibt es da aus Feng Shui-Sicht Zusammenhänge – und wenn, wen kann ich konsultieren?

Antwort: Nichts, was in einem Raum geschieht, geht verloren. Er wird geprägt von dem, was in ihm geschieht, wird zum Resonanzraum für das Erlebte. Und das könnte eine Ursache für die Alpträume Ihrer Tochter sein. Genaueres freilich kann Ihnen erst ein Berater vor Ort sagen. Er wird Ihnen wahrscheinlich raten, vor einer Harmonisierung die Räume zu klären, also ein Raum-Clearing zu machen, um die alten Energien aufzulösen.

Frage: Wir haben bereits eine Feng Shui-Analyse bei uns im Haus von einem chinesischen Meister nach dem Prinzip des Drei-Türen-Bagua machen lassen. Nun möchten wir dennoch gerne unseren Garten nach Feng Shui gestalten lassen, weil es uns wichtig ist, hier Ruhe und Frieden zu finden. Können Sie das unabhängig von einer Innenraumanalyse machen, oder wie ist das?

Antwort: Zuerst einmal hätte Ihr Haus nach dem Kompass-Bagua ausgerichtet werden müssen. Wenn wir nun, wie es handwerklich korrekt wäre, den Garten nach dem Kompass-Bagua analysieren und ausrichten, kommt es zu einem Missverhältnis zwischen Innen und Außen. In diesem Fall also können wir Ihnen nicht zu einer isolierten Analyse raten.

Frage: Ich bin Student und stehe kurz vor dem Examen. Ich kann mich – seit meinem Einzug in ein Hochhausappartement von

30 qm – aber nur ganz schlecht auf meine Arbeit konzentrieren. Gibt es auch für mich eine Feng Shui-Lösung, denn wie ich bei Ihnen im Buch *Feng Shui heute* gelesen habe, kommt für mich doch die Arbeit mit dem Kompass-Bagua nicht in Betracht – oder?

Antwort: Die genaue Antwort kann natürlich nur eine Vorort-Besichtung Ihrer Räumlichkeiten geben, in der geschaut wird, über wie viel Außenanbindung Ihre Räume verfügen. Dennoch haben Sie wahrscheinlich Recht, dass wir hier mit dem Drei-Türen-Bagua arbeiten würden.

Frage: Ich habe vor einem halben Jahr ein Haus gekauft. Seitdem schlafen meine Frau und ich – der damit nie Probleme hatte – extrem schlecht. Ich habe dazu eine Allergie bekommen, meine Frau leidet sehr unter Migräne. Kann mir hier eigentlich auch Feng Shui weiterhelfen – denn da geht's doch im Kern nur ums Möbelumstellen, oder?

Antwort: Vor jeder Bagua-Analyse ist es für einen DFSI-Berater selbstverständlich, erst einmal zu überprüfen, ob eine geo- oder elektrobiologische Analyse notwendig ist. Und in Ihrem Fall deutet vieles darauf hin. Stellt ebendies der Berater vor Ort fest, wird er zunächst einmal diese Überprüfung vornehmen. Die Aufzeichnungen über eventuelle Verläufe von Störzonen, wie zum Beispiel Wasseradern, bilden dann die Basis für die spätere Feng Shui-Beratung. Denn – um ein simples Beispiel zu nennen – es macht ja keinen Sinn, ein Bett ausgerechnet dort zu platzieren, wo es zwar aus Feng Shui-Raumsicht ideal steht – aber leider auch auf einer Wasserader.

Frage: Ich bin eine Bildhauerin aus Berlin. Ich erhole mich gerade von einer schweren Krebsoperation, die ich zum Glück gut überstanden habe. Doch seit einigen Monaten schlafe ich sehr schlecht, das Herz – so empfinde ich es – schlägt mir bis zum

Hals, und ich habe Schweißausbrüche. Besser wurde es erst, als meine Tochter vor einem Monat für einen längeren Aufenthalt ins Ausland zog und ich seitdem in ihrem Zimmer schlafe. So war die Situation. Jetzt aber kommt's: Als ich vor einigen Tagen mein Haus verließ, sah ich, wie einige Arbeiter sich direkt unter dem Fenster meines Schlafzimmers an einer technischen Anlage zu schaffen machten, die mir vorher nie aufgefallen war. Ich habe sie gefragt, was denn das sei, mit dem ich da Wand an Wand lebe. Und sie sagten, das sei die Anlage, die den gesamten Hochhauskomplex mit Strom speise. Kann es wirklich sein, dass diese Trafostation eine Mitschuld an meiner Erkrankung und meiner Schlaflosigkeit trägt?

Antwort: Die Antwort lautet leider ja. Obwohl unser Haus auch für extreme Fälle wie den Ihren – und genau darum handelt es sich! – individuelle Entstörungen entwickelt hat, würden wir in diesem Fall als wichtigste Maßnahme einen raschen Umzug empfehlen. Zuvor sollte ein seriöser Geo- und Elektrobiologe die Strahlenstärke messen, um das wirkliche Ausmaß abzuklären.

Frage: Ich bin Versandunternehmer und habe ein Arbeitszimmer und ein kleines Lager im Souterrain meines Hauses. Das habe ich von einem Feng Shui-Berater analysieren lassen, und er hat mit dem Drei-Türen-Bagua gearbeitet und auch danach meine Räume gestaltet. Der »Erfolg« war der, dass ich seitdem kaum mehr Aufträge reinbekomme, obwohl ich mindestens so viel und gut arbeite wie zuvor. Ich würde gerne von Ihnen wissen, ob eine »Nachbehandlung« sinnvoll ist.

Antwort: Zuerst einmal: Ein Geschäft im Keller ist nicht eben der beste Start. Dennoch ist es bisweilen die einzige Möglichkeit. In diesem Fall – da Sie ja nach außen wirken wollen – ist das Drei-Türen-Bagua die falsche Methode. Denn jedes Geschäft, gleich ob Laden oder Praxis, Heimbüro oder Versandunternehmen ist auf den aktiven Austausch zwischen innen (Geschäft) und außen

(Kunde) angewiesen, weshalb wir jedes Unternehmen grundsätzlich mit dem Kompass-Bagua behandeln. Da die Energieausrichtung des Drei-Türen-Bagua eher nach innen orientiert ist und Sie zudem noch im Keller sitzen, könnte dies der Grund für die Verschlechterung Ihrer beruflichen Situation sein.

Frage: In unmittelbarer Nähe meines Hauses ist vor zwei Wochen ein Mobilfunkmast errichtet worden. Auf Anfrage teilte mir die Firma mit, dass die Belastung weit unterhalb der gesetzlichen Grenzen sei und ich damit unbesorgt sein könne. Ist das wirklich so, und wenn nicht, was kann ich unternehmen.

Antwort: Natürlich werden Angestellte von Stromunternehmen stets argumentieren, man bewege sich unterhalb der gesetzlichen Grenzen. Diese aber sagen nichts darüber aus, ob die Strahlung nicht tatsächlich doch für Sie schädlich ist. Das aber kann Ihnen nur ein neutraler – weder vom Staat noch von involvierten Unternehmen bezahlter – Baubiologe sagen.

Frage: Ich habe eine Ich-AG gegründet und würde bei der Gestaltung meines Kiosks gern Feng Shui einfließen lassen – allerdings habe ich natürlich nicht sehr viel Möglichkeiten und verdiene noch nicht sehr gut. Gibt es auch bei meinem geringeren finanziellen Spielraum die Möglichkeit einer Feng Shui-Beratung? Und: Großartige Umbauten oder teure Hilfsmittel kann ich mir echt nicht leisten!

Antwort: Zweimal Ja: Wir sehen es als eine interessante Aufgabe an, hier Feng Shui einfließen zu lassen – und zwar empfehlen wir hier unser Expertentelefon, das natürlich kostengünstiger ist als eine Vorort-Beratung. Weiter: Es ist ein weit verbreiteter Irrtum zu glauben, Feng Shui-Beratungen zögen Umbauten nach sich – dies ist nur bei orthodoxen Feng Shui-Beratern der Fall, die zudem noch gerne chinesische Hilfsmittel verkaufen, die sie sämtlich »ganz zufällig« im Auto haben. Wir haben die Erfahrung gemacht, dass zwar Umstellungen fast immer, Umbauten fast nie notwendig waren – und wenn, nur aus geobiologischen Gründen. Und zu den Hilfsmitteln: Hier haben wir immer wieder erfahren, dass beinahe jeder irgendwo das hat, was er braucht …

Frage: Wo haben Sie Ihre Art Feng Shui gelernt und bei wem? Und wie fanden Sie Ihren speziellen Ansatz?

Antwort: Als wir vor jetzt 16 Jahren auf unterschiedlichen Wegen zu Feng Shui kamen – Katrin Martin hatte sich beim Besuch einer Heilpraktikerschule auf die Traditionelle Chinesische Medizin spezialisiert und stieß dort auf die Harmonielehre, Thomas Fröhling wiederum schrieb zur gleichen Zeit eine Artikelserie über die Chinesische Mauer, die nach ebendiesen Prinzipien gebaut wurde –, gab es auf dem europäischen Kontinent keine Lehrer. Fündig wurden wir in Großbritannien, wo wir mehrere Kurse bei Chinesen buchten und wieder abbrachen. Der Grund: Uns gefiel weder der hierarchische Aufbau der Seminare noch das Verbot von – auch kritischen – Nachfragen. Zudem störte uns beide, dass die Lehrer sehr in asiatischen, magischen Traditionen gefangen waren, manchmal sogar mit so genannten »Feng Shui-Flüchen« arbeiteten, um ihre Interessen durchzusetzen. Nach diesen also eher unbefriedigenden Studien beschlossen wir, selbst zur Quelle dieser Lehre aufzubrechen: nach Asien. Zum Glück lebten damals der Schwager und die Schwester von Thomas Fröhling auf den Philippinen. Die beiden brachten uns mit dem legendären Roul Ramirez Chen zusammen. Ein Großmeister, der sich diesen Titel immer verbat – und in den Villen der Reichen Feng Shui ebenso betrieb wie in den Armenvierteln. Hier erlernten wir als Meisterschüler Theorie und Praxis des Feng Shui. Wir waren uns aber stets darüber im Klaren, dass die Umsetzung in Europa anders aussehen müsste als in Asien. Und deshalb suchten wir nach der Essenz dieser Lehre – und gingen zu weiteren Studien nach Taiwan. Dort konnten wir Quellenforschung in dieser Hochburg des Feng Shui betreiben, mit zwei Übersetzern an unserer Seite. Wir ergründeten also vor Ort den Kern des Feng Shui – und der wiederum ist multikulturell! Um Klarheit zu gewinnen, »schüttelten« wir die asiatischen Traditionen heraus, die für uns Europäer keine Relevanz haben. Übrig blieb der taoistische Kern dieser Lehre. Daraus entwickelte sich langsam unsere Art des Feng Shui – die, wie gelesen, die essentielle, schulübergreifende ist. Nach Jahren weiteren Studiums und der praktischen Umsetzung bei Analysen folgte 1996 das erste Buch *Wohnen mit Feng Shui*. Danach widmeten wir uns den Ausbildungen und gründeten das Deutsche Feng Shui-Institut, das nun über ein Netz von Beratern in Deutschland, Österreich und der Schweiz verfügt.

Nachwort

Geht es Ihnen nicht auch so, liebe Leser? In manchen Räumen fühlt man sich einfach wohl und in anderen aus unerfindlichen Gründen nicht. Bestimmte Wohnungen von Freunden mag man, und andere besucht man eher ungern. Manche Ladengeschäfte sind »einfach klasse«, und schon in der Eingangstür hat man ein gutes Gefühl, und andere verlässt man möglichst schnell wieder (und kauft meistens auch nichts). Oder: Bestimmte Plätze im Restaurant werden gemieden, weil man sich irgendwie ungeschützt oder unsicher fühlt, und diese Plätze bleiben auch immer leer (und sind die »Sorgenkinder« des Wirts). Und an einem anderen Tisch – oder in einer bestimmten Ecke – herrscht immer gute Stimmung, und jeder Abend wird dort immer ziemlich lustig.

Schon einige Jahre mache ich mir Gedanken darüber, wie solche Gefühle entstehen und wie man sie beeinflussen kann. Ein Schlüsselerlebnis war für mich das »Besprechungszimmer 216« in einem Unternehmen, in dem ich vor zehn Jahren beschäftigt war. Meine Kollegen und ich fühlten uns darin immer sehr wohl, Meetings waren entspannt und kreativ und endeten meist mit guten Ergebnissen. Das Gegenteil war in Nr. 211 der Fall: Raum und Möblierung wirkten irgendwie bedrückend, eine gute Stimmung entstand nur selten, das Zimmer lag unmittelbar am belebten Eingangsbereich des großen Firmengebäudes und war raumhoch verglast: Man saß sozusagen ungeschützt »im Glashaus« und empfand das auch so.

Mein persönliches Aha-Erlebnis zu diesem Thema hatte ich an einem sonnigen Montag im September 2003 im ersten Stock eines Bistros in einer schmalen Freiburger Altstadtgasse: Das Deutsche Feng Shui-Institut (DFSI) veranstaltete dort eines seiner Feng Shui-Seminare. Noch vorgestern hätte ich auf die Frage, was Feng Shui mit meinem Beruf – der Management- und

Strategieberatung – zu tun hätte, allenfalls mit satter Ironie reagiert und wohl irgendetwas in Richtung »Esoterik« gemurmelt, die so gar nicht zu meinem rationalen Metier passen würde. Dann aber gab mir ein Geschäftsfreund – dessen Unternehmen ich als Aufsichtsratsvorsitzender begleite – den Tipp, doch mal ein Feng Shui-Seminar zu besuchen. Weil es hier um nichts Abgehobenes, sondern auch um die Zukunft von Unternehmensräumen ginge – und zwar in des Namens umfassender Bedeutung. Ich sagte: »Okay, da gibt's gewiss was in München.« Mein Gegenüber aber meinte, nein, es müsse schon das Deutsche Feng Shui-Institut in Freiburg sein. »Die reden Klartext und kein Fachchinesisch, was die sagen, das kannst du sofort im täglichen Business anwenden!«

Und so saß ich dann eines schönen Vormittags – im sonnigen Freiburg ist fast jeder Vormittag schön – mit Schreibblock, Geodreieck und Kompass im Seminarraum und hörte schon in den ersten paar Stunden viel Neues, das mir aber irgendwie und unterschwellig bekannt vorkam oder jedenfalls logisch erschien. Und dann wurde auch noch mein rätselhafter Fall »Besprechungszimmer Nr. 216« bereits vor dem Mittagessen gelöst.

Dies ist also der Beginn einer Geschichte, wie jemand, der so gar nicht auf die Esoterikschiene passt, zu Feng Shui findet und der dann sogar noch feststellt, dass man das, was man dabei lernt, exzellent auch in der Managementberatung einsetzen kann.

Zwei Jahre, drei Kurse und einige Beratungsprojekte mit und bei diesem Seminar- und Beratungsunternehmen in Freiburg später kann ich ein wirklich positives Fazit ziehen:

– Die überwiegende Zahl der Gesetzmäßigkeiten von Feng Shui sind rational und logisch erklärbar.
– Viele Prinzipien des Feng Shui lassen sich hervorragend in der Managementberatung anwenden.

– Die Anwendung von Feng Shui bringt fast immer neue Einsichten und überraschende Perspektiven und kann gerade in kritischen Situationen von Unternehmen oder Teams unerwartete Lösungswege eröffnen.
– Und vor allem: Feng Shui ist mit moderner Managementberatung sehr gut kombinierbar und kann zu außergewöhnlichen, konkreten Erfolgen führen!

Für eine ganze Reihe von Anwendungsbereichen ist »Business Feng Shui« – wenigstens so, wie es das DFSI lehrt und praktiziert – besonders gut geeignet:

1. Sozusagen zur »Königsdisziplin« gehören natürlich die Raumplanung und die Erarbeitung des Energieflusses für Neubauten, Umbauten und Erweiterungen von Firmengebäuden aller Art (zum Beispiel Produktionsgebäude, Verkaufsflächen, Ladengeschäfte, Bürogebäude).
2. Ein weiteres Paradestück ist die Optimierung oder »Belebung« von Gewerbeflächen und Firmengebäuden – zum Beispiel dann, wenn der Unternehmenserfolg oder der Teamgeist zu wünschen übrig lassen.
3. Einrichtungs- und Möblierungsplanung sowie Innen- und Außengestaltung von Gebäuden und Planung von Außenanlagen: Hier können Feng Shui-Prinzipien in geradezu idealer Weise angewendet werden.
4. Gute Erfahrungen und konkrete Anwendbarkeit bestehen auch hinsichtlich aller Fragen, die mit Gruppenstrukturen, Büroorganisation und Zimmerverteilung zu tun haben.
5. Bei Einzelhandelsgeschäften können Kundenströme, Raumgestaltung, Lichtführung und Einrichtungsplanung sowie die Dekoration und Präsentation sehr gut mit Feng Shui-Gesetzen optimiert werden.
6. Ein weiterer wichtiger Bereich – ein Spezialgebiet von Thomas Fröhling – ist die Gestaltung von Firmenlogos, Schriftzügen

und Signets. Gerade bei allem, was mit »Corporate Identity« und »Corporate Design« zu tun hat, ist Feng Shui am richtigen Platz.

Ich bin überzeugt, dass Feng Shui in der Managementberatung einen ähnlichen Weg nehmen wird wie die Akupunktur in der Schulmedizin: Noch vor zehn Jahren gab es in unseren Breitengraden nur wenige, die sich damit beschäftigten, professionelle Spezialisten waren rar, und deren Adressen wurden fast wie Geheimtipps weitergegeben. Heute praktizieren Tausende von Schulmedizinern diese eigentlich fernöstliche Disziplin, und die Akupunktur ist zu einem selbstverständlichen Bestandteil der Heilmethoden für viele Krankheiten geworden.

Bei alledem, was positiv ist und viele neue Möglichkeiten für die Wirtschaft generiert, muss aber auch ein mahnendes Wort gesprochen werden. Die Qualität und Professionalität des Beraters ist gerade in einer noch nicht weit verbreiteten Disziplin – wie es die Feng Shui-Beratung ist – höchst wichtig. Gleichzeitig gibt es aber »Spezialisten«, die mit großem Mut und Selbstbewusstsein schon nach ein oder zwei Wochenendseminaren als »Feng Shui-Berater« an Unternehmen herantreten. Hier ist allergrößte Vorsicht angeraten. Eine Business-Beratung mit Feng Shui ist nur dann sinnvoll, wenn der Berater gleichgewichtig und parallel zu den Feng Shui-Gesetzen auch die »klassischen« betriebswirtschaftlichen Instrumente kennt und einsetzt und mit den Ergebnissen aus dem Feng Shui-Bereich kombiniert. Kann der Berater dies nicht, weil er einseitig auf Feng Shui-Patentrezepte fixiert ist, kann für das Unternehmen Schaden entstehen.

Die größte Chance, zum Erfolg zu kommen, liegt also in der *behutsamen Anpassung der fernöstlichen Feng Shui-Prinzipien* an unsere moderne Zeit und an unser modernes Europa (dies ist übrigens eines der Grundprinzipien des Deutschen Feng Shui-Instituts). Und in der sinnvollen *Kombination mit den klassischen Methoden der Management-*

beratung. Wenn diese beiden Grundgesetze beachtet werden, wird der Erfolg mit Feng Shui, den ich allen Lesern dieses Buches recht herzlich wünsche, sehr schnell gegeben sein.

Max J. Rauch
MaraCon GmbH
www.maracon.de

Leserservice

Haben Sie Fragen rund um Feng Shui? Dann wenden Sie sich an:

Deutsches Feng Shui Institut, DFSI
Gründung und Leitung des DFSI:
Katrin Martin & Thomas Fröhling
Selzenstraße 23
79280 Freiburg/Au
Tel: 07 61/ 8 86 62 59
Fax: 07 61/ 40 46 53
Internet: www.dfsi.de
e-mail: info@dfsi.de

Seminare & Ausbildungen

Allen, die Feng Shui zu ihrem Beruf machen oder dieses Wissen als Ergänzung ihrer bisherigen Tätigkeit nutzen wollen, bietet das Deutsche Feng Shui-Institut (DFSI) eine mehrmonatige Basis-Ausbildung mit drei Intensiv-Wochen an, in denen sie die Grundlagen dieser Harmonielehre erlernen können. Nach erfolgreichem Abschluss sind sie berechtigt, als »Feng Shui-Berater, DFSI-geprüft« zu arbeiten. Weiterhin bietet das DFSI – in Zusammenarbeit mit Architektenkammern – Aus- und Weiterbildungsprogramme für Architekten, Raumaustatter und Bauunternehmer an. Das DFSI hat seit neuestem auch Fernkurse im Angebot. Näheres dazu finden Sie auf der folgenden Seite.

Beratungen & Analysen

Weiterhin vermittelt Ihnen das Deutsche Feng Shui-Institut für Firmen- und Privatanalysen kompetente Berater in Ihrer Nähe, darüber hinaus hilft es bei Haus- und Siedlungsplanungen, bietet Coachings für Bauherren und Architekten an. Im Geo- und Elektrobiologischen Bereich können Sie zwischen Grundstücks-

und Hausuntersuchungen – sowie Schlafplatz- und Büroanalysen wählen.

Entstörung & Vitalisierung

Mehr über das Thema Geo- und Elektrobiologie und die Vital-Balance-Produkte zur Entstörung und Vitalisierung von Unternehmen und Privathaushalten können Sie unter: www.vital-balance.biz erfahren.

Business & Management

Im Bereich Business-Feng Shui bietet das DFSI Management-Schulungen an sowie verschiedene Unternehmensberatungsprodukte – von der Raumgestaltung bis hin zur Neuplanung von Firmengebäuden. Einen besonderen Service für alt eingesessene Firmen und solche in Neugründung bietet das DFSI mit seinem Logo-Check und/oder der Neuentwicklung an.

Produkte & mehr…

Feng Shui-Hilfsmittel und ausgesuchte Accessoires finden Sie unter www.fengshui-galerie.de. Die Analyse-Scheibe des DFSI »Circle of Success« erhalten Sie im Internet-Shop.

Möchten Sie Näheres über den Feng Shui-Versand und/oder das Ausbildungs- oder Beratungsangebot auf dem Postweg erfahren, so legen Sie bitte Ihrer Anfrage einen frankierten Rückumschlag im Din A 4-Format bei.

Per Fernkurs zum Feng Shui-Berater

Über Jahre hinweg haben immer wieder allein erziehende Mütter, Langzeitarbeitslose und Akademiker mit geringer beruflicher Perspektive beim Deutschen Feng Shui-Institut (DFSI) nach wirklich qualifizierten Fernkursen gefragt. Die DFSI-Vorort-Seminare kamen für diese Menschen nicht infrage, weil die Kindererziehung sie daheim unabkömmlich machte – oder Reisen und

Hotelaufenthalte die finanziellen Möglichkeiten sprengte. Jetzt endlich kann dieser Bedarf gestillt werden.

Mit dem Fernkurs des Deutschen Feng Shui-Instituts (DFSI) werden also die Anfragen nach fundierten und kompetenten Ausbildungen von zu Hause aus endlich erfüllt. Er ist auf Grundlage des Feng Shui-Basiskurses entwickelt worden, den die meisten der bekannten und anerkannten Feng Shui-Berater in den deutschsprachigen Ländern absolviert haben (achten Sie hier auf das DFSI-Zerifikat und den Ausweis, der den Träger oder die Trägerin als Mitglied oder gar Partner des DFSI kenntlich macht und seine Qualifikation garantiert).

Das Ziel auch dieser speziellen Ausbildung ist, Menschen in Wissen und Kompetenz umfassend und fundiert auszubilden, denn das ist ihr Fundament für die spätere, erfolgreiche Arbeit. Deshalb gliedert sich die Ausbildung in zwei Einheiten, in den »Feng Shui Fernkurs I« und den »Feng Shui Fernkurs II«. Um das Erlernte im Sinne der Ganzheitlichkeit zu erfassen, wird es in zahlreichen Übungen gefestigt. Nach Abschluss der Ausbildung sind Sie in der Lage, qualifizierte und kompetente Beratungen auf hohem Niveau durchzuführen.

Pro Lektion wurde eine Studienzeit von 6 Stunden pro Woche eingeplant. Sie haben also für jede Lektion 4 Wochen mit jeweils 6 Stunden Zeit, um das Wissen ganzheitlich zu erarbeiten. Bitte beachten Sie, dass es über das reine Lernen hinaus auch darum geht, Feng Shui zu erleben. Setzen Sie also, wo immer es geht, das Erlernte in Ihrem Umfeld in die Praxis um. Selbstverständlich haben Sie aber auch die Möglichkeit, 2 Lektionen pro Monat durchzuarbeiten, um die Studienzeit zu verkürzen.

Möchten Sie weitere Informationen? Dann kontaktieren Sie das DFSI Sekretariat (siehe Leserservice).

Literaturempfehlungen

Thomas Fröhling und Katrin Martin, Feng Shui heute, Goldmann Verlag, München 2000

Thomas Fröhling und Katrin Martin, Feng Shui für Beruf und Karriere, Mosaik Verlag, München 1998

Derek Walters, Feng Shui – Die Kunst des Wohnens, Goldmann Verlag 1995

Dominik F. Rollé & Marc Häberlin, Das Lo Pan Benutzerhandbuch, Feng Shui Systems, Zürich 1997

Paul von Naredi-Rainer, Architektur & Harmonie, Dumont Verlag, Köln 1995

Dom H. von der Laan, Der Architektonische Raum, verlegt von E. J. Brill, Leiden

Derek Walters, Feng Shui – Kunst und Praxis der chinesischen Geomantie,

Derek Walters, Das Feng Shui Praxisbuch, Scherz Verlag, München 1996

Lam Kam Chuen, Das Feng Shui Handbuch, Joy Verlag, Sulzberg 1996

William Spear, Die Kunst des Feng Shui, Knaur Verlag, München 1996

Harald Jordan, Räume der Kraft schaffen, Bauer Verlag, Freiburg 1997

Sarah Rossbach, Feng Shui – Farbe und Raumgestaltung, Knaur Verlag, München 1996

J. Wilcock, J. Michell, M. Bischoff, U. Magin, J. Heinsch, Geomantie oder die alte Kunst, Energiezentren auf dieser Erde auszumachen, Der Grüne Zweig 47, Löhrbach 1976

Nigel Pennick, Das kleine Handbuch der angewandten Geomantie, Neue Erde

Nigel Pennick, Die alte Wissenschaft der Geomantie, Trikont Verlag, 1978

Eva Maria Müller Tschopp & Eric Tschopp, Der richtige Platz, AT Verlag, Aarau 1998
Suzy Chiazzari, Harmonisch wohnen – glücklicher leben, Christian Verlag, München 1998
Stephen Skinner, Feng Shui, Bechtermünz Verlag, 1998
Richard Wilhelm, I Ging – Text und Materialien, Heyne Verlag, München 1998
Ernest Eitel, Feng Shui. Oder die Rudimente der Naturwissenschaft in China, Waldeck 1982
Stefan Brönnle, Die Kraft des Ortes, Falken Taschenbuch, Niedernhausen 1998
Ulrich Holst, Rutengehen – Altes Wissen neu entdeckt, Weltbild, Augsburg
Norbert Leitgeb, Strahlen, Wellen, Felder, dtv-Verlag

Register